임용고시의

정수를 꿰뚫는

단기완성
핵심
중세국어

이원근 편저

역락

머리말

임용고시의 합격을 위한 책입니다

이 책은 임용고시 수험생을 위한 실용서입니다. 학문적 성취가 아니라 시험 합격에 최우선 가치를 두었습니다. 다음과 같은 특징을 가지고 있습니다.

읽기에 편합니다

전공 서적, 특히 국어학 분야는 읽기가 힘듭니다. 내용이 어려울 뿐만 아니라 저자들이 쉽게 풀어쓰기도 어렵습니다. 그래서 이 책은 쉽게 읽히도록 하는 데 가장 공을 들였습니다. 이를 위해 화제식 서술 방법을 사용하였습니다. 마치 노트 필기를 하듯이 중심 내용을 화제식으로 제시하면서 서술하였습니다. 꼭 필요한 내용만 제시하여 짧은 시간에 중심 내용을 정리할 수 있게 하였습니다.

출제의 전 범위를 한눈에 볼 수 있습니다

임용고시의 출제 범위는 원칙적으로 대학에서 배우는 전공의 모든 영역입니다. 그러나 실제 시험에서는 그 영역이 어느 정도 한정되어 있습니다. 어떤 범위에서, 어느 정도의 깊이로 공부할 것인가 하는 것을 수험생이 알기는 어렵습니다. 이 책은 출제의 전 범위를 출제의 수준에 맞게 기술하였습니다. 그래서 어떤 영역은 전공 내용에 비해서 지나치게 소략하게 보일 수도 있지만 시험에 대비한 편집입니다.

필수 국어학 개념을 익힐 수 있습니다

지금까지 임용고시에 출제된 문제들은 모두 기본적인 개념을 묻거나 이를 응용하여 푸는 문제들이었습니다. 모든 학문이 그렇듯이 기본 개념을 이해하는 것은 매우 중요합니다. 이 책에 나오는 기본적인 개념을 철저히 이해한다면 임용고시의 어떠한 문제라도 다 접근할 수 있을 것입니다.

스스로 학습할 수 있는 강독과 기출 문제를 덧붙였습니다

이론만 공부해서는 자신의 실력을 가늠할 수 없습니다. 중세국어 이론서에서 가장 많이 인용되는 <용비어천가> 강독을 통해 책에서 배운 것을 적용해 볼 수 있습니다. 효과적 학습을 위해 형태소 분석과 함께 배경 지식을 제시하였습니다. 기출 문제는 각 주제에 해당하는 대표 문제들을 뽑았습니다. 스스로 풀어봄으로써 자신을 실력을 평가할 수 있습니다.

심화학습의 길잡이가 됩니다

이 책은 기존 규범 문법서와 학문 문법서들의 내용을 바탕으로 만들었습니다. 표준중세국어문법론(고영근)과 중세국어문법론(안병희 외), 국어사(이기문), 훈민정음 연구(강신항), 옛말본(허웅), 중세국어문법의 이해(나찬연), 그 밖에 방송통신대 교재들을 참조하였습니다. 위의 책들을 더 심화하여 학습하고자 할 때 이 책은 좋은 안내자 역할을 할 것입니다.

이 책을 통해서 국어학을 공부하는 즐거움과 합격의 기쁨을 함께 누리시기 바랍니다.

차례

❀ 제1부 ❀
음운론

훈민정음

1. 훈민정음의 창제

1 훈민정음의 창제 목적

훈민정음(訓民正音)은 세종25년 12월에 만들어진 한글의 본래 이름으로, '백성을 가르치는 바른 소리'란 뜻이다. 창제 목적은 크게 셋으로 볼 수 있다.

(1) 순수한 국어의 표기

① 1446년에 간행된 「훈민정음」 해례본의 어제 서문(御製序文)에서 창제 목적이 백성들의 편의를 위한 것임을 분명히 밝히고 있다.

② 서문을 통해 '우리의 것'에 대한 자각이 강했음을 알 수 있다.

③ 기존 문자 체계로는 언어 생활을 제대로 할 수 없다는 것을 밝히고 있다.

(2) 조선 한자음의 정리

① 「동국정운」을 편찬하여 한자음을 정리한 것을 통해 알 수 있다.

② 유교와 중국 성운학의 영향으로 성인(聖人)이 되기 위해서는 정성(正聲), 정음(正音)의 확립이 필요하다고 여겼다.

(3) 중국어를 비롯한 외국어의 정확한 표기

① 「홍무정운역훈」과 「사성통고」의 편찬을 통해 알 수 있다.

② 원만한 역학 정책의 수행을 위해서 적절한 표음문자가 필요했다.

이 밖에 백성의 교화를 위한 목적도 있다고 할 수 있는데, 그것은 한글 창제 이후에 유교적 이념을 교육하기 위한 책들이 쏟아져 나온 사실들을 통해 알 수 있다.

2 훈민정음의 제자 원리

(1) 훈민정음의 구체적 제자 원리

① 초성자 : 상형에 의해 초성자의 기본 5자(ㄱ, ㄴ, ㅁ, ㅅ, ㅇ)를 만들고 난 뒤, 가획의 원리에 의해 다른 초성자들을 만들었다. 이는 한글이 세계 문자사상 유례가 없는 자질 문자의 속성을 가지고 있음을 드러낸다.
  ㉠ 아음 : ㄱ→ㅋ('ㄱ'은 혀뿌리가 목구멍을 막는 모양, 舌根閉喉之形)
  ㉡ 설음 : ㄴ→ㄷ→ㅌ('ㄴ'은 혀끝이 윗잇몸에 닿는 모양, 舌附上齶之形)
  ㉢ 순음 : ㅁ→ㅂ→ㅍ('ㅁ'은 입의 모양, 口形)
  ㉣ 치음 : ㅅ→ㅈ→ㅊ('ㅅ'은 이의 모양, 齒形)
  ㉤ 후음 : ㅇ→ㆆ→ㅎ('ㅇ'은 목구멍의 모양, 喉形)
② 중성자 : 상형에 의해 만들어진 3개의 기본자(·, ㅡ, ㅣ)끼리를 '합이성(合而成)'의 방식으로 조합하여 초출자를 만들어내고, 다시 'ㅣ'를 조합하여 재출자를 만들었다.
  ㉠ 기본자 : ·, ㅡ, ㅣ
  ㉡ 초출자 : ㅗ, ㅏ, ㅜ, ㅓ
  ㉢ 재출자 : ㅛ, ㅑ, ㅠ, ㅕ

(2) 훈민정음의 독창성

① 종성자를 따로 만들지 않고 초성자를 그대로 가져다 쓴다(終聲復用初聲).
② 음성을 '초성 · 중성 · 종성'으로 3분하여 글자를 만들었다.

2. 훈민정음 해례본의 내용

1 초성자

① 기본자 5자를 상형의 원리로 만든 후 여기에 '가획'해 새로 만들어진 초성자는 모두 17자이다.

⊙ 아음 : ㄱ, ㅋ, ㆁ

ⓛ 설음 : ㄷ, ㅌ, ㄴ

ⓒ 순음 : ㅂ, ㅍ, ㅁ

ⓔ 치음 : ㅅ, ㅈ, ㅊ

ⓜ 후음 : ㆆ, ㅎ, ㅇ

ⓗ 반설음 : ㄹ

ⓢ 반치음 : △

청탁＼5음	아 음	설 음	순 음	치 음	후 음	반설음	반치음
전　청	ㄱ	ㄷ	ㅂ	ㅅ/ㅈ	ㆆ		
차　청	ㅋ	ㅌ	ㅍ	ㅊ	ㅎ		
전　탁	ㄲ	ㄸ	ㅃ	ㅆ/ㅉ	ㆅ		
불청불탁	ㆁ	ㄴ	ㅁ		ㅇ	ㄹ	△

② 「훈민정음」 해례에는 17자 이외에 연서자 '붕, 퓽, 뿡, 뭉', 각자병서자 'ㄲ, ㄸ, ㅃ, ㅆ, ㅉ, ㆅ', 합용병서자 'ㅅㄱ, ㅅㄴ, ㅅㄷ, ㅅㅂ, ㅂㄷ, ㅂㅅ, ㅂㅈ, ㅂㅌ, ㅴ, ㅵ' 등도 초성자로 제시되어 있다.

2 중성자

① 훈민정음 본문에 나타나는 중성자 : ·, ㅡ, ㅣ, ㅗ, ㅏ, ㅜ, ㅓ, ㅛ, ㅑ, ㅠ, ㅕ(11자)
② 2자 합용자 : ㅘ, ㆇ, ㅝ, ㆊ
③ ㅣ 상합자
　　⊙ ·ㅣ, ㅢ, ㅚ, ㅐ, ㅟ, ㅔ, ㅢ, ㅒ, ㆌ, ㅖ(1자 중성)
　　ⓛ ㅙ, ㅞ, ㆈ, ㆋ(2자 중성)

3 종성자

① 「훈민정음」 해례의 종성에서 규정된 8종성 : ㄱ, ㆁ, ㄷ, ㄴ, ㅂ, ㅁ, ㅅ, ㄹ
② 종성에서도 병서가 가능했는데, 해례본 「합자해」에는 '종성자를 2자나 3자 아울러 쓰는 것'의 예로 '홁(土), 낛(釣), 둚빼(酉時)' 등을 들고 있다.

4 성조와 방점법

① 훈민정음 본문 : 왼쪽에 한 점을 더하면 거성, 점이 둘이면 상성, 없으면 평성인데, 입성은 점을 더하기는 앞과 같으나 빠르게 끝난다.

② 해례본 「합자해」의 내용

  ㉠ 국어의 성조와 그 표시법 : 우리말의 평성, 상성, 거성, 입성에 대해 말하자면 '활(弓)'은 평성이고, ':돌'(石)은 상성이며, '·갈'(刀)은 거성, '붇'(筆)은 입성이 된다

  ㉡ 성조의 음성적 인상 표현 : 평성은 저조(低調), 거성은 고조(高調), 상성은 저조와 고조, 즉 평성과 거성이 병치된 것이다. 이때, 상성의 음높이가 평성의 저조와 거성의 고조와 정확히 일치한다면 평판조 언어, 그렇지 않다면 승강조 언어라고 할 수 있다.

    ㉮ 합자해

      平聲安而和 上聲和而擧 去聲擧而壯 入聲促而塞

      (평성은 편안하고 부드럽고, 상성은 부드럽고 높고, 거성은 높고 씩씩하다. 입성은 빠르고 막힌다.)

    ㉯ 훈민정음 언해본

      平聲 뭇눗가본 소리

      上聲 처ᅀᅥ미 눗갑고 乃終이 노폰 소리

      去聲 뭇노폰 소리

      入聲 썰리 긋돋는 소리

  ㉢ 입성 : 점 찍는 것은 평성, 상성, 거성과 같으나 빨리 끝나는 소리를 말한다. 이는 입성이 높낮이에 의해서 구별되는 것이 아니라 종성의 성격에 의해 규정되었다는 것을 의미한다.

    종성해에서는 다음과 같이 설명하고 있다.

    不淸不濁之字 其聲不厲 故用於終則宜於平上去 全淸次淸全濁之字 其聲爲厲 故用於終則宜於入 (불청불탁자는 그 소리가 거세지 아니하여 종성에 쓰이면 평성, 상성, 거성이 되고, 전청, 차청, 전탁자는 그 소리가 거세서 종성에 쓰이면 입성이 된다.)

5 부서법(附書法) : 문자의 조합

① 중성자 중 둥근 것과 가로로 된 '·, ㅡ, ㅗ, ㅛ, ㅜ, ㅠ' 등은 초성자의 아래에 쓰고, 세로로 된 'ㅣ, ㅏ, ㅑ, ㅓ, ㅕ' 등은 초성자의 오른쪽에 쓴다.

② 종성은 초성, 중성의 아래에 쓴다.

③ 훈민정음은 음소문자였지만 합자해에서 음소를 결합하여 하나의 음절을 만드는 방법을 제시한 것은 중국 한자와의 관계 때문에 불가피한 일이었다.

④ 한글 가로쓰기를 주장한 사람들은 한글의 음절문자적 속성 때문에 영어의 알파벳보다 한글이 더 열등한 문자라고 생각했다. 그러나 정보화 사회가 도래하면서 한글은 모아쓰기를 할 수 없는 영어에 비해 더 효율적인 문자임이 드러났다.

3. 훈민정음 언해본

世·솅宗종御·엉製졩訓·훈民민正·졍音ᅙᅳᆷ

國·귁之징語:엉音ᅙᅳᆷ이

▶ 나랏말ᄊᆞ미

異·잉乎ᅘᅩᆼ中듕國·귁ᄒᆞ야

▶ 中듕國귁에 달아

與:영文문字·ᄍᆞᆼ로 不·붏相샹流륳通통ᄒᆞᆯ·ᄊᆡ

▶ 文문字ᄍᆞᆼ와로 서르 ᄉᆞᄆᆞᆺ디 아니ᄒᆞᆯᄊᆡ

故·공·로 愚웅民민·이 有:윻所:송欲·욕言언·ᄒᆞ야·도

▶ 이런 젼ᄎᆞ로 어린 百ᄇᆡᆨ姓셩이 니르고져 홇배 이셔도

而ᅀᅵᆼ終즁ᄂᆞᆫ不·붏得·득伸신其끵情·쪙者:쟝ㅣ 多당矣:ᅌᅴᆼ·라

▶ ᄆᆞᄎᆞᆷ내 제 ᄠᅳ들 시러 펴디 몯ᄒᆞᇙ 노미 하니라

予영ㅣ 爲·윙此:ᄎᆞᆼ憫:민然션·ᄒᆞ·야

▶ 내 이ᄅᆞᆯ 爲윙ᄒᆞ야 어엿비 너겨

新신制·졩二·ᅀᅵᆼ十·씹八·밣字·ᄍᆞᆼ·ᄒᆞ노·니

▶ 새로 스믈여듧 字쭝를 밍ㄱ노니

欲·욕使:송人신人신·ᄋ·로 易·잉習·씹·ᄒ·야 便뼌於헝日·ᅀᅵᆯ用·용耳:ᅀᅵᆼ니·라
▶ 사ᄅᆞᆷ마다 ᄒᆡ여 수비 니겨 날로 뿌메 便뼌安ᅙᅡᆫ킈 ᄒ고져 ᄒᇙ ᄯᄅᆞ미니라

ㄱ·ᄂᆞᆫ 牙앙音흠·이·니 如셩 君군ㄷ字·쭝初총發·벓聲셩ᄒ·니
並·뼝書셩ᄒ·면 如셩 虯뀰ᇦ字·쭝 初총 發·벓 聲셩ᄒ·니·라
▶ ㄱᄂᆞᆫ 엄쏘리니 君군ㄷ 字쭝 처ᅀᅥᆷ 펴아 나는 소리 ᄀᆞᆮ니
굴바쓰면 虯뀰ᇦ字쭝 처ᅀᅥᆷ 펴아 나는 소리 ᄀᆞᆮ니라

ㅋ·ᄂᆞᆫ 牙앙音흠·이·니 如셩 快·쾡ᇹ 字·쭝 初총 發·벓 聲셩ᄒ·니·라
▶ ㅋᄂᆞᆫ 엄쏘리니 快쾡ᇹ 字쭝 처ᅀᅥᆷ 펴아 나는 소리 ᄀᆞᆮ니라

ㆁ·ᄂᆞᆫ 牙앙音흠·이·니 如셩 業·업 字·쭝 初총 發·벓 聲셩ᄒ·니·라
▶ ㆁᄂᆞᆫ 엄쏘리니 業업 字쭝 처ᅀᅥᆷ 펴아 나는 소리 ᄀᆞᆮ니라

ㄷᄂᆞᆫ 舌·쎯音흠·이·니 如셩 斗:둫ᇦ字·쭝 初총 發·벓 聲셩ᄒ·니
並·뼝書셩ᄒ·면 如셩 覃땀ㅂ字·쭝 初총 發·벓 聲셩ᄒ·니·라
▶ ㄷᄂᆞᆫ 혀쏘리니 斗둫ᇦ 字쭝 처ᅀᅥᆷ 펴아 나는 소리 ᄀᆞᆮ니
굴바쓰면 覃땀ㅂ 字쭝 처ᅀᅥᆷ 펴아 나는 소리 ᄀᆞᆮ니라

ㅌᄂᆞᆫ 舌·쎯音흠·이·니 如셩 呑톤ㄷ字·쭝 初총 發·벓 聲셩ᄒ·니·라
▶ ㅌᄂᆞᆫ 혀쏘리니 呑톤ㄷ字쭝 처ᅀᅥᆷ 펴아 나는 소리 ᄀᆞᆮ니라

ㄴᄂᆞᆫ 舌·쎯音흠·이·니 如셩 那낭ᇹ 字·쭝 初총 發·벓 聲셩ᄒ·니·라
▶ ㄴᄂᆞᆫ 혀쏘리니 那낭ᇹ 字쭝 처ᅀᅥᆷ 펴아 나는 소리 ᄀᆞᆮ니라

ㅂᄂᆞᆫ 脣쓘音흠·이·니 如셩 彆·볋 字·쭝 初총 發·벓 聲셩ᄒ·니
並·뼝書셩ᄒ·면 如셩 步·뽕ᇹ 字·쭝 初총 發·벓 聲셩ᄒ·니·라

▶ ㅂ는 입시울쏘리니 彆볋 字쫑 처섬 펴아 나는 소리 ᄀᆞᆮ니
  골ᄫᅡ쓰면 步뽕ㆆ 字쫑 처섬 펴아 나는 소리 ᄀᆞᆮ니라

ㅍ는 脣쓘 音흠·이·니 如영 漂푱ᇦ 字·쫑 初총 發·ᄫᅡᆯ 聲셩ᅙ·니·라
▶ ㅍ는 입시울쏘리니 漂푱ᇦ 字쫑 처섬 펴아 나는 소리 ᄀᆞᆮ니라

ㅁ는 脣쓘音흠·이·니 如영 彌밍ᅙ 字·쫑 初총 發·ᄫᅡᆯ 聲셩ᅙ·니·라
▶ ㅁ는 입시울쏘리니 彌밍ᅙ 字쫑 처섬 펴아 나는 소리 ᄀᆞᆮ니라

ㅈ는 齒:칭音흠·이·니 如영 卽·즉 字·쫑 初총 發·ᄫᅡᆯ 聲셩ᅙ·니
並·뼝書셩ᅙ·면 如영 慈쫑ᅙ 字·쫑 初총 發·ᄫᅡᆯ 聲셩ᅙ·니·라
▶ ㅈ는 니쏘리니 卽즉 字쫑 처섬 펴아 나는 소리 ᄀᆞᆮ니
  골ᄫᅡ쓰면 慈쫑ᅙ 字쫑 처섬 펴아 나는 소리 ᄀᆞᆮ니라

ㅊ는 齒:칭音흠·이·니 如영 侵침ㅂ 字·쫑 初총 發·ᄫᅡᆯ 聲셩ᅙ·니·라
▶ ㅊ는 니쏘리니 侵침ㅂ 字쫑 처섬 펴아 나는 소리 ᄀᆞᆮ니라

ㅅ는 齒:칭音흠·이·니 如영 戌·슗 字·쫑 初총 發·ᄫᅡᆯ 聲셩ᅙ·니
並·뼝書셩ᅙ·면 如영 邪썅ᅙ 字·쫑 初총 發·ᄫᅡᆯ 聲셩ᅙ·니·라
▶ ㅅ는 니쏘리니 戌슗 字쫑 처섬 펴아 나는 소리 ᄀᆞᆮ니
  골ᄫᅡ쓰면 邪썅ᅙ 字쫑 처섬 펴아 나는 소리 ᄀᆞᆮ니라

ㆆ는 喉ᅘᅮᇢ 音흠·이·니 如영 挹·흡 字·쫑 初총 發·ᄫᅡᆯ聲셩ᅙ·니·라
▶ ㆆ는 목소리니 挹흡 字쫑 처섬 펴아 나는 소리 ᄀᆞᆮ니라

ㅎ는 喉ᅘᅮᇢ音흠·이·니 如영 虛헝ᅙ 字·쫑 初총 發·ᄫᅡᆯ 聲셩ᅙ·니
並·뼝書셩ᅙ·면 如영 洪ᅘᅩᇰ 字·쫑 初총 發·ᄫᅡᆯ 聲셩ᅙ·니·라
▶ ㅎ는 목소리니 虛헝ᅙ 字쫑 처섬 펴아 나는 소리 ᄀᆞᆮ니
  골ᄫᅡ쓰면 洪ᅘᅩᇰㄱ 字쫑 처섬 펴아 나는 소리 ᄀᆞᆮ니라

ㅇ논 喉흫音흠·이·니 如영 欲·욕 字·쫑 初총 發·벓 聲셩ㅎ·니·라
▶ ㅇ논 목소리니 欲욕 字쫑 처섬 펴아 나는 소리 ㄱ튼니라

ㄹ논 半·반舌·쎯音흠·이·니 如영 閭령ㅎ 字·쫑 初총 發·벓 聲셩ㅎ·니·라
▶ ㄹ논 半반혀쏘리니 閭령ㅎ 字쫑 처섬 펴아 나는 소리 ㄱ튼니라

△논 半·반齒:칭音흠·이·니 如영 穰샹ㄱ 字·쫑 初총 發·벓 聲셩ㅎ·니·라
▶ △논 半반니쏘리니 穰샹ㄱ 字쫑 처섬 펴아 나는 소리 ㄱ튼니라

·논 如영 呑톤ㄷ 字·쫑 中듕 聲셩ㅎ·니·라
▶ ·논 呑톤ㄷ 字쫑 가온딧소리 ㄱ튼니라

ㅡ논 如영 卽·즉 字·쫑 中듕 聲셩ㅎ·니·라
▶ ㅡ논 卽즉 字쫑 가온딧소리 ㄱ튼니라

ㅣ논 如영 侵침ㅂ 字·쫑 中듕 聲셩ㅎ·니·라
▶ ㅣ논 侵침ㅂ 字쫑 가온딧소리 ㄱ튼니라

ㅗ논 如영 洪뽕ㄱ 字·쫑 中듕 聲셩ㅎ·니·라
▶ ㅗ논 洪뽕ㄱ 字쫑 가온딧소리 ㄱ튼니라

ㅏ논 如영 覃땀ㅂ 字·쫑 中듕 聲셩ㅎ·니·라
▶ ㅏ논 覃땀ㅂ 字쫑 가온딧소리 ㄱ튼니라

ㅜ논 如영 君군ㄷ 字·쫑 中듕 聲셩ㅎ·니·라
▶ ㅜ논 君군ㄷ 字쫑 가온딧소리 ㄱ튼니라

ㅓ논 如영 業·업 字·쫑 中듕 聲셩ㅎ·니·라
▶ ㅓ논 業업 字쫑 가온딧소리 ㄱ튼니라

ㅛ는 如영 欲·욕 字·쫑 中듕 聲셩ᄒ·니·라
▶ ㅛ는 欲욕 字쫑 가온딧소리 ᄀᆞ트니라

ㅑ는 如영 穰양ㄱ 字·쫑 中듕 聲셩ᄒ·니·라
▶ ㅑ는 穰양ㄱ 字쫑 가온딧소리 ᄀᆞ트니라

ㅠ는 如영 戌·슗 字·쫑 中듕 聲셩ᄒ·니·라
▶ ㅠ는 戌슗 字쫑 가온딧소리 ᄀᆞ트니라

ㅕ는 如영 彆·볋 字·쫑 中듕 聲셩ᄒ·니·라
▶ ㅕ는 彆볋 字쫑 가온딧소리 ᄀᆞ트니라

終즁聲셩·은 復·뿔用·용 初총 聲셩·ᄒ·ᄂ니·라
▶ 乃냉終즁ㄱ소리는 다시 첫소리를 쓰ᄂ니라

ㅇ를 連련書셩 脣쓘音흠之징下:행ᄒ·면 則·즉 爲윙脣쓘輕켱音흠·ᄒ·ᄂ니·라
▶ ㅇ를 입시울쏘리 아래 니어 쓰면 입시울가비야ᄫᆞᆫ소리 ᄃᆞ외ᄂ니라

初총聲셩을 合·ᅘᅡᆸ用·용·홇디면 則·즉 竝·뼝書셩ᄒ·라 終즁聲셩·도 同똥ᄒ·니·라
▶ 첫소리를 어울워 ᄡᅮ디면 골바쓰라 乃냉終즁ㄱ 소리도 ᄒᆞᆫ가지라

· ㅡ ㅗ ㅜ ㅛ ㅠ·란 附·뿡書셩 初총聲셩之징下:행ᄒ고
▶ ·와 ㅡ와 ㅗ와 ㅜ와 ㅛ와 ㅠ와란 첫소리 아래 브텨 쓰고

ㅣ ㅏ ㅓ ㅑ ㅕ·란 附·뿡書셩 於헝右:윻ᄒ·라
▶ ㅣ와 ㅏ와 ㅓ와 ㅑ와 ㅕ와란 올ᄒᆞᆫ 녀긔 브텨 쓰라

凡뻠字·쫑ㅣ 必·빓合·ᅘᅡᆸ而싱成쎵音흠·ᄒᄂ·니
▶ 믈읫 字쫑ㅣ 모로매 어우러ᅀᅡ 소리 이ᄂ니

左:쟝加강一·힗點:뎜호·면 則·즉去·컹聲셩·이·오

▶ 왼녀긔 혼 點뎜을 더으면 뭇노폰소리오

二·싱 則·즉 上:쌍聲셩·이·오(上聲은 처어미 눗갑고 乃終이 노폰 소리라)

▶ 點뎜이 둘히면 上쌍聲셩이오

無뭉 則·즉 平뼝聲셩·이·오(평성은 뭇눗가톤 소리라)

▶ 點이 업스면 平聲이오

入·싑聲셩·은 加강點·뎜·이 同똥而싱促·쵹急·급호·니·라

▶ 入싑聲셩은 點뎜 더우믄 호가지로디 샌르니라

漢·한音흠齒:칭聲셩은 有:울齒:칭頭뚱正·졍齒:칭之징別·볋호·니

▶ 中듕國귁 소리옛 니쏘리는 齒칭頭뚱와 正졍齒칭왜 굴히요미 잇느니

ㅈ ㅊ ㅉ ㅅ ㅆ 字·쭝는 用·용於헝齒:칭頭뚱호고

▶ ㅈ ㅊ ㅉ ㅅ ㅆ 字쭝는 齒칭頭뚱ㅅ소리예 쓰고

ㅈ ㅊ ㅉ ㅅ ㅆ 字·쭝는 用·용於헝正·졍齒:칭·호느·니

▶ ㅈ ㅊ ㅉ ㅅ ㅆ 字쭝는 正졍齒칭ㅅ소리예 쓰느니

牙앙舌·쎯脣순喉薈薈之징字·쭝는 通통用·용於헝漢·한音흠·호·느니·라

▶ 엄과 혀와 입시울와 목소리옛 字쭝는 中듕國귁 소리예 通통히 쓰느니라

제2장

중세국어의 음운

1. 초성의 음가

(1) 'ㅅ, ㅈ, ㅊ'의 음가

'ㅅ, ㅈ, ㅊ'는 현대국어와는 달리 치조에서 나는 [s, ts, tsʰ]였던 것으로 추정된다. 근대국어에서 'ㅈ, ㅊ'은 경구개로 그 조음 위치가 변한다. 이로 인해 'ㄷ, ㄸ, ㅌ'의 구개음화도 일어나게 된다.

(2) 'ㆆ'의 음가

'ㆆ'은 후두 파열음이었을 것으로 추정된다. 그것은 'ㆆ'이 수행했던 여러 기능에서 알 수 있다.

① 관형사형어미 '-ㄹ' 아래 쓰여 된소리 부호의 기능을 표시
  - 지브로 도라오싫 제, 니르고져 홇 배
② 사잇소리
  - 先考ㆆ 뜯, 快ㆆ 字, 하늟 뜯
③ 동국정운식 교정음으로 영모(影母)에 해당함.
  - 푬흠, 安한
④ 'ㄹ'에 입성의 효과를 주기 위한 이영보래(以影補來)의 표기
  - 不붏, 八밣

(3) 'ㅇ'의 음가

현대국어와 달리 두 가지의 기능을 가졌던 것으로 보인다.

① 소리 없는 단순 글자의 역할 : 현대국어와 동일

- 아히, 보아 – 국어의 초성
- 욕(欲), 충(此) – 동국정운식 한자음

② 특정 환경 아래 자음의 역할 : 'ㅇ'가 후음의 불청불탁음에 속한다는 사실에 근거할 때 유성 후두 마찰음 /ɦ/, 곧 유성음으로 볼 수 있으며, 'ㄹ, ㅿ, j' 아래에서 나타난다.

- 몰애, 살이고, 놀이, 달아, 알어늘

  ㅈ애, 웅이리라, 앙이, 궁어

  여희오, 이어늘, 비애

(4) 'ㅿ'의 음가

반치음으로서 불청불탁 계열에 속하니 'ㅅ'에 대립되는 유성치조 마찰음 [z]를 표기한 것으로 추정된다.

- ㉠ 아ᅀᆞ ㉡ 새ᅀᅡᆷ ㉢ 한숨 ㉣ 몸ᅀᅩ ㉤ ㅈ애 ㉥ 웅보니 ㉦ 나랏 일훔

㉠은 모음 사이, ㉡은 'j'와 모음 사이, ㉢은 'ㄴ'과 모음 사이, ㉣은 'ㅁ'과 모음 사이, ㉤은 모음과 유성 후두 마찰음 사이, ㉥은 모음과 순경음 'ㅸ' 사이, ㉦은 모음 사이에 쓰인 사잇소리로 그 분포가 유성음 사이에 한정되어 있다.

(5) 'ㅸ'의 음가

'ㅸ'는 연서된 복합글자로 현대국어에는 쓰이지 않으며 'ㅿ'와 같이 제한된 환경에서 볼 수 있다. '유성 양순 마찰음' [ß]로 발음된 것으로 추정된다.

- ㉠ 사ᄫᅵ, 드ᄫᅵ ㉡ 대범, 쇠벼ᄅ, 메받고 ㉢ 글발, 말밤 ㉣ 웅보니 ㉤ 漂(퓨)ᄫᅳ字

㉠은 모음 사이, ㉡은 'j'와 모음 사이, ㉢은 ㄹ와 모음 사이, ㉣은 ㅿ와 모음 사이, ㉤은 사잇소리로서 그 분포가 주로 유성음 사이라 할 수 있다.

(6) 각자병서

① ㄲ, ㄸ, ㅃ, ㅉ, ㅆ

'ㄲ, ㄸ, ㅃ, ㅉ, ㅆ'의 음가에 대한 해석은 학자에 따라 달랐다. 이숭녕의 「중세국어문

법」에서는 ‘ㄲ, ㄸ, ㅃ’의 음가를 ‘g, d, b’로 보았다. 이는 훈민정음 해례에 쓰인 한자음들의 ‘ㄲ, ㄸ, ㅃ, ㅉ, ㅆ’이 된소리로 읽히지 않기 때문이다. 그러나 이들이 우리말에 쓰일 때는 된소리로 보지 않을 수 없다. ‘ㄲ, ㄸ, ㅃ, ㅉ, ㅆ’은 다음과 같은 근거로 된소리 표기로 해석할 수 있다.

ㄱ 관형사형 어미 ‘-ㄹ’과 함께 적히는 된소리 부호 ‘ㆆ’가 소거될 때의 표기

　　• 홀 껏, 올 똘, 여흴 쩌긔, 쉴 쏘

ㄴ ‘듧습고, 좇줍고’의 음소적 표기

　　• 듭씁고, 조쭙고

ㄷ 사이시옷이 후행 음절에 옮겨 적힌 표기

　　• 엄쏘리, 니쏘리

② ㆅ, ㅇㅇ, ㄴㄴ

ㄱ ‘ㆅ’는 ‘j’ 앞에만 실현되는 ‘ㅎ’의 된소리로, 그 발음은 [ç]와 비슷하다.

　　• 혀디, 치혀시니, 도르혀

ㄴ ‘ㅇㅇ’도 ‘j’ 앞에서 쓰이는데 ‘ㅇ’의 된소리라기보다 긴장된 ‘j’음으로 추정된다.

　　• 힉여, 쥐여

ㄷ ‘ㄴㄴ’는 ‘슳ᄂ니, 닿ᄂ니라’의 ‘ㅎ’이 동화되어 나타난 것으로 ‘ㄴ’이 오래 지속되는 [n :]으로 추정된다.

　　• 슬ᄂ니, 다ᄂ니라

(7) 합용병서

① ㅅㄱ, ㅅㄴ, ㅅㄷ, ㅅㅂ ② ㅂㄷ, ㅂㅅ, ㅂㅈ, ㅂㅌ ③ ㅄㄱ, ㅄㄷ

합용병서(合用竝書)는 글자 그대로 중자음(重子音)이었다는 견해와 ‘ㅅ’계는 적어도 된소리 표기였다는 견해로 나뉘어 그 발음을 둘러싼 논의가 분분하다.

① ㅅㄱ, ㅅㄴ, ㅅㄷ, ㅅㅂ

‘ㅅ’계를 된소리로 보는 관점에서는 각자병서의 ‘ㅆ, ㆅ’와 함께 단순 된소리로 보나 자음군으로 보는 관점에서는 [sk, sn, st, sp]로 발음되는 것으로 본다.

　• ᄭ리, ᄮ히, ᄯ, ᄲ

② ㅳ, ㅄ, ㅴ, ㅷ

[pt, ps, pts, ptʰ]로 발음된 것으로 추정된다.

- 제 ᄠᅳ들, 제 ᄢᅩᆯ론, ᄧ, ᄠᅳ고

③ ㅴ, ㅵ

[psk, pst]로 발음된 것으로 추정되는데, 'ㅅ'계를 된소리로 보는 관점에서는 'ㅂ'와 된소리가 합쳐진 중자음 [pk', pt']로 본다.

- ᄢᅦ니, ᄣᅳ리니

2. 중성의 음가

(1) 단일 중성 글자 11자

> ① ·, ㅡ, ㅣ ② ㅗ, ㅏ, ㅜ, ㅓ ③ ㅛ, ㅑ, ㅠ, ㅕ

① '·, ㅡ, ㅣ'는 [ʌ, ɨ, i]로 발음된 것으로 본다. '·'는 후설 저모음으로 보는 것이 일반적이다.

- ᄐᆞᆨ, ᄃᆞ리 ; ᄆᆞᆯ, 드레 ; 피, 키

② 'ㅗ, ㅏ, ㅜ, ㅓ'는 [o, a, u, ə]로 발음된 것으로 본다.

훈민정음 해례의 제자해에는 이들 문자의 발음을 '·, ㅡ'와 비교하여 설명하고 있다. "'ㅗ'는 '·'와 같되 입이 오므라진다 … 'ㅏ'는 '·'와 같되 입이 벌어진다 … 'ㅜ'는 'ㅡ'와 같되 입이 오므라진다 … 'ㅓ'는 'ㅡ'와 같되 입이 벌어진다."

(ㅗ與·同而口蹙 … ㅏ與·同而口張 … ㅜ與ㅡ同而口蹙 … ㅓ與ㅡ同而口張)

- 논, 호미 ; 밥, 이아 ; 울, 누에 ; 널, 버들

③ 'ㅛ, ㅑ, ㅠ, ㅕ'는 'j'가 결합된 상향이중모음 [jo, ja, ju, jə]를 나타낸다.

- 죵, 고욤 ; 약, 다야 ; 쥭, 율믜 ; 벼, 져비

(2) 복합 중성 글자 – 중성 글자의 합성

단일 중성 글자의 합용은 글자 구조 그대로 중모음으로 보아야 한다.

> ① ㅘ, ㅝ ② ㅢ, ㅢ, ㅚ, ㅐ, ㅟ, ㅔ, ㆄ, ㅒ, ㆅ, ㅖ ③ ㅙ, ㅞ

① ㅘ, ㅝ

두 글자의 합용으로 현대국어와 같이 [wa, wə]로 발음된 것으로 본다.

- 과글이 ; 쒕

② ·ㅣ, ㅢ, ㅚ, ㅐ, ㅟ, ㅔ, ㅚ, ㅒ, ㅟ, ㅖ

단일 중성 글자에 'j'가 후행한 하향이중모음으로서 [ʌj, ïj, oj, aj, uj, əj, joj, jaj, juj, jəj]로 발음된 것으로 본다.

- 떠, 씨얀 쑴 ; 긔걸, 어듸 ; 가마괴, 뵈아시니 ; 춤깨, 내히 이러, 밠귀머리, 위두ᄒ시며, 게을이, 그듸네, 쇠머리, ᄌ개, 췌ᄒ다, 계드록

③ ㅙ, ㅞ

①에 'j'가 후행된 것으로 [waj, wəj]로 발음된 것으로 본다.

- 쇄ᄉ, 궤

3. 종성의 음가

(1) 종성 8자

ㄱ, ㅇ, ㄷ, ㄴ, ㅂ, ㅁ, ㅅ, ㄹ

(2) 종성 8자의 발음

'ㅅ'을 제외하고는 현대국어와 발음 상의 큰 차이가 없었을 것으로 본다.

(3) 중세국어 종성의 'ㅅ'과 'ㄷ'의 발음 차이

- 현대국어 : 받침의 'ㅅ'과 'ㄷ'의 차이가 없어 다 같이 [t̚]로 발음됨
- 중세국어 : 받침의 'ㅅ'과 'ㄷ'의 발음이 중세국어 문헌에서 잘 구별되어 쓰임

  못(池)/몯(莫), 못(最)/몯(昆), 귿(末)/긏(必)

  중세국어 종성의 'ㅅ'는 끝에 치성(齒性)이 약간 들리는 [s̚] 정도였을 것으로 추정된다.

(4) 기타 종성의 발음

8종성 이외 반치음 'ㅿ'도 있었고 겹받침도 있었다.

① '△'은 [z]로 발음된 것으로 추정된다.

　• 엿이, 긋어, 것위 …

② 겹받침은 현대국어와는 달리 둘 다 발음되었을 것으로 추정된다.

　• 흙, 둙, 붉게, 옮고 …

❀ 제2부 ❀
형태론

제1장
중세국어의 표기법

1. 음소적 표기

(1) 특징

① 소리의 반영

　㉠ 음소적 표기법(표음주의 표기법)은 소리를 반영한 표기법이다.

　　• 고지(곶 + 이), 고졸(곶 + 올), 곳도(곶 + 도), 업서(없 + 어), 업스니(없 + 으니), 업고(없 + 고)

　㉡ 현대국어는 형태 음소적 표기법(표의주의 표기법)을 채택하고 있는데 이는 소리보다 의미 단위를 반영한 표기법이다.

② 교체 현상의 반영

중세국어의 표기법은 명사나 용언의 어간형을 고정시키지 않고 교체 현상을 표기에 반영하는 음소적 표기법이었다.

(2) 음절적 표기

① 음소적 표기의 결과 실제 발화될 때 음절을 이루는 단위가 그대로 표기에 반영되는 음절적 표기가 이루어졌다.

② 음절적 표기의 예외

　㉠ 'ㅂ'이 선행 음절의 종성 위치에 표기되기도 하고 후행 음절의 초성 위치에 표기되기도 한다.

　　• 거슳지/거슬쩌, 업스/어쁘, 넓디/널삐, 쉽디/쉬삐

ⓛ 'ㅅ'이 선행 음절의 종성 위치에 표기되기도 하고 초성 위치에 표기되기도 한다.

- 숤가락/손까락, 깃ㅅ봐/기쓰봐

ⓒ 관형사형 어미 'ㅭ' 뒤에 평음이 올 경우 평음이 된소리화된다.

- 닐긇 시오/ᄀᆞᄅ칠 씨오, 이싫 저긔/갈 쩌긔, -ㅭ디어다/ㄹ띠어다

2. 한자음 표기

한자음을 표기하는 방법은 두 가지가 있었다.

(1) 동국정운식 한자음 표기

「동국정운」에 사용된 한자음은 중국 한자음에 가깝게 표기하려는 노력이 반영된 비현실적인 한자음이었다.

- 菩뽕薩삻

(2) 현실 한자음 표기

① 비현실적인 동국정운식 표기는 오래가지 못하고 현실 한자음으로 표기되기 시작했는데 전반적으로 채택된 것은 15세기 말 연산군 때의 일이다.

- 菩보薩살

② 현실 한자음 표기가 적용된 대표적 문헌으로는 15세기 말 「육조단경언해」, 「진언권공삼단시식문언해」 등이 있다.

3. 연철과 분철

(1) 연철

받침이 있는 체언이나 용언의 어간에 모음으로 시작하는 조사나 어미가 통합할 때 소리나는 대로 표기한 방식이다. 대부분의 중세국어 문헌에서는 연철 표기가 일반적이었다.

- 고지, 업슨

(2) 분철

체언이나 용언 어간의 받침과 조사나 어미를 구분해서 표기한 방식이다. 연철이 일반적이

긴 했으나 15세기부터 분철 표기가 나타나기 시작했다.

   ① 「월인천강지곡」에 보이는 분철

     눈에, 말이시나, 꿈을, 종울, 담아

   ② 15세기 말, 16세기 초의 문헌에 보이는 분철

     숤가락올, ᄀ름애, ᄆ숨이, 눈ᄋ로, 사름이, 돈을

   ③ 16세기 「소학언해」에 보이는 분철

     손으로, 벋이, 넘으리라, 묽으며

(3) 중철

과도적 표기 형태로 16세기 초기 문헌들에서 발견된다.

   • 손늘, 손눌, 흙기, 허믈롤, 옷술, 밥블

4. 8종성법

(1) 8종성

중세국어 표기에서 받침 위치에는 'ㄱ, ㆁ, ㄷ, ㄴ, ㅂ, ㅁ, ㅅ, ㄹ'의 8개 자음만이 올 수 있었다.

(2) 훈민정음의 설명

'빗곶'(梨花), '엿의 갗'(狐皮) 등에서 (받침은) 'ㅅ'자로 가히 통용할 수 있으므로, 오직 'ㅅ' 자만 쓰는 것과 같다.

(然ㄱㆁㄷㄴㅂㅁㅅㄹ八字可足用也 如빗곶爲梨花 엿의갗爲 狐皮 而ㅅ字可以通用 故只用ㅅ字)

(3) 예외

「용비어천가」와 「월인천강지곡」에서는 '곶, 맞나, 낱, 좇거늘, 붚, 높고' 등이 발견된다.

5. 표기법의 변화

(1) 중세 시기 존재하던 문자의 소멸

    ① 'ㅸ, ㆆ' : 15세기 중반에 소멸되었다.

    ② 'ㅿ' : 15세기 말에서 16세기 초에 소멸되었다.

    ③ 'ㆁ' : 음소를 표기하는 방식이 'ㆁ'에서 'ㅇ'으로 변화되어 16세기 말에 소멸되었다.

(2) 16세기 말부터 나타난 중세국어 표기법의 변화

① 분철 표기의 일반화 : 명사와 조사의 통합은 물론 용언과 어미의 통합형도 광범위하게 분철된다.

② 7종성법 : 'ㄷ', 'ㅅ'이 중화되어 모두 'ㅅ'으로 적는 7종성법이 근대국어 초기에 나타났다.

(3) 방점의 소멸

근대국어 시기부터는 방점이 완전히 소멸되었다.

제2장

중세국어의 단어와 품사

1. 단어의 구조 및 형성

단어는 최소 자립 형식(minimal free form)으로, 한 단어 내부에서는 휴지나 다른 단어가 개입할 수 없는 문법 단위이며, 단어의 형성은 새로운 단어를 만드는 것으로 그 방법을 단어 형성 혹은 조어법이라고 한다.

1 단어의 구조

(1) 단어의 내부 구조 파악

① 어떤 단어의 내부 구조를 정확히 이해하고, 그 단어가 합성어인지 파생어인지를 결정하기 위해서는 주어진 단어를 직접 구성 요소(IC)로 분석하는 일이 선행되어야 한다.

② 직접 구성 요소 분석의 결과 둘 다 어근(실질 형태소)이면 합성어, 둘 중 하나가 접사(형식 형태소)이면 파생어가 된다.

(2) 단일어와 복합어

① 단일어 : 하나의 형태소만으로 이루어진 단어

- 쇼(牛), 나모(木), ᄒᆞ-(爲), 밍ᄀᆞᆯ-(制), 새(新), 다시(再)

② 복합어 : 둘 이상의 형태소로 이루어진 단어

　㉠ 합성어 : 어근(실질 형태소)으로만 이루어진 단어

- 밤낮(晝夜), 외셤(孤島), 오ᄅᆞᄂᆞ라-(上下), 도라오-(歸)

　㉡ 파생어 : 어근(실질 형태소)과 접사(형식 형태소)로 이루어진 단어

• 무덤, 늘개, 굴가마괴, 싀어미

(1) 파생법

파생법은 어근에 접사를 결합시켜 새로운 단어를 만드는 방법이다.

① 접두 파생법

　접두사는 품사를 결정하는 문법적 기능을 하지 못하므로 접두 파생법은 어근의 의미
　만 제한해 주는 어휘적 파생법만 확인된다.

　　㉠ 명사 파생법 : 굴가마괴, 굴거믜, 들기름, 새별, 싀아비, 싀어미, 아촌아돌, 아촌설,
　　　출콩, 춤기름

　　㉡ 동사 파생법 : 것무르죽다, 티츠다, 티소다, 티받다

　　㉢ 형용사 파생법 : 에굳다

② 접미 파생법

　접미사는 어휘적 파생법뿐만 아니라 통사적 파생법에도 쓰였다. 통사적 파생법은 접사
　가 어근의 품사를 바꾸거나 통사 구조에 영향을 미치는 것을 말한다.

　　㉠ 명사 파생법

　　　[어휘적 파생]

　　　• 터럭, 기동, 무야지, 불무질, 슈질 <명사에서>

　　　[통사적 파생]

　　　• 무춤, 무덤, 주검, 늘개, 늘애 <동사에서>

　　㉡ 동사 파생법

　　　[어휘적 파생]

　　　• 니르받다, 벗기왇다, 열티다, 드위혀다 <동사에서>

　　　[통사적 파생]

　　　• 뇌호다, 구실호다, 말호다 <명사에서>

　　　• 도티다, 자피다, 밧기다, 살이다, 웅이다, 달오다, 일우다, 머추다, 사르다, 이르다
　　　　<동사+사동접미사 : -히-, -기-, -이-, -오/우-, -호/후-, -익/으->

　　　• 두피다, 다티다, 자피다, 둠기다, 숨기다, 들이다 <동사 + 피동접미사 : -히-,

-기-, -이>

- 고피다, 구티다, 길우다, 고초다 <형용사 + 사동접미사>

ⓒ 형용사 파생법

[어휘적 파생]

- 놋갑다, 녇갑다, 맛갑다, 두텁다 <형용사 +-갑, -업>

[통사적 파생]

- 疑心둡다, 아룸둡다, 곳둡다, 새릅다, 힘젓다, 香氣젓다 <명사 + '-둡/릅', -젓>
- 믿브다, 저프다, 알프다, 골프다, 깃브다, 웃보다, <동사 + -ㅂ/브>
- 그립다, 뮙다 <동사 + -ㅂ>
- 므겁다, 붓그럽다, 앗갑다, 즐겁다 <동사 + -압/업>

ⓔ 부사 파생법

[어휘적 파생]

- 몯내, 본디로, 나날로, 고대

[통사적 파생]

- 몸쇼/몸소/몸조, 손쇼/손소/손조, 진실로, 날로, 새로, 이리, 뎌리, 그리, 아ᄆ리, <명사, 대명사에서>
- 비르서/비르소/비르수, 가시야, 골오, 너무 <동사에서>
- 기리, 노피, 기피, 불기, 너비, 해, 슬피, 키, 횟츨히, 퍼러히, 이러히 <형용사에서>

③ 영 파생 : 단어에 아무런 형태가 없는 영 접미사를 연결하여 새로운 단어를 만드는 방법이다.

ⓐ [명사+ø] → 동사 : ᄀ물다, 깃다, 되다, 너출다

ⓑ [동사+ø] → 부사 : 고초, ᄀ초, 모도

ⓒ [형용사+ø] → 부사 : 바르, 비브르, 곧, 하

④ 내적 변화 : 단어 내의 자음이나 모음을 바꾸어서 새로운 단어를 만드는 방법이다.

- 살/설(歲), 남다(餘)/넘다(越), 늙다(朽)/늙다(老)

(2) 합성법

어근(실질 형태소)끼리 결합하여 새로운 단어를 만드는 방법이다.

① 통사적 합성법과 비통사적 합성법

　　㉠ 통사적 합성법 : 직접 구성 성분들이 구(句)나 문장을 형성할 때와 같은 방식으로 결합하는 합성법이다.

　　　　• 똥오줌, 묏기슭, 쇼의고기

　　㉡ 비통사적 합성법 : 직접 구성 성분들이 구나 문장을 형성할 때에는 사용되지 않는 방식으로 결합하는 합성법이다.

　　　　• '접칼' : '접는 칼'과 같은 구 구성과는 달리 관형사형 어미가 생략되었다.

② 명사 합성법

　명사 합성법은 대부분 통사적 합성법이다.

　㉠ 명사 + 명사 : 두 명사 사이에 관형격 조사가 개재되는 경우와 두 명사가 직접 결합하는 경우가 있다.

　• 명사끼리 직접 결합하는 경우

　　－밤낮(←밤 + 낮), ᄆᆞ쇼(←ᄆᆞᆯ + 쇼)

　• 관형격 조사가 개재되는 경우

　　－곳믈(←고 + ㅅ + 믈), 둘기알(←ᄃᆞᆰ + 이 +알)

　㉡ 형용사 + 명사

　　－하나비(←하+ㄴ+아비), 져므니(←졈 +은 +이)

　㉢ 관형사 + 명사

　　－요ᄉᆡ(←요 +ᄉᆡ), 뎌즈슴(← 뎌 + 즈슴)

　㉣ 동사 + 명사

　　－ᄌᆞ물쇠, 밀믈

③ 동사 합성법

　㉠ 명사 + 동사 : 통사적 합성어

　• 믈들다(←믈+들다), 빛나다(←빛+나다), 벋삼다(←벋+삼다), 본받다(←본+받다), 앞셔다(←앞+셔다)

　㉡ 동사 + 동사

　• 통사적 합성어 : 나ᅀᅡ가다(←낫+아+가다), 도라오다(←돌+아+오다)

　• 비통사적 합성어 : 뛰놀다, 오ᄅᆞᄂᆞ리다, 빌먹다(乞食), 딕먹다(啄食)

　㉢ 부사 + 동사 : 통사적 합성어

- 닫담다, 업시너기다

④ 형용사 합성법 : 동사 합성법에서는 명사가 주어와 목적어인 경우가 모두 확인되지만 형용사 합성법에서는 형용사의 속성상 목적어로 해석되는 경우는 확인할 수 없다.

　㉠ 명사 + 형용사 : 통사적 합성어

- 술지다(←술+지다), 그지없다(←그지+(ø)+없다)

　㉡ 형용사 + 형용사 : 비통사적 합성어

- 검븕다(검+븕다), 감포른다(감+포른다), 됴쿶다(둏+궂다)

⑤ 관형사 합성법

　㉠ 수 관형사 + 수 관형사

- 혼두(一二), 두서(二三), 서너(三四), 너덧(四五)

　㉡ 부사 + 형용사

- 아니한

　㉢ 수사 + '남다'의 관형사형

- 여라문, 스므나문, 마순나문, 쉬나문

⑥ 부사 합성법 : 주로 부사와 부사의 결합에 의해 이루어진다.

- 몯다, 잘몯
- 외ᄠᆞ로 – 관형사와 부사가 결합하여 부사를 형성한 것이다.

2. 중세국어의 품사 분류

1 분류 기준

품사 : 단어를 문법적 성질에 따라 묶어 놓은 것

품사 분류 기준 : 형태, 기능, 의미

(1) 형태

단어의 형태적 특징을 의미한다. 우선 단어가 변화하느냐(가변어) 변화하지 않느냐(불변어)에 따라 구분될 수 있다. 또한 변한다면 어떤 방식으로 변화하느냐에 따라 달라질 수 있다.

① 가변어 : 동사와 형용사, 서술격 조사가 포함된다.

② 불변어 : 명사, 대명사, 수사, 관형사, 부사, 감탄사, 서술격 조사를 제외한 모든 조사가

포함된다.

(2) 기능

한 단어가 문장 가운데에서 다른 단어와 맺는 관계를 가리킨다.

기능을 고려한 하위 범주

① 체언 : 명사, 대명사, 수사를 통칭하는 말로 격조사를 취하며 관형어의 수식을 받을 수 있다.

② 용언 : 동사, 형용사를 통칭하는 말로 어미를 취하여 굴절하는 단어이다.

③ 수식언 : 관형사, 부사를 통칭하는 말로 격조사와 어미를 취하지 못하고, 체언과 용언을 수식하는 단어이다.

④ 독립언 : 독립적으로 문장을 이룰 수 있는 품사인 감탄사를 이르는 말로 낱말을 수식하지 않고, 수식받지도 않는다.

⑤ 관계언 : 관계언은 다른 낱말과의 문법적 관계를 규정해 주는 품사인 조사를 이르는 말이다.

(3) 의미

품사를 명사, 대명사, 수사, 조사, 관형사, 부사, 동사, 형용사, 감탄사로 분류하는 것은 의미에 따른 명칭 부여이다. 의미는 단어의 개별적인 어휘적 의미가 아니라 품사 분류에 필요한 형식적인 의미로서, 단어의 공통적인 유개념을 말한다.

① 명사 : 사물의 명칭을 주로 나타내는 품사이다.

② 대명사 : 다른 체언을 대신하는 역할을 하는 품사이다.

③ 수사 : 수나 차례를 나타내는 말이다.

④ 동사 : 사물을 움직임을 주로 나타내는 품사이며, 명령형과 청유형의 어미 변화를 할 수 있는 용언이다.

⑤ 형용사 : 사물의 상태와 성질을 나타내는 품사이며, 활용을 하지만 명령형과 청유형의 어미 변화를 할 수 없다.

⑥ 관형사 : 체언을 수식하는 품사이다.

⑦ 부사 : 용언을 수식하는 품사이다.

⑧ 감탄사 : 어미 변화와 수식을 하지 않으면서 문장의 다른 단어들과 직접적인 관계를 가

지지 않는 품사이다.

⑨ 조사 : 체언의 뒤에 붙어 문법적 관계를 규정해주는 품사이다.

2 분류의 실제

현대국어의 단어와 형태소의 식별 기준이 거의 그대로 적용된다.

(1) 체언

① 시미(심이) 기픈 므른(믈은) ᄀᄆᆞ래(ᄀᆞ물애) 아니 그츨씨 (용가 2)

    → '심, 믈, ᄀᆞ물'은 명사

② 내(나ㅣ) 이룰 爲ᄒᆞ야 어엿비 너겨 (훈언)

    → '나, 이'는 대명사

③ 弟子 ᄒᆞ나홀(ᄒᆞ낳올) 주어시든 (석상 6 : 22)

    → 'ᄒᆞ낳'는 수사

④ 다시 새룰 비허(更雨新者) (법화 3 : 94)

    → '새'는 격조사를 취하므로 체언으로 볼 수 있다. 중세국어에서 '새'는 관형사뿐만
       아니라 명사로도 쓰였다.

⑤ 생이며 생 아니롤 굴히ᄂᆞ니 (법화 5 : 30)

    → '아니'도 격조사 취하므로 체언으로 볼 수 있다. 중세국어에서 '아니'는 명사와
       부정 부사로 쓰였다.

(2) 관계언

위의 예 나타나는 '이, ㅣ, 애, 룰, 올, 은'은 조사이다. 현대국어와 형태만 약간 다르다. 서술격 조사도 취하는 어미의 모습만 약간 다르고 현대국어와 근본적인 차이가 없다.

⑥ 사ᄅᆞ미 목수미 無常ᄒᆞᆫ 거시라(것이라) (월석 7 : 2)

    → '이라'는 현대국어 '이다'이다.

⑦ 나는 弟子 大目犍連이로라 (월석 23 : 82)

    → '이로라'의 '-로-'는 선어말 어미 '-오-'가 서술격 조사의 어간 '이-' 아래서 형태
       가 바뀐 것이다.

(3) 용언

⑧ 德叉迦는 毒욜 내느다 ᄒ논 마리오 (석상 13 : 7)

　　→ '내느다'는 동사

⑨ 須彌는 ᄀ장 놉다 ᄒ논 ᄠ디라 (월석 1 : 17)

　　→ '놉다(<높다)는 형용사

　중세 국어도 현대 국어와 같이 직설법의 선어말 어미 '-느-'의 통합 여하에 기대어 동사·형용사가 분간되는데, 중세 국어에서는 형용사에 '-느-'가 붙어 동사로 전성되는 일이 매우 흔하다.

⑩ 서르 親ᄒ며 서르 갓갑느닌(갓갑는인) 믌 가온딧 ᄀᆯ며기로다 (두언 7 : 3-4)

　　→ '갓갑느닌'(=가까이 하는 것은)의 '갓갑-'은 형용사인데 '-느-'가 붙어 동사가 된다.
　　중세국어에는 형용사가 그대로 동사의 기능을 발휘하는 일이 많았다.

⑪ 病ᄒᆞᆫ 사ᄅᆞ미 잇거든 夫人이 머리롤 ᄆᆞᆫ지시면 病이 다 됴터라 (월석 2 : 30)

　　→ '됴터라'는 현대국어로 '좋아지더라'로 위의 예문에선 동사로 쓰였다. 이런 이유로 중세 국어에선 동사와 형용사를 구별하지 않는 문법가도 있다.

(4) 수식언

⑫ ᄆᆞᆺ읫 字ㅣ 모로매 어우러ᅀᅡ 소리 이ᄂ니 (훈언)

　　→ 'ᄆᆞᆺ읫'은 관형사로 字를 꾸미고 있다. 현대국어의 '무릇'과는 약간 다르다.

⑬ 그르 알면 外道ㅣ오 (월석 1 : 51)

　　→ '그르'는 부사로 '알다'를 꾸미고 있다.

(5) 독립언

⑭ 잇 男子아 엇던 이룰 爲ᄒᆞ야 이 길헤 든다 (월석 21 : 118)

　　→ '잇'는 '아'를 의미하는 감탄사로 놀라움을 나타낸다.

⑮ 舍利弗이 ᄉᆞᆲ보ᄃᆡ 엥 올ᄒᆞ시이다 (석상 13 : 47)

　　→ '엥'은 감탄사로 '예'의 의미이다.

제3장

체언과 조사

1. 체언

1 명사

현대국어와 마찬가지로 중세국어의 명사도 고유명사와 보통명사, 자립명사와 의존명사로 나눌 수 있다. 고유명사, 보통명사, 자립명사는 그 특성이 현대국어와 크게 다를 바 없다. 다만 의존명사는 현대국어에 안 쓰이는 것들이 있어서 주목할 필요가 있다.

(1) 의존명사의 용법상 특이점

현대국어와 달리 관형사형 어미 뒤뿐만 아니라 관형격 조사 뒤에도 쓰였다.
① 부사성 의존명사 '거긔, 그에'가 관형격 조사 '이/의, ㅅ'아래 쓰이는 일도 있었다.

    (1) 겨즈비 <u>그에</u> 브튼 더러본 이스리 … (월석 1 : 26)

    (2) 如來ㅅ <u>거긔</u> 머리 갓가 (월석 9 : 35)

② 'ㄱ장'이 관형격조사 'ㅅ' 아래 쓰였다.

    (3) 그 나랏 <u>ㄱ자ᄋ</u> 낫ㄱ티 븕ᄂ니라 (월석 1 : 26)

(2) 의존명사의 분류

① 보편성 의존명사 : 바, 드, 쑨, ᄉ, 앚, 것, 녁, 딘, 이, 적, 줄('것'), 히

    [바]

    (4) 니르고져 홇 배 (바 ㅣ) 이셔도 (훈언 2) – 주어

(5) ㄱ론 바룰 브터 (석상 서 5) - 목적어

(6) 重히 너기논 배오(바ㅣ오) (금삼 2 : 47) - 서술어

[디]

(7) 土ㅣ 水와 火와룰 브터 나논 디(ㄷㅣ) 子息이 父母ㅅ 氣分을 바돔 곧ㅎ니 (능엄 4 :
    22장) - 주어

(8) 念覺支논 一切 法의 性이 다 뷘 둘(ㄷ르) 볼 씨오 (월석 2 : 37) - 목적어

(9) 첫소리룰 어울워 쓿 디면(ㄷㅣ면) 골밨쓰라 (훈언) - 서술어

[쭌]

(10) 二軍 鞠手 쭌 깃그니이다 (용가 44) - 주어

(11) 小乘엣 사른미 제 몸 닷골 쭌 ㅎ고 눔 濟度 몯홀씨 (석상 13 : 36) - 목적어

(12) 몸 우휜 오술 救ㅎ고 비룰 브르게 홀 쭌니로다 (두언 8 : 27) - 서술어
'쭌'은 현대국어에서는 서술어로만 쓰이나 중세국어에서는 주격, 목적격, 서술격에 두
루 쓰였다.

[ㅅ]

(13) ㄱ장 다올 씨(쓰ㅣ) 究竟이라 (석상 13 : 41) - 주어

(14) 塵을 여흴 쑬(쓰르) 禪이오 (몽산 63) - 목적어

(15) 命終온 목숨 ㅁ촐 씨라 (석상 6 : 3] - 서술어
'ㅅ'는 현대국어의 '줄', 내지 '것'에 해당하는데, 'ㄷ'와 같이 '시(씨), 술(쑬), 시(씨)'로
실현된다.

[앛]

(16) 善現이 奇特혼 아촌 그 聲敎룰 기드리디 아니ㅎ야 (금삼 2 : 8) - 주어

(17) 이엔 經의 勝혼 아출 나토시니 (금삼 3 : 2) - 목적어

(18) 相을 여희여 發心호물 권ㅎ샨 아치니라 (금삼 3 : 36) - 서술어
'앛'은 까닭, 소이(所以)의 의미를 갖는 의존명사이다.

② 주어성 의존명사

[디]

(19) 그제로 오신 디 순지 오라디 몯거시든 (법화 5 : 119)

'디'는 현대국어의 주어성 의존명사 '지'의 직접적 소급 형태로서 항상 주어로만 쓰이고, 뒤에는 '오라다'와 같은 형용사가 따른다.(보편성 의존명사 'ᄃ'의 주격형으로 볼 수도 있다.)

[슷]

(20) 하ᄂᆳ 風流ㅣ 그츓 슷 업스니 (월석 7 : 58)

③ 서술성 의존명사

[ᄯᄅᆷ]

(21) 날로 ᄡᅮ메 便安킈 ᄒᆞ고져 홇 ᄯᆞᄅᆞ미니라(ᄯᄅᆷ이니라) (훈언 3)

중세국어에서 서술성 의존명사는 'ᄯᄅᆷ' 정도가 확인된다. 'ᄯᄅᆷ'은 명사 뒤, 목적어 자리에 쓰이는 일도 있어서 현대국어와 꼭 일치하지는 않는다.

(22) ᄒᆞᆫ 天下 ᄯᆞᄅᆞ미라 (법화 3 : 156) <명사 아래>

(23) 알ᄑᆡ 草木 ᄯᄅᆷ 니ᄅᆞ시고 (법화 3 : 36) <목적어로>

④ 부사성 의존명사

디, ᄀᆞ장, 거긔, 게, 그에, 긔, 다비, 둧(ᄃᆞ시), 동, 만, 손ᄃᆡ, 양, 자히

[디]

(24) 현맛 劫을 디난 디 모ᄅᆞ리로소니 (월석 14 : 9) <의심>

(25) 이 相公이 軍인 디 아노니 (두언 7 : 25) <줄>

'의심'과, 현대국어의 '줄'을 의미한다. '알다/모ᄅᆞ다'의 지배를 받는다.

[ᄀᆞ장]

(26) 열희 ᄃᆞ욇 ᄀᆞ장 조료ᄆᆞᆯ 減이라 ᄒᆞ고 (월석 1 : 47)

(27) 그 나랏 ᄀᆞ자ᄋᆞᆫ 낫ᄀᆞ티 ᄇᆞᆰᄂᆞ니라 (월석 1 : 26) <관형격조사 아래>

관형사형, 관형격 조사 아래 두루 쓰인다.

[게]

(28) 더우니로 촌 게 섯거 (능엄 3 : 12)

[다비]

(29) 구른치샨 다비 奉行ᄒᆞᅀᄫᆞ리니 (월석 14 : 61)

(30) 太子 뜯 다비 호리이다 (월석 21 : 216)

[둧, 드시]

(31) 어제 본 둧 ᄒᆞ야 (석상 6 : 9)

[동]

(32) 아모ᄃᆞ라셔 온 동 모ᄅᆞ더시니 (월석 2 : 25)

⑤ 단위성 의존명사

(33) 百千 디위 ᄇᆞ려도 (월석 21 : 216)

(34) 샐리 짓ᄂᆞᆫ 그른 즈믄 마리오 (두언 21 : 42)

'디위'는 '번'(回)의 뜻, 의존명사로만 쓰인다.

'마리'는 자립명사와 의존명사에 두루 쓰인다.

※ 그 밖의 단위성 의존명사

㉮ 치, 리(里), 설(歲), 번, 낱/낯, 량(兩), 볼 …

㉯ 셤, 말, 되, 홉, 자ᄒᆞ, 희, 둘, 날, 돈, 사룸, ᄌᆞᄅᆞ(柄)

2 대명사

(1) 인칭대명사

① 1인칭 대명사

㉠ 지위가 낮은 사람이 높은 사람에게 말을 할 때에도 '나'가 쓰였다.

- 중세국어에는 '나'의 낮춤말이 없다.
- 1인칭 대명사가 주어로 쓰일 때는 용언의 활용형에 선어말어미 '-오-'가 일치하였다.

(35) 내 이롤 爲ᄒ야 어엿비 너겨 새로 스믈여듧 字롤 밍ᄀ노니 (훈언)

(36) 大王하 엇더 나롤 모ᄅ시ᄂ니잇고 (월석 8 : 92)

ⓛ 중세국어에는 복수에서도 겸손을 위한 말이 없었다. 현대국어라면 낮춤말 '저희'가 쓰여야 할 자리에도 '우리'가 쓰였다. '우리'에는 접미사 '-둘ㅎ'이 붙기도 한다.

(37) 오ᄂ날 世尊이 우리롤 諸法戲論앳 똥올 ᄉ랑하야 덜에 ᄒ실씨 (월석 13 : 33)

(38) 우리는 다 부텻 아들 ᄀᆮᄒ니 (월석 13 : 32)

ⓒ 1인칭 대명사가 아니라 하더라도, 활용형에 의하여 주어가 화자임을 알 수 있는 예가 발견된다.

(39) 能이 닐오디 能은 字롤 아디 몯ᄒ노니 (육조 상 : 23-4)

(40) 누른 새는 져기 ᄂ로몰 任意로 ᄒ노라 (두언 20 : 10)

'-오-'의 쓰임에 의해 (39)의 '能'은 화자 자신의 이름이고, (40)의 '누른 새'는 두보 자신을 가리킴을 알 수 있다.

② 2인칭 대명사

'너'와 '그듸'가 있었는데, '너'는 낮춤에, '그듸'는 약간 높임에 사용되었다. 복수형 '너희'가 있었는데, '너희'에도 '둘ㅎ'이 붙을 수 있었다.

(41) 長者ㅣ 네 아비라 (월석 8 : 98)

(42) 너희 디마니 혼 이리 잇ᄂ니 ᄲᆞ리 나가라 (월석 2 : 6)

(43) 그딋 아바니미 잇ᄂ닛가 (석상 6 : 14)

'그딋'은 '그듸'의 관형격형인데, 현대국어 문어체의 '그대'와는 용법이 다르다. (43)에서 '그듸'는 처음 만나는 처녀이므로 아주 낮추기는 어려워 ᄒ야쎠체 '-닛가'가 쓰였다.

③ 3인칭 대명사

중세국어의 3인칭 대명사도 정칭, 미지칭, 부정칭, 재귀칭으로 나눌 수 있다.

(44) 須達이 精舍를 지수려 ᄒᄂ니 우리 모다 지조롤 겻고아 뎌옷 이기면 짓게 ᄒ고 몯 이긔면 몯 짓게 ᄒ야지이다 (석상 6 : 2)

(45) 二百戶롤 어느 뉘 請ᄒ니 (용가 18)

(46) 아뫼어나 와 내 머릿바기며 … 도라 ᄒᆞ야도 (월석 1 : 13)

(47) 廣熾 깃거 제 가져 가아 ᄇᆞᄅᆞᅀᆞᄫᆞ니 (월석 2 : 9)

(48) 五百太子ㅣ 漸漸 ᄌᆞ라니 … 이웃 나라히 背反ᄒᆞ거든 저희가 티고 (석상 11 : 35-6)

(49) 淨班王ㅣ 깃그샤 부텻 소ᄂᆞᆯ 손소 자ᄇᆞ샤 ᄌᆞ걋 가ᄉᆞ매 다히시고 (월석 10 : 9)

'뎌'는 '그 사람'을 뜻하는 3인칭, '뉘'는 미지칭 '누'의 주격형, '아뫼어나'는 부정칭 '아모'의 서술격형, '제'는 '저'의 주격형, '저희'는 '저'의 복수형이다. 'ᄌᆞ걋'은 'ᄌᆞ갸'의 관형격형인데 '저'와 같이 재귀대명사에 속하지만 높임말이다.

(2) 지시대명사

지시대명사는 사물과 처소 표시의 둘로 나눌 수 있다.

① 사물

㉠ 현대국어에서는 '이것, 그것, 저것'이 지시대명사로 쓰이고, '이, 그, 저'는 주로 관형사로 나타나는데 중세국어에서는 '이, 그, 뎌'가 대명사의 기능을 표시하였다. '이'는 근칭으로서 앞에 오는 내용을 대용하고, '그'는 중칭인데 흔하지 않으며, '뎌'는 원칭이기는 하나 앞에 나온 사람을 가리키는 데 주로 쓰인다.

(50) 내 이ᄅᆞᆯ 爲ᄒᆞ야 어엿비 너겨 (훈언)

(51) 그ᄂᆞᆫ ᄀᆞ장 쉬우니라 (번박 상 48)

(52) 與는 이와 뎌와 ᄒᆞᄂᆞᆫ 겨체 쓰는 字ㅣ라 (훈언)

㉡ 현대국어에서는 '어느'가 관형사로만 쓰이는데, 중세국어에서는 대명사의 기능도 띠고 있었다.

(53) 어늬 구더 兵不碎ᄒᆞ리잇고 (용가 47)

㉢ 현대국어의 '무엇'을 의미하는 '므슥'은 '므슴, 므스것'으로 나타나기도 하는데, '므슴'은 반어적 성격의 문장에 나타난다.

(54) 모ᄆᆞᆯ 百千 디위 ᄇᆞ료민ᄃᆞᆯ 므스기 어려ᄫᅳ료 (석상 11 : 20)

(55) 세간 드틀을 므슴만 너기시리 (월천 기 125)

(56) 내 므스거시 부족ᄒᆞ료 (석보 6 : 24)

㉣ '현마, 언마'는 '얼마'를 의미한다. '언마'는 '언머'로도 나타난다.

(57) 죵과 ᄆᆞᆯ와ᄅᆞᆯ 현맨ᄃᆞᆯ 알리오 (월천 기 52)

(58) <u>언맛</u> 福을 得ㅎ리잇고 (월석 17 : 44)

ⓤ '엇뎨'는 '어찌'의 뜻인데, 부사로도 쓰인다.

(59) 그 마리 <u>엇뎨</u>오 (법화 2 : 27) / cf. <u>엇뎨</u> 羅睺羅룰 앗기ᄂᆞ다 (석상 6 : 9)

② 처소

ⓐ '이어긔'는 '여기'를 의미하는 근칭이다. '여긔'로 바뀌었으며 '이에, 예'도 비슷한 의미를 표시하였다.

(60) 이 經 디닐 싸ᄅᆞ미 <u>이어긔</u> 이셔도 다 能히 골히며 (석상 19 : 17)

ⓑ '그어긔'는 '거기'를 의미하는 중칭인데 비슷한 의미의 대명사로 '그에, 게'가 발견된다.

(61) <u>그어긔</u> 쇠 하아 (월석 1 : 24)

ⓒ '뎡어긔'는 초기 문헌이라면 '이어긔, 그어긔'와 함께 '뎌어긔'로 나타날 것이다. 이 말은 원칭으로서 '저기'를 의미하는 데 곧 '뎌긔'로 바뀌었으며 비슷한 의미의 '뎌에, 뎨'도 쓰였다.

(63) 가며 머므럿ᄂᆞᆫ <u>뎡어긔</u>와 이어긔 消息이 업도다 (두언 11 : 16)

ⓓ 처소 지시대명사에도 미지칭과 부정칭이 있다. '어듸'는 미지칭인데 '어드메'도 비슷한 뜻으로 사용된다. '아모ᄃᆡ'는 부정칭이다. '아모ᄃᆞ'도 비슷한 뜻으로 사용되었다.

(64) <u>어듸</u> 머러 威不及ㅎ리잇고 (용가 47)

(65) <u>아모ᄃᆡ</u>도 마ᄀᆞᆫ 딘 업서 (월석 서 8)

3 수사

수사는 사물의 수량이나 순서를 표시하는 품사이다. 중세국어의 수사도 양수사와 서수사로 분류할 수 있다.

(1) 양수사

① '一, 二, 三, 四, 十, 二十'과 諸를 표시하는 말이 모두 'ㅎ'을 종성으로 취하고 있는 점이 현대국어와 다르다.

• <u>ᄒ나ㅎ, 둘ㅎ, 세ㅎ, 네ㅎ</u>, 다ᄉᆞᆺ, 여슷, 닐굽, 여듧, <u>아홉</u>, <u>열ㅎ, 스믈ㅎ, 여러ㅎ</u>

② 현대국어와 달리 '백, 천'에 대한 고유어 수사 '온, 즈믄'이 실재하고 있었다.

• 셜흔, 마순, 쉰, 여쉰, 닐흔, 아흔, 온, 즈믄

③ 중세국어에도 현대국어와 같이 개략적인 수량을 표시하는 부정수(不定數)가 있었다.

• 두어ㅎ, 서너ㅎ, 너덧

④ 중세국어에서도 현대국어와 같이 수사는 그것이 지시하는 명사구 뒤에 놓였다.

(66) 제자 ᄒᆞ나ᄒᆞᆯ 주어시든 (석상 6 : 22)

(67) 六師ᄂᆞᆫ 外道이 스승 여스시라 (석상 6 : 26)

⑤ 중세국어에도 고유어계 수사와 함께 한어계 수사가 사용되었다. 고유어계 수사는 '千'
까지만 있고, 그 이상은 한자어계 수사가 대용되었다.

• 一, 二, 三, 四, 五, 六, 七, 八, 九, 十, 二十, 三十, 四十, 五十, 六十, 七十, 八十, 九十,
百, 千, 萬, 億

(2) 서수사

① 서수사는 양수사에 '차히'가 붙어 성립되며 그밖에 '채, 차, 자히, 재, 자'가 붙기도
한다.

• ᄒᆞ나차히, 둘차히, 세차히, 네차히, 다ᄉᆞᆺ차히, … 열차히, 열ᄒᆞ나차히, 열둘차히, …
스믈차히, 스믈ᄒᆞ나차히, … 셜흔차히, …쉰차히, … 여쉰차히, … 닐흔차히 … 여든
차히

② 'ᄒᆞ나'의 서수사 '*ᄒᆞ나차히'는 문증(文證)되지는 않지만 '열ᄒᆞ나차히, 스믈ᄒᆞ나차히'에
근거하여 설정한 것이다.

③ 한자어계 서수사

• 第一, 第二, 第三 …

이러한 예는 「월인천강지곡」, 「석보상절」에서 찾을 수 있다.

④ 수사에 일수(日數)를 표시하는 말을 포함시키기도 한다.(표준중세국문법론)

• ᄒᆞᄅᆞ(一日), 이틀(二日), 사올(三日), 나올(四日), 닷쇄(五日), 엿쇄(六日), 닐웨(七日), 여
드래(八日), 아흐래(九日), 열흘(十日)

4 체언의 교체

(1) 자동적 교체

자동적 교체는 특정 환경 앞에서 예외 없이 일어나는 교체를 말한다.

① 체언의 특정 말음은 자음으로 시작하는 조사나 휴지(休止) 앞에서 8종성(ㄱ,ㆁ,ㄷ,ㄴ,ㅂ, ㅁ,ㅅ,ㄹ)으로 교체된다.

- 곶~곳(花), 낯~낫(顔), 닢~닙(葉). 귿~귿(末), ㄱ~ㄱ(邊), 즞~즛(貌), 값~갑(價), 밧~밧(外)

② 'ㄹㄱ, ㄹㅁ'과 같이 'ㄹ'을 포함한 이중자음은 교체되지 않는다.

③ 'ㅎ'종성 체언

'ㅎ'종성을 가진 것들은 중세국어에 특유한 것이다. 'ㅎ'말언 체언, 'ㅎ'곡용 체언이라고도 한다. 이 중에는 현대국어에서도 그 흔적이 남아있는 '암ㅎ, 수ㅎ' 등이 있다.

- 암(雌), 수(雄), 자(尺), 하늘(天), ᄒ나(一), 둘(二), 세(三), 네(四), 열(十), 스믈(二十), 여러(諸), 둘(等), ᄀ놀(陰), ᄀ술(秋), ᄀ올(州), 갈(刀), 겨슬(冬), 고(鼻), 길(道), ᄂ물(荣), 나라(國), 나조(暮), 내(川), 뎌(笛), 뒤(後), 드르(野), 뜰(庭), 짜(地), ᄆ술(村), 민(野), 마(薯), 모(方), 뫼(山), 볼(臂), 바다(海), 별(崖), 술(肉), 셔울(京), 소(潭), 시내(溪), 안(內), 우(上), 움(窟)
- '돌ㅎ'

(66) 운모는 돐 비느리니(월석 2 : 35), 돌 석(훈몽 상 : 4)

(67) 돌콰 홀골 보디 몯ㅎ리로다(두언 25 : 12)

　'ㅅ'이나 휴지 앞에서 '돌'로 교체되고 기타의 경우는 '돌ㅎ' 로 실현된다.

(2) 비자동적 교체

비자동적 교체에는 중세국어 특유의 것이 많이 있다.

① 모음 탈락과 'ㄱ'의 덧생김

'ㅁ/ㅜ'와 'ㄴ'로 끝난 체언이 모음으로 된 조사와 결합하면 끝 음절의 모음이 탈락하고 'ㄱ'이 덧생긴다.

'낡~나모, 굵~구무(六), 녀~녀느(他)'

　㉠ 남기(주격), 남굴(목적격), 남기(부사격) / 나못 일후미오, 나모 바ᄃ, 나모와

　㉡ 굼기(주격), 굼긔(관형격), 굼글(목적격)/ 구무들해, 구무마다, 나못 구뭇 안홀

　㉢ 년기(주격), 년글(목적격)/ 녀느 아니라, 녀느 夫人, 녀늣 이룰

② 모음 'ᄋ/으'의 탈락

모음 앞에서 'ᄋ/으'가 탈락하고 후두 유성음 'ㅇ'이 덧나는 경우와 'ㄹ'이 덧나는 경우

로 나뉜다.

㉠ 'ㅇ'이 덧나는 경우

  フ르(麵), 노르(獐), 느르(津), 쟈르(袋), 즈르(柄)

  아ᅀᆞ(弟), 여ᇫ(狐)

• 골ᄋᆞ로, 골이라/ フ르 麵

• 앗ᄋᆞᆫ, 앗ᄋᆞ이, 앗ᄋᆡ/ 부텻 아ᅀᆞ, 아ᅀᆞ 弟

㉡ 'ㄹ'이 덧나는 경우

  ᄆᆞ르(宗), ᄒᆞ르(一日)

• 홀론, 홀리어나/ ᄒᆞᄅᆞᆺ(ᄒᆞ룻) 內예

③ '이'의 탈락

'이'로 끝나는 명사가 관형격조사 '익/의' 및 호격조사와 결합되면 그 '이'가 탈락된다.

㉠ 아비/<u>아븨</u> 本貫, 아기/<u>아긔</u> 비디, 가히/<u>가희</u> 모미, 아기/<u>아가</u>

㉡ 늘그니/<u>늘그늬</u> 허튈, 다르니/<u>다르늬</u> 이 冷과 熱와, 行ᄒᆞ리/<u>行ᄒᆞ릐</u> 便宜

(3) 대명사의 곡용

① 일부 대명사는 주격과 관형격의 형태가 같은 경우가 있다.

(68) • <u>내</u> 太子를 셤기ᅀᆞ보디 (석상 6 : 4) − 주격

   • <u>내</u> 마를 다 드를따 (석상 6 : 8) − 관형격

(69) • <u>뉘</u> 마ᄀᆞ리잇가 (용가 15) − 주격

   • <u>뉘</u> ᄯᅩᆯ올 골히야ᅀᅡ (월천 36) − 관형격

이들은 형태는 구별되지 않지만 성조에 의해 구별된다. '내'의 경우 주격은 거성, 관형격은 평성을 가진다. '뉘'의 경우 주격은 거성, 관형격은 상성을 가진다.

② '너'와 '저'는 주격은 상성, 관형격은 평성을 가진다.

주격	관형격
·내	내
:네	네
:제	네
·뉘	:뉘

③ 의문대명사 'ᄆᆞ스'는 모음 앞에서는 'ᄆᆞ슥', 자음이나 휴지 앞에서는 'ᄆᆞ스', 조사 '과'

앞에서는 '므슴'으로 교체된다.

(70) 그 닐온 거슨 <u>므스고</u> (원각 서 22)

(71) <u>므스글</u> 求하리오 (두언 22 : 38)

(72) <u>므슴과</u> 곧호뇨 (육조 상 5)

2. 조사

 격조사의 유형

(1) 주격 조사

① 이/ㅣ/ø : 주격 조사의 교체형인데, 자음 뒤에서는 '이', 일반 모음 뒤에서는 'ㅣ', '이' 모음 뒤에서는 'ø'가 쓰이며 서술격 조사 '이다'도 같은 변화를 보인다.

(1) <u>싀미</u> 기픈 므른 (용가 2)

(2) <u>부톄</u> 目連이ᄃ려 니ᄅ샤ᄃ (석상 6 : 1)

(3) <u>靑蓮花ㅣ</u> 나며 (월석 2 : 31)

(4) 모맷 <u>무디</u> 굳고 칙칙ᄒ시며 (월석 2 : 56)

(5) 내해 <u>드리</u> 업도다 (두언 25 : 7)

(6) <u>十方如來ㅣ</u> 生死애 머리 나샤 (능엄 5 : 16)

중세국어에서 주격 조사는 존칭과 평칭에 따른 형태 구별이 없다.

(4), (5)는 'ㅣ'모음으로 끝난 뒤에서 'ø'로 실현되지만 그 성조에 변화가 있다. 원래 평성이었던 체언이 상성으로 변한 것이다.

(6)은 특이한 예인데 'ㅣ'모음 뒤에서도 'ㅣ'가 사용되고 있다. 이러한 예는 <간경도감>에서 간행된 불경 언해에 나타나는데, 발음보다 구절 표시 등의 목적으로 쓰여진 것으로 보인다.

※ 현대국어의 '가'는 정철의 어머니 안씨의 1572년 한글 편지에 처음 나타난다. "찬 구드리 자니 빈가 세니러셔 즈로 둔니니"가 그 예이다. 이 조사는 적어도 16세기 후반에는 존재했을 것으로 생각되는데 문헌상으로는 근대국어에 비로소 나타난다.

② 주격 조사의 특수한 용법

   ㉠ '곧ᄒ다'의 비교 대상에 '이'가 쓰인 경우

(7) 執杖釋의 쫄이 金像이 곧ᄒᆞ샤 (월천 37)

현대국어라면 '과'가 쓰일 자리이다. 부사격 조사의 쓰임이라 할 수 있다.

ⓛ '두외다'(爲)와 함께 쓰인 경우

(8) 그 五百 사ᄅᆞ미 弟子ㅣ 두외아지이다 ᄒᆞ야 (월석 1 : 9)

현대국어의 보격 조사 '이/가'와 같은 쓰임이라 할 수 있다.

ⓒ 문맥 상황에 따라 처소의 의미가 주어적으로 해석된 경우

(9) 이틄 나래 나라해 이셔 도자기 자최 바다 가아 (월석 1 : 6)

(10) 跋提라셔 阿那律이ᄃᆞ려 닐오ᄃᆡ (월석 7 : 1)

(9)는 현대국어의 단체를 나타내는 주격 조사 '에서'와 비슷하다. (10)의 '라셔'는 출발점을
나타내는 조사로 현대국어의 '에서'와 비슷하다.

③ 이중 주어문

㉠ 중세국어도 이중 주어문이 존재하며 선행 주어를 대주어, 후행 주어를 소주어라
한다.

(11) 이 東山ᄋᆞᆫ 남기 됴ᄒᆞᆯ씨 (석상 6 : 24)

(12) 우리 항것 둘히 내 비들 모ᄅᆞ시리니 (월석 8 : 95)

(13) 일훔난 됴ᄒᆞᆫ 오시 비디 千萬이 ᄊᆞ며 (석상 13 : 22)

㉡ 이중 주어문에서 서술어는 대주어의 영향을 받는 것이 일반적이다.

(14) 大愛道ㅣ 善ᄒᆞᆫ ᄠᅳ디 하시며 (월석 10 : 19)

(15) 내 지븨 이싫 저긔 受苦ㅣ 만타라 (월석 10 : 23)

(16) 우리둘히 지븨 이싫 저긔 受苦ㅣ 하더이다 (월석 10 : 23)

(16)은 예외적으로 소주어 '受苦'에 호응하고 있다.

(2) 목적격(대격) 조사

① 목적격 조사로는 'ᄋᆞᆯ/을, ᄅᆞᆯ/를, ㄹ' 등이 있다.

② 조사의 모음 'ㆍ'와 'ㅡ'는 모음조화에 따라 교체되고, 'ᄅᆞᆯ/를'과 'ㄹ'은 체언 말음이 모
음일 때, 'ᄋᆞᆯ/을'은 체언 말음이 자음일 때 쓰인다.

(17) 얿님ᄋᆞᆯ 모ᄅᆞᆯ씨 발자칠 바다 (월석 1 : 2)

(18) 몬져 부텻 像ᄋᆞᆯ ᄆᆡᇰᄀᆞ라 (석상 9 : 22)

(19) 나ᄅᆞᆯ 겨집 사ᄆᆞ시니 (석상 6 : 4)

(20) <u>精舍롤</u> 디나아 가니 (월석 1 : 2)

(21) <u>개야밀</u> 어엿비 너기고 (두언 7 : 18)

(22) <u>知慧르</u> 여러 뵈샤 (법화 3 : 8)

③ 목적격 조사의 생략

  ㉠ 보조사와 함께 쓰일 때는 반드시 생략된다.

    (23) 太子ㅣ 聰明ᄒᆞ야 <u>그른</u> 잘 ᄒᆞ거니와 (석상 3 : 12)

  ㉡ 문장에서 잘 생략된다.

    (24) 左手右手로 <u>天地</u> ᄀᆞ른치샤 ᄒᆞ오ᅀᅡ 내 尊호라 ᄒᆞ시니 (월석 2 : 34)

  ㉢ 통합되는 체언이 대명사일 때는 생략된 예가 보이지 않는다.

    (25) 부톄 <u>나롤</u> 어엿비 너기샤 (석상 6 : 40)

④ 목적격 조사의 특이한 용법

  ㉠ 목적격 조사는 간혹 자동사나 형용사와 함께 쓰이는 일도 있다.

    (26) ᄒᆞ오ᅀᅡ <u>우수믈</u> 우ᅀᅡ (월천 16 : 8)

    (27) <u>열힛롤</u> ᄀᆞᆯ매 ᄃᆞ니는 나그내 (두언 7 : 19)

    (28) 後에 ᄇᆞ른미 <u>믈 우흘</u> 부러 (월석 1 : 39)

(3) 관형격(속격) 조사

① 관형격 조사의 형태

  ㉠ 살아 움직일 수 있는 유정물을 가리키는 평칭(平稱)의 체언에는 '이/의'가 쓰이고 무정 체언이나 존칭 체언 뒤에는 'ㅅ'이 사용된다. '이/의'는 선행 체언의 모음이 양성이면 '이', 음성 모음이면 '의'로 나타난다.

    (29) <u>사ᄅᆞ미</u> ᄠᅳ들 거스디 아니ᄒᆞ노니 (월석 1 : 12)

    (30) <u>孔雀의</u> 모기 ᄀᆞᄐᆞ시며 (월석 2 : 58)

    (31) <u>나랏</u> 말ᄊᆞ미 中國에 달아 (훈언)

    (32) 化人ᄋᆞᆫ <u>世尊ㅅ</u> 神力으로 ᄃᆞ외의 ᄒᆞ샨 사ᄅᆞ미라 (석상 6 : 7)

    (33) 世間애 <u>부텻</u> 道理 비호ᅀᆞᄫᆞ리 (석상 서 2)

  ㉡ 관형격 조사로 'ㅣ'가 사용된 예가 모음으로 끝나는 일부 체언에 보인다.

    (34) 내 모미 <u>長子ㅣ</u> 怒롤 맛나리라 (월석 8 : 98)

    (35) <u>相如ㅣ</u> ᄠᅳᆮ (두언 15 : 35)

② 관형격 조사의 특이한 용법

　㉠ 주어로 쓰이는 관형격(주어적 속격)의 자리에는 'ㅅ'이 쓰일 환경이라도 '이/의'를
　쓰는 것이 일반적이다. 또 겹쳐 쓰이기도 하였다.

　　(36) 믈읫 衆生이 種種 분벼릐 보채요미 드외야 (석상 9 : 29)

　　(37) 흐르 二十里를 녀시ᄂ니 轉輪王의 녀샤미 ᄀᆞᆺ트시니라 (석상 6 : 23)

　　(38) 내이 어미 爲ᄒᆞ야 發혼 廣大誓願을 드르쇼셔 (월석 21 : 57) ─ 겹쳐 쓰임.

　㉡ 목적어로 쓰이는 관형격(목적어적 속격)

　　(39) 眞實ㅅ 닷고ᄆᆞᆯ 欲 여희요ᄆᆞ로 本 사모ᄆᆞᆯ 爲ᄒᆞ시니 (능엄 6 : 88)

　　원래 목적어였던 것이 서술어가 명사형으로 바뀜에 따라 변형된 것이다.

(4) 부사격 조사

1) 지향점

① 형태

　㉠ 관형격 조사에 '그에/게/긔, 거긔, 손디' 등이 결합하여 이루어진다.

　㉡ '드리-'의 부사형이 문법화한 '드려'는 '니르다'(曰)나 '묻다'(問)와 같은 화법 동사
　와 함께 쓰인다.

　㉢ 평칭 체언 뒤에는 '이/의'가 선행하는 형태가, 존칭 체언 뒤에는 'ㅅ'이 선행하는 형
　태가 쓰인다.

② 간혹 비교의 대상이나 피동 구문에서의 동작주를 나타내는데 사용되기도 한다.

　　(40) 부톄 사ᄅᆞ믹게 다ᄅᆞ샨 (금삼 4 : 21) ─ 비교

　　(41) 스긔 밍ᄀᆞ로문 崔治의게 잇기인 거시니(번역소학 9 : 45) ─ 피동 구문의 동작주

2) 처소

① 형태 : 애/에/예, 익/의

　㉠ 체언의 모음이 양성 모음이면 '애', 음성 모음이면 '에'가 쓰인다.

　　(42) 世尊이 象頭山애 가샤 (석상 6 : 1) ─ 지향점

　　(43) 몸앳 필 뫼화 그르세 담아 (월석 1 : 2) ─ 장소

　㉡ '예'는 체언이 '이'나 'ㅣ'모음으로 끝날 때 쓴다.

　　(44) 亂ᄒᆞ 代예 飄零ᄒᆞ야 내 예 왯노라 (두언 7 : 28)

② 특이처격 : '이'는 체언의 모음이 양성 모음일 때, '의'는 음성 모음일 때 쓰이며,
시간, 처소를 뜻하는 체언과만 통합한다.

    (45) 새벼리 <u>나직</u> 도드니 (용가 101)

    (46) 믈 <u>우희</u> 차 두퍼 잇느니라 (월석 1 : 22)

③ 처소나 시간의 기본 용법 외에 다른 기능을 보일 때도 있다.

  ㉠ 목적어적 용법

    (47) <u>一切法과 一切種相애</u> 능히 ᄌᆞ개 아르시고 (월석 9 : 13)

  ㉡ 비교의 기준을 나타내기도 한다.

    (48) 求ᄒᆞᄂᆞᆫ 이리 <u>願에</u> 어긇 報롤 니르고 (월석 21 : 65)

    (49) 나랏 말ᄊᆞ미 <u>中國에</u> 달아 (훈언)

  ㉢ 원인이나 이유를 보인다.

    (50) <u>뭀 盜賊에</u> 도라갈 길히 업스니 (두언 8 : 13)

  ㉣ 첨가의 의미를 나타낸다

    (51) 닐굽 볐 <u>모새</u> 고론 紺琉璃니 (월석 22 : 41)

  ㉤ 처소의 부사격 조사에 보조사 '셔'가 통합된 '애셔'는 출발점을 나타내고, 간혹 처
소나 비교의 뜻을 나타내기도 한다.

    (52) <u>台州예셔</u> 音信이 비르수 傳ᄒᆞ야 오ᄂᆞ다 (두언 21 : 41)

    (53) 畜生ᄋᆞᆫ 사ᄅᆞ미 <u>지븨셔</u> 치ᄂᆞᆫ 즁ᄉᆡ이라 (월석 1 : 46)

    (54) 可히 둣온 王孫이 긼 <u>모해셔</u> 우놋다 (두언 8 : 1)

    (55) 變ᄋᆞᆫ <u>常例예셔</u> 다롤 씨오 (월석 1 : 15)

    (56) 그 罪ㅣ ᄯᅩ <u>뎨셔</u> 너므리라 (법화 4 : 83)

3) 도구

① 도구의 부사격 조사의 형태 : 체언의 말음이 자음이면 'ᄋᆞ로/으로'가 쓰이며, 모음이나
'ㄹ'이면 '로'가 쓰이고, 'ᄋᆞ로'와 '으로'는 선행 체언의 모음에 의해 정해진다.

    (57) 따히 열여듧 <u>相ᄋᆞ로</u> 뮈여 (월석 2 : 13)

    (58) 꿈 안해 <u>右脇으로</u> 드르시니 (월석 2 : 17)

    (59) 含生올 <u>慈悲로</u> 化ᄒᆞ미오 (금삼 4 : 1)

② 도구, 재료, 지향점 등 다양한 의미로 쓰인다.

(60) <u>갈ㅎ로</u> 多羅木 버히둣 ㅎ니 (능엄 2 : 27)

(61) <u>몰곤 믈로</u> 모술 밍ㄱ노라 (두언 7 : 17)

(62) 제 <u>나라ㅎ로</u> 갈 쩌긔 (석상 6 : 22)

4) 비교

① '이라와/라와', 'ᄋᆞ론/론', '두고/두곤', 'ᄋᆞ라와/라와' 등이 비교를 나타내었다.

(63) 莊嚴호미 <u>日月라와</u> 느러 (석상 9 : 4)

(64) 그 뫼히 구룸 ᄀᆞ호야 <u>ᄲᆞᄅᆞ마라와</u> ᄲᆞᆯ리 古仙山애 가니라 (월석 7 : 32)

(65) 다룬 ᄀᆞ올히 녯 <u>ᄀᆞ올히라와</u> 됴토다 (두언 8 : 35)

② '두고'는 주로 동사 '더으다'(增)와 같이 쓰이며 16세기 초에는 '두곤'으로 변한다.

(66) 光明이 <u>ᄒᆡ둘두고</u> 더으니 (월석 1 : 26)

(67) 高允의 죄 <u>崔浩두곤</u> 더으도소니 (번소 9 : 4)

5) 호격 조사

① 어떤 인물을 부를 때 사용되며 '하, 이여/여, 아/야'가 있다.

   ㉠ '하' : 존칭의 호격조사

   ㉡ '이여/여' : 어느 정도의 격식을 갖춰 부를 때

   ㉢ '아/야' : 아랫사람을 부를 때

(68) <u>大王하</u> 내 이제 부텻긔 도로 가 供養ㅎᅀᆞᄫᅡ지이다 (월석 18 : 34)

(69) <u>둘하</u> 노피곰 도ᄃᆞ샤 (악학궤범 정읍사)

(70) <u>得大勢여</u> 네 ᄠᅳ데 엇더뇨 (월석 17 : 90)

(71) 어딜쎠 <u>觀世音이여</u> (능엄 6 : 65)

(72) <u>彌勒아</u> 아라라 (석상 13 : 29)

(73) <u>阿逸多야</u> 내 … 니롫 저긔 (월석 17 : 24)

② 호격 조사 '하'는 근대국어 이후에는 소멸되었으며 그 대신 존칭 접미사 '-님'이 쓰였다.

③ 중세국어의 호격 조사는 근대국어에 들어와서 자음 어간 뒤에는 '아', 모음 어간 뒤에는 '야', 영탄의 뜻을 나타낼 때는 '(이)여'로 굳어졌다.

2 보조사

① 주제 표지의 '눈'과 '란'

ㄱ 체언 말음이 자음이면 '온/은', 모음이면 '눈/는'과 'ㄴ'이 쓰인다.

(74) 아즈마니몬 大愛道롤 니르시니 (석상 6 : 1)

(75) 나는 어버이 여희오 (석상 6 : 5)

(76) 뒤헤는 모딘 도족 (용가 30)

(77) 龍인그엔 이쇼리라 王스그엔 가리라 (월석 7 : 26)

ㄴ '란'은 목적어에만 연결되었다. 모음 뒤에서는 '란'이, 자음 뒤에서는 모음조화에 따라 '온란'과 '으란'이 쓰인다. 체언에만 통합된다.

(78) 제 뿔란 ᄀ초고 ᄂ미것 서로 일버수믈 홀씨 (월석 1 : 45)

(79) 됴흔 고주란 ᄣ디 말오 다 王끠 가져오라 (월석 1 : 9)

② 강조의 '싸', '곳', '붓', '곰'

ㄱ '싸'

(80) 오직 부텨싸 能히 다 아르시ᄂ니라 (법화 1 : 145)

(81) 譬喩로싸 비르서 아니라 (법화 1 : 131)

(82) 시름으로 사니거늘싸 (월석 8 : 86)

ㄴ '곳'

(83) 法곳 업스면 (월석 18 : 13)

(84) 너옷 信티 아니하거든 (월석 9 : 35)

ㄷ '붓'

(85) 王붓 너롤 ᄉ랑티 아니ᄒ시린댄 (석상 11 : 30)

ㄹ 'ㄱ, ㅇ, ㅁ'

용언의 활용형에만 쓰이며 강세의 의미와 함께 반복의 의미도 갖고 있다.

(86) 세 번 거러각 머리 도르혀 ᄇ라고 (두언 7 : 5)

(87) 더으명 더러 (여씨70)

(88) ᄒᆞᆫ 부체를 다ᄃ니 ᄒᆞᆫ 부체 열이곰 홀씨 (월석 7 : 9)

③ 의문의 '가'와 '고'

ㄱ 판정의문에는 '가'가 쓰인다

(89) 이 두 사르미 眞實로 네 항것가 (월석 8 : 94)

(90) 그 쁘디 호가지아 아니아 (능엄 1 : 99)

  ⓛ 설명의문에는 '고'가 쓰인다.

(91) 니르샤디 이 엇던 光明고 (월석 10 : 7)

(92) 부톄 누고 (월석 21 : 195)

(93) 엇뎨 일후미 般若오 (금강 서 8)

  ⓒ 의문의 보조사는 일반 모음 뒤에서는 'ㄱ'의 탈락이 수의적이지만 'ㄹ'이나 'ㅣ'모음 뒤에서는 '아', '오'로 실현된다.

④ 역동(亦同)의 '도'와 단독의 '쑨'

  ㉠ '도' : 역동의 의미를 나타낸다.

(94) 十方佛도 아르시느니라 (석상 13 : 43)

(95) 諸法 니르시논 經法도 듣자붕며 (석상 13 : 13)

(96) 唯心으로도 ᄉᆞᄆᆞᆺ디 몯ᄒᆞ며 (몽산 12)

  ⓛ '쑨' : 단독, 한정의 의미를 나타낸다.

(97) 나쑨 尊ᄒᆞ라 (월석 2 : 38)

(98) 혼 낱 터럭쑨늘 (월천 92)

⑤ 출발점의 '셔'

(99) 서울셔 당다이 보면 (두언 15 : 21)

(100) 머리셔 보니 뫼히 비치잇고 (금삼 3 : 18)

(101) 孤ᄂᆞᆫ 져머셔 어버ᅀᅵ 업슨 사르미오 (석상 6 : 13)

⑥ 시발(始發)의 '브터'와 도착의 'ᄭᆞ장'

  ㉠ '브터' : 현대국어의 '부터'에 해당한다.

(102) 無煩天브터 잇ᄀᆞ장올 不還天이라 ᄒᆞᄂᆞ니 (월석 1 : 34)

(103) 가ᅀᆞ멸며 貴ᄒᆞ몬 반ᄃᆞ기 브즈런ᄒᆞ며 辛苦ᄒᆞ몰브터 얻ᄂᆞ니 (두언 7 : 31)

  ⓛ 'ᄭᆞ장' : 현대국어의 '까지'에 해당한다.

(104) 혼 ᄀᆞ술ᄭᆞ장 사라 잇ᄂᆞ니 (번박 상 1)

3 접속 조사

① '와/과'

(105) <u>나모와 곳과 果實와</u>는 (석상 6 : 40)

(106) <u>龍과 鬼神과</u> 위ᄒᆞ야 설법ᄒᆞ더시다 (석상 6 : 1)

모음 뒤에서는 '와', 자음 뒤에서는 '과'가 쓰이나 'ㄹ'뒤에서도 '와'가 쓰인다는 점이 현대 국어와 다르다

② 나열의 '이나', '이어나', '이며', '이여'

(107) <u>比丘ㅣ나 比丘尼나 憂婆塞나 憂婆夷나</u> 보니마다 다 절ᄒᆞ고 (석상 19 : 29)

(108) <u>鬼神이어나 畜生이어나</u> (석상 9 : 12)

(109) ᄒᆞ다가 <u>秋毫ㅣ나</u> 브트면 (남명 상 29)

(110) 내 <u>머릿바기며 눖ᄌᆞᅀᆞ며 骨髓며 가시며 子息이며</u> 도라 ᄒᆞ야도 (월석 1 : 13)

(111) 沙門이 ᄃᆞ외야 <u>나지여 바미여</u> 修行ᄒᆞ야 (석상 23 : 30)

(112) 내 이제 <u>나져 바며</u> 시름ᄒᆞ노니 (두언 8 : 29)

제4장
용언과 활용

1. 용언의 분류

1 동사

중세국어의 동사도 현대국어와 같이 목적어를 취하는지에 따라 자동사, 타동사를 설정할 수 있는데, 현대국어와 다른 점은 형태적 표지가 있었다는 점이다.

(1) 자동사, 타동사의 구별

① 목적어 여부

   (1) 十方諸國을 <u>보긔</u> ᄒ시니 (월석 8 : 1) → 타동사(목적어 취함)

   (2) 내 孫子 조차 <u>가게</u> ᄒ라 (석상 6 : 9) → 자동사(목적어 없음)

② 형태론적 표지

중세국어의 타동사와 자동사는 활용형에 나타나는 형태론적 표지에 의해 구별되는 일이 있다.

   (3) 艱難ᄒ 사ᄅᆞᆷ <u>보아든</u> (석상 6 : 15) → 형태론적 표지 '어/아', 타동사

   (4) 셕 둘 사ᄅᆞ시고 나아 <u>가거시ᄂᆞᆯ</u> (월석 10 : 17) → 형태론적 표지 '거', 비타동사

(2) 피동사

중세국어에는 현대국어만큼 피동사가 많지 않다.

   (5) 돌ᄒ로 텨든 <u>조치여</u> ᄃᆞ라 머리 가져 셔아 (석상 19 : 31) → 피동사 (접사 '-이')

(3) 사동사

  (6) 왼 藥을 <u>머겨</u> 아니 주긇 저긔 곧 橫死하며 (석상 9 : 36) → '먹다' + -이

  (7) 한 비룰 아니 <u>그치샤</u> (용가 68) → '긏다' + -이 (사동의 접사)

(4) 능격동사

같은 동사가 타동사와 자동사로 공용(共用)되기도 하였다.

  (8) 고톬 곳 <u>것고</u> (석상 11 : 41) → 타동사 '겼다'

  (9) 두 갈히 <u>것그니</u> (용가 36) → 자동사 '겼다'

'겼다'는 자동사와 타동사로 공용된다. 현대국어 '움직였다'와 같은 경우이다.

  ㉮ 돌이 움직였다.

  ㉯ 철수가 돌을 움직였다.

'돌'이 절로 움직일 수도 있지만 그런 경우는 드물고 '철수'와 같은 일정한 동작주(動作主)가 있어야 한다. 그렇다면 주어 '돌이'와 목적어 '돌을'은 같은 가능을 가진 것으로 해석된다. 이런 동사를 능격동사(能格動詞)라고 하는데 중세국어에는 피동사보다 능격동사가 더 많다. 중세국어의 능격동사에는 다음과 같은 것이 있다.

  • 뻐다(부화), 골다(替), 겼다(折), 닫다, 버히다(斬), 흩다(散) …

▣ 형용사

(1) 형용사의 종류

중세국어도 현대국어와 같이 성상 형용사와 지시 형용사를 설정할 수 있다.

① 성상 형용사

  감각, 평가, 비교, 심리 상태 등을 나타낸다.

  • 븕다, 히다, 길다, 높다, 모딜다, 아름답다, 조ᄒ다, 굳ᄒ다, 다ᄅ다, 골프다, 알프다, 슬프다, 둏다

② 지시 형용사

  ㉮ 이러ᄒ다/이렇다, 그러ᄒ다/그렇다, 뎌러ᄒ다 → 근칭, 중칭, 원칭

  ㉯ 엇더ᄒ다/엇덯다, 아므라ᄒ다/아므랓다 → 미지칭, 부정칭

(2) '잇다'와 '없다'의 활용

중세국어에서 '잇다'는 거의 동사의 활용에 가깝고 '없다는 형용사의 활용과 같다.

　㉮ 잇느다, 잇노라, 잇느니라, 잇느녀 ; 잇느니, 잇노니 ; 잇는, 잇논 ; 잇다

　　cf. 먹느다, 먹노라, 먹느니라, 먹느녀 ; 먹느니, 먹노니 ; 먹는, 먹논 ; 먹느다

　　　'잇다'는 동사 '먹다'와 활용형이 거의 일치한다. 마지막 '잇다'는 안긴문장에

　　　나타나는 것인데, '먹다'는 '먹느다'로 실현된다.

　㉯ 업다, 업소라, 업스니라, 업스녀 ; 업스니, 업소니 ; 업슨 ; 업다

　　cf. 놉다, 노포라, 노프니라, 노프녀 ; 노프니, 노포니 ; 노폰 ; 놉다

　　　'없다'는 형용사 '놉다'와 완전히 일치한다.

2. 활용

1 어간의 교체

(1) 규칙적 교체

① 중세국어는 자음이나 휴지 앞에서는 'ㄱ, ㅇ, ㄷ, ㄴ, ㅂ, ㅁ, ㅅ, ㄹ'의 8종성만 표기
한다.

② 위의 환경 외에는 8종성 이외의 자음도 발음되었다.

　㉠ 'ㅸ, ㅿ' : 고바(곱아)~곱고, 아사(앗아)~앗고

　㉡ 'ㅈ, ㅋ, ㅌ, ㅍ' : 브터(븥어)~븥고, 노포라(높오라)~놉고, 마자(맞아)~맞고, ᄆᆞ차놀
　　(몿아놀)~맛고

　㉢ 이중 자음

　어느 하나만 표기되는데 간혹 모두 표기되는 예들도 있다.

　㉮ 하나만 표기되는 경우 : 'ㅺ, ㅼ, ㅄ'은 'ㅅ, ㅅ, ㅂ'으로 표기되었다.

　　• 닷그면(닭으면) ~ 닷고, 맛드면(많으면) ~ 맛고, 업스니(없으니) ~ 업고

　㉯ 모두 표기되는 경우 : 'ㄹ'이나 'ㄴ'이 포함된 'ㄺ, ㄻ, ㄵ(ㄴㅈ)'은 모두 표기되었다.

　　• 물가(묽아)~묽게, 올마(옮아)~옮디, 안자(앉아)~앉고

③ 어간의 모음 'ㆍ', 'ㅡ'는 모음 어미 앞에서 탈락한다.

　　• 파(ᄑᆞ-아), 폼(ᄑᆞ-옴), 커사(크-어사), 쿠디(크~우디)

(2) 불규칙적 교체

① 'ㅅ' 불규칙 활용

'ㅅ' 받침을 가진 용언 가운데 어미 '-어'와 매개모음을 취하는 어미 앞에서 그 'ㅅ'이 'ㅿ'으로 바뀌는 것이 있다.

- 짓고, 짓는, 짓ㅅ보니 지서, 지스니, 지ᅀᅩ니

② 'ㅂ' 불규칙 활용

'ㅂ'받침을 가진 용언 가운데 모음 어미와 매개모음을 취하는 어미 앞에서 'ㅂ'이 'ㅸ'으로 바뀌는 것이 있다.

- 덥고, 덥더니, 더ᄫᅥ, 더ᄫᅩ니

③ 'ㄷ' 불규칙 활용

'ㄷ' 받침을 가진 용언 가운데 모음 어미와 매개모음을 취하는 어미 앞에서 그 'ㄷ'이 'ㄹ'로 바뀌는 것이 있다.

- 긷고, 긷더니, 기러, 기르라

④ '시므다', 'ᄌᆞ므다'

모음 앞에서 '-으/ᄋᆞ'가 탈락하고 'ㄱ'이 덧난다.

- 시므는, 시므고, 심거, 심군, 심곰
- ᄌᆞ므고, 좀가

⑤ 어간이 '르/르'로 끝나는 용언

㉠ '니르다'(到)의 활용

모음 어미 앞에서는 '니를-'이 되나 자음 어미나 매개모음을 가지는 어미 앞에서는 '니를 -'과 '니르-'가 공존한다.

- 니르러(니르-어), 니를어나~니르거나(니르-거나), 니를면~니르면(니르-으면)

* 같은 유형의 교체를 보이는 예

- '누르-'(黃), 프르-(靑)

㉡ '모르다'(不知)의 활용

모음 어미 앞에서는 어간 '모르-'가 '몰르-'로 교체된다.

- 몰라(모르-아), 몰롬(모르-옴)

* 같은 유형의 교체를 보이는 예

• 샌르다(速), 누르다(鎭), 브르다(歌, 呼), 흐르다(流)

ⓒ '다르다'(異)의 활용

모음 어미 앞에서는 어간 '다르-'가 '달ㅇ'의 형식으로 교체된다.

• 달아(다르-아), 달오라(다르-오라)

* 같은 유형의 교체를 보이는 예

• 그르다(解), 고르다(均), 오르다(上), 기르다(育), 두르다(環), 바르다(直), 게으르다(怠) 등

⑥ 'ᅀᆞ/ᄉᆞ'의 예

'ᄇᅀᆞ다'(碎)의 어간 'ᄇᅀᆞ-'는 모음 어미 앞에서 'ᄇᅀᆞ-'으로 교체된다.

• ᄇᅀᅡ(ᄇᅀᆞ-아), ᄇᅀᆞᆫ(ᄇᅀᆞ-온)

* 같은 유형의 예

• 그ᅀᆞ다(牽), 비ᅀᆞ다(飾), 수ᅀᆞ다(喧) 등

⑦ 쌍형어(雙形語)

쌍형어는 음운 환경에 의해 교체되는 것이 아니라 동일 환경에서 두 어형이 공존하는 것을 말한다.

㉠ '버믈다/범글다'(繞), '여믈다/염글다'(實), '져믈다/졈글다'(暮)

㉡ '이시다~잇다/시다'(在, 有)

• '시-' : 활용형 '셔(시-어)'의 형태로 많이 쓰이며 현대국어 보조사 '서'로 이어진다.

㉢ '흩다/흘다'(散)

• 중세국어에는 자·타동 겸용 동사가 많으므로 쌍형어의 범주로 취급할 수 있다.

• '흩-'은 타동사, '흘-'이 자동사로 쓰이는 경향이 강하다.

• 같은 유형의 예 : '낱다/난다'(顯)

㉣ '᠎ᄆᆞ니다/문지다'(觸) : 지금은 '문지-'만이 남아 있다.

(10) 아바님 머리 <u>ᄆᆞ니샤</u> (월석 10 : 2)

(11) 소ᄂᆞ로 머리 <u>ᄆᆞ죠미</u> ᄃᆞ외리라 (법화 4 : 88)

2 어미의 교체

(1) 규칙적 교체

① 모음조화에 따라 활용 어미들이 교체된다.

어간 모음이 '오, 아, ᄋ' 등의 양성 모음이면 '아, 오'가, '우, 어, 으' 등의 음성모음이면 '어, 우'가 쓰인다.

② 어미 '-ㄴ, -ㄹ, -며, -시-, -이-(-잇-)'이 'ㄹ' 이외의 받침으로 된 어간과 결합할 때 매개 모음 'ᄋ/으'가 삽입된다.

- 자븐, 자블, 자브며, 자브시고, 자브이다

③ 'ㄹ' 받침을 가진 말이 선어말어미 '-시/샤-'나 '-쇼셔'와 결합할 때 매개모음이 나타난다.

- 아르시고, 아르샤, 아르쇼셔

(2) 불규칙적 교체

① 두음이 'ㄱ'인 어미는 선행 음절의 말음이 'ㄹ'이거나 반모음 'ㅣ'(/j/)이면 'ㄱ'이 약화되어 'ㅇ'으로 표기된다.

㉠ 이 변화는 체언과 조사가 연결될 때도 발생하는데, 체언은 모음 뒤에서 이러한 변화가 일어나지만, 어미는 일반 모음은 물론, '이' 뒤에서도 교체되지 않는다.

- 알거늘→알어늘, 다외오/ᄫ가지고

ㄴ 서술격 조사나 선어말어미 '-리-' 뒤에서도 이러한 변화가 일어난다.

- 사르미거니→사르미어니, 뻐러디리거늘→뻐러디리어늘

ㄷ 어간 말음이 '이'인 경우에는 이 교체가 일어나지 않지만 '리'인 경우 수의적으로 나타난다.

- 드리고~드리오(垂)

ㄹ 'ㄱ>ㅇ'의 교체가 일어난 형태에서는 'ㅣ'모음 동화가 적용되지 않는다.

- '드외-고'→'드외오' *드외요

② 두음이 'ㄷ'인 어미는 서술격조사, 선어말 어미 '-더-', '-오-', '-니-', '-리-'뒤에서 'ㄹ'로 교체된다.

- '-다, -더-, -도-, -다가'→'-라, -러-, -로-, -라가'

③ 서술격 조사의 활용상 특수성

　㉠ '오/우'나 '아/어'는 '로', '라'로 변한다.

　　㉮ ᄒᆞᆫ가지로ᄃᆡ(ᄒᆞᆫ가지-이-오ᄃᆡ), 아ᄃᆞ리롬(아ᄃᆞᆯ-이-옴), 弟子이로라(이-오-다), ᄒᆞᆫ
가지라ᅀᅡ(ᄒᆞᆫ가지-이-아ᅀᅡ)

　㉡ 어미의 두음 'ㄱ'이 'ㅇ'로 변한다.

　　㉯ ᄒᆞᆫ가지오(ᄒᆞᆫ가지-이-고), 아ᄃᆞ리어니(아ᄃᆞ-이-거-니), 弟子ㅣ어든(弟子-이-거-
든)

　㉢ 어미의 두음 'ㄷ'이 'ㄹ'로 변한다.

　　㉰ ᄒᆞᆫ가지라(ᄒᆞᆫ가지-이-다), 아ᄃᆞ리러니(아ᄃᆞᆯ-이-더-니), 弟子ㅣ라(弟子-이-다)

　※ 어미 'ᄃᆞ비'는 서술격조사 뒤에서 'ㄹ'로 교체되지 않고 그대로 쓰인다.

　　• 부텨는 본래 變化ㅣ ᄃᆞ비

제1장

문장의 짜임새

1. 안은문

1 명사절

명사절은 명사형 어미 '-옴', '-기', '-디'에 의해 이루어진다.

(1) '-옴' 명사형

① 어간의 모음이 음성모음이면 '-움'으로 교체된다. 명사형을 만들 때는 항상 '-오-'가 쓰이므로 '-옴' 전체를 명사형 어미로 취급한다. 파생명사를 만드는 접미사는 '-오-'가 없는 '-(ᅌᅳ/으)ㅁ'이다.

  (1) 부톄 授記ᄒᆞ샤미 글 쑤미 곧고 (월석 8 : 96)

  (2) 내 成佛ᄒᆞ야 나랏 有情이 正覺 일우오몰 一定티 몯ᄒᆞ면 (월석 8 : 61)

  (3) 부톄 百億世界예 化身ᄒᆞ야 敎化ᄒᆞ샤미 ᄃᆞ리 즈믄 ᄀᆞᄅᆞ매 비취요미 곧ᄒᆞ니라 (월석 1 : 1)

② '-옴' 명사형은 주어, 목적어, 부사어로 두루 쓰인다.

(2) '-기' 명사형

① '-기'는 모음 뒤에 통합되고 '-이'는 자음 뒤에 통합된다.

  (4) 겨집 出家ᄒᆞ기를 즐기디 말라 (월석 10 : 18)

  (5) 須達이 … 布施ᄒᆞ기를 즐겨 (석상 6 : 13)

  (6) 그림 그리기예 늘구미 將次 오몰 아디 몯ᄒᆞᄂᆞ니 (두언 16 : 25)

(7) 마쯔비예 므슴물 놀라니(용가 95)

② 현대국어에서 '-이'는 파생접미사로만 쓰이지만 중세국어에서는 '-기'와 상보적 분포
   를 보이는 명사형 어미로 쓰였다.

③ '-기' 명사형은 목적어나 부사어로만 쓰인다.

(3) '-디' 명사형

① '-디'는 현대국어에서 '-기'로 대치된 것인데 '어렵다, 슬흐다, 둏다'의 지배를 받는 통
   사상의 특징이 있다.

   (8) 내 겨지비라 가져가디 어려볼씨 (월석 1 : 13)

   (9) 므술히 멀면 乞食ᄒ디 어렵고 (석상 6 : 23)

   (10) 나리 져믈씨 나가디 슬흐야 (삼강 열녀도 16)

② '-디' 명사형은 주어와 목적어로 쓰였다.

2 서술절

① 서술절은 중주어 문장의 서술부 부분을 가리킨다.

   (11) 玉女寶ᄂᆞᆫ … 킈 젹도 크도 아니ᄒ고 (월석 1 : 26)

   (12) 이 東山ᄋᆞᆫ 남기 됴홀씨 (석상 6 : 24)

   (13) 大愛道ㅣ 善혼 ᄠᅳ디 하시며 (월석 10 : 19)

   (14) 내 지븨 이싫 저긔 受苦ㅣ 만타라 (월석 10 : 23)

② 두 개의 서술절이 안길 수도 있다.

   (15) 일훔난 됴혼 오시 비디 千萬이 ᄊᆞ며 (석상 13 : 22)

   서술절 '비디 … ᄊᆞ며'안에 또 하나의 서술절 '千萬이 ᄊᆞ며'가 안겨 있다.

3 관형절

관형절은 관형사형 어미 '-ㄴ', '-ㄹ'에 의해 이루어지고, 때로는 관형격 조사 'ㅅ'이 쓰이
는 일도 있다.

(1) 관형사형 어미 '-ㄴ', '-ㄹ'

   (16) 불휘 기픈 남ᄀᆞᆫ ᄇᆞᄅᆞ매 아니 뮐씨 (용가 2)

   (17) 優塡王이 밍ᄀᆞ론 金像ᄋᆞᆯ 象애 싣ᄌᆞᄫᅡ 가더니 (석상 11 : 13)

(18) 그 지븨셔 차반 밍글 쏘리 워즈런ᄒ거늘 (석상 6 : 16)

(19) 니르고져 홇 배 이셔도 (훈언)

'-ㄴ'은 여러 시상법의 선어말어미와 통합되어 시상(時相)을 명확히 나타내는 데 반해 '-ㄹ'은 시상법의 선어말어미와는 잘 통합되지 못한다.

(2) 관형격 조사 'ㅅ'

현대국어에서는 '-(고 하)는'과 같은 관형사형이 붙어야 할 곳에, 중세국어에서는 관형격 조사 'ㅅ'이 붙었다.

(20) 廣熾는 너비 光明이 비취닷 뜨디오 (월석 2 : 9)

(21) 衆生 濟度ᄒ노랏 ᄆᅀᆞ미 이시면 (금삼 2 : 13)

(22) 디나건 無量劫에 修行이 니그실씨 몯 일우옳갓 疑心이 업스시나 (월천 기 53)

(3) 관형사형 어미의 명사적 용법

① 관형사형 어미 '-ㄹ'의 명사적 용법

(23) 너펴 돕ᄉᆞ오미 다욿 업서 (법화 서 18) - 주어

(24) ᄆᅀᆞ매 서늘히 너기디 아니홄 아니ᄒ노라 (내훈 서 6) - 목적어

(25) 두루 아니홄 아니ᄒ시나 (금삼 5 : 10) - 목적어

'ㅅ'을 동반하고 주로 '없-, 아니-, 아니ᄒ-'의 앞에 쓰였다. 'ᄚ'의 'ㅅ'은 'ᅘ'의 'ㅎ'이 달리 표기된 것이다.

② 관형사형 어미 '-ㄴ'의 명사적 용법

(26) 그릿 혼 조초 ᄒ야 (석상 6 : 8) - 목적어

(27) 自枉詩 ᄒᄂ로 己十餘年이오 (두언 11 : 5) - 격조사 '-ᄋᆞ로'의 통합

관형사형 어미가 명사적 용법으로 쓰이는 예는 중세국어에도 수가 많지 않다.

4 부사절

(1) 부사 형성의 파생 접사 '-이'(7차 교육과정에 따르면 부사형 어미)

(28) 돈 업시 帝理예 살오 (두언 20 : 37)

(29) 처섬 듧 적브터 百千劫에 니르리 一日一夜애 萬死萬生ᄒ야 (월석 21 : 46)

(2) 연결어미 '-게', '-도록', '-듯'

  (30) 오시 젓게 우러 (두언 8 : 16)

  (31) 이웃집 브른 바미 깁도록 불갯도다 (두언 7 : 6)

  (32) 法이 … 너비 펴아 가미 술위뼈 그우듯 홀씨 (석상 13 : 4)

5 인용절

중세국어에서는 직접인용문과 간접인용문을 구분하기 쉽지 않다. 직접인용문과 같이 간접인용문에서도 간접인용구문임을 표시하는 표지가 없다.

(1) 직접인용

① 현대국어의 인용의 부사격 조사 '라고'나 '하고'가 쓰이지 않고, 문장의 형식은 '닐오디 S'가 가장 많은 편이다.

  (33) 이 比丘ㅣ … 닐오디 내 … 너희돌홀 업시우디 아니ᄒ노니 너희돌히 당다이 부톄 ᄃ외리라 ᄒ더니 (석상 19 : 30)

② 인용동사로는 '니ᄅ다'가 가장 많이 쓰이며 여타 '묻다(問), 너기다, 命ᄒ다, 願ᄒ다' 등의 인용동사가 쓰였다.

  (34) 善宿ㅣ ᄯ 무로디 네 어느 고대 난다 (월석 9 : 36)

③ 피인용문은 설명문, 의문문, 명령문, 청유문이 모두 가능하다.

(2) 간접인용

직접인용과 간접인용은 표지에 의해서 구별되는 것이 아니기 때문에 상대높임법(존비법)의 중화, 인칭의 전이, 주체높임법의 '-시-'의 변화 등에 의해 구별해낼 수밖에 없다.

① 상대높임법의 중화

  현대국어에서 간접인용이 되면 높임법이 나타나지 않는 것과 같다.

  (35) 네 몬져 나롤 對答ᄒ오디 光明 주머귀를 보노라 ᄒ더니 (능엄 1 : 98)

    (부처에게 대답하는 것이므로 '보노이다'인데 '보노라'로 중화됨.)

  (36) 제 닐오디 臣은 이 酒中엣 仙人이로라 ᄒ니라 (두언 15 : 41)

    (이태백이 임금에게 대답하는 것이므로 '이로이다'인데 '이로라'로 중화됨.)

② 인칭의 전이

(37) 如來 샹녜 우리롤 아ᄃᆞ리라 니ᄅᆞ시니이다 (월석 13 : 32)

(여래가 말할 때는 '너희'인데 '우리'로 바뀜.)

(38) 龍둘히 (目蓮의게) 닐오ᄃᆡ 부톄 和尙ᄋᆞᆯ 시기샤 우리롤 警戒ᄒᆞ라 ᄒᆞ야시ᄂᆞᆯ 엇뎨 므
의여본 양ᄌᆞ롤 지ᅀᆞ시ᄂᆞ니잇고 (월석 7 : 47-8)

(부처가 목련에게 시킬 때는 '저희'였는데, '우리'로 바뀜.)

③ '-시-'의 변화

(39) 一切 ᄒᆞ논 일 잇논 法이 便安티 몯혼 주를 如來 뵈시노라 ᄒᆞ시며 (석상 23 : 18)

(여래가 말할 때는 '뵈노라'였지만 제자들이 말하면서 '시'가 첨가됨.)

④ 간접인용은 시점의 변화로 인해 인칭이 변화하기는 하지만, 화자 주어와 호응하여 나
타나는 선어말어미 '-오-'는 위의 예에서 보듯이 원 발화의 것이 그대로 유지된다.

(3) 인용문에 '-ㅅ'이 통합되어 전체가 관형어로 쓰이기도 한다.

(40) 廣熾는 너비 光明이 비취닷 ᄠᅳ디오 (월석 2 : 9)

(41) 衆生 濟度ᄒᆞ노랏 ᄆᆞᅀᆞ미 이시면 (금삼 2 : 13)

2. 이어진 문

이어진 문장은 연결어미와 접속조사에 의해 이루어진다. 연결어미 가운데서 대등적 연결
어미와 종속적 연결어미가 그 역할을 한다.

(1) 대등적 연결어미

병렬이나 나열에 사용되는 '-고', '-며', '-며셔', 대조에 사용되는 '-나', 선택의 '-나',
'-거나'가 대표적이다.

① 나열의 '-고', '-며', '-며셔'

(1) 나그내 시르믄 귓돌아미 소리예 니셋고 亭子ᄂᆞᆫ 놀가 가롤 씌챗도다 (두언 21 : 28)

(2) 耶輸ㅣ 그 긔별 드르시고 羅睺羅 더브러 노폰 樓 우희 오ᄅᆞ시고 門둘홀 다 구디 잠
겨 뒷더시니 (석상 6 : 2)

(3) 動ᄋᆞ로 몸사ᄆᆞ며 動ᄋᆞ로 境 삼ᄂᆞ니라 (능엄 2 : 2)

(4) 말ᄒᆞ며 우숨 우ᅀᆞ며셔 주규믈 行ᄒᆞ니 (두언 6 : 39)

② 대조의 '-나'

(5) 구루멧 히 블 곧ᄒ나 더운 하늘히 서늘ᄒ도다 (두언 6 : 35)

(6) 人鬼도 <u>하나</u> 數 업슬씨 오늘 몯 숣뇌 (월천 기 26)

③ 선택, 또는 상관 없음의 '-나', '-거나'

(7) <u>오나 가나</u> 다 새지비 兼ᄒ얫도소니 (두언 7 : 16)

(8) 됴ᄒ 몸 <u>ᄃ외어나</u> 구즌 몸 <u>ᄃ외어나</u> ᄒ미 (월석 1 : 12)

(2) 종속적 연결어미

후행 문장에 대해 종속적이며, '이유나 원인, 조건, 전제, 양보, 양태' 등이 이에 해당된다.

① 이유나 원인 : -거늘/-거놀, -을씨, -관디, -라

   ㉠ '-거늘/거놀'

     (9) ᄀᆞ른매 비 <u>업거늘</u> 얼우시고 쏘 노기시니 (용가 20)

     어떤 상황이 전제되고 그것이 뒷문장의 이유가 됨을 보인다.

   ㉡ '-ㄹ씨'와 '-관디' : 현대국어의 '-기에'에 가까운 의미를 나타낸다.

     (10) 불휘 기픈 남ᄀᆞᆫ 바ᄅᆞ매 아니 <u>뮐씨</u> (용가 2)

     (11) 엇던 行業을 <u>지스시관디</u> 이 相ᄋᆞᆯ 得ᄒ시니잇고 (월석 21 : 28)

     앞절의 서술어에 연결 어미 '-관디/완디'가 실현되면, 앞절에는 반드시 의문사가

     실현되고 뒷절은 의문형으로 끝맺는다.

   ㉢ '-라' : '-어/아'가 서술격 조사 뒤에서 변형된 것으로 이유를 나타낸다.

     (12) 우리는 罪 지은 <u>모미라</u> 하늘해 몯 가노니 (월석 21 : 201)

② 조건, 가정 : -ㄴ댄, -ㄴ덴, -란디, -면, -거든

   ㉠ '-ㄴ댄', '-ㄴ덴' : 가정의 의미를 나타낸다.

     (13) 날와 글 議論호ᄆᆞᆯ 시혹 붓그리디 <u>아니호댄</u> 다시 柴扉 두드료ᄆᆞᆯ 肯許홀가 (두언

       22 : 10)

     (14) 일로 ᄒ여 <u>보건덴</u> 므슴 慈悲 겨시거뇨 (석상 6 : 6)

   ㉡ '-란디' : -ㄹ 것 같으면, -ㄹ진대

     (15) 精舍 <u>지스란디</u> 일후믈 … 孤獨園이라 ᄒ라 (석상 6 : 40)

   ㉢ '-면'

     (16) 眞實로 내 나혼 悉達多ㅣ면 이 져지 그 이베 가리라 (월석 21 : 6)

   ㉣ '-거든'

(17) 너추렛 여르미 나니 버혀든 뿔 ᄀᆞᄐᆞᆫ 지니 흐르더라 (월석 1 : 43)

(18) 온 가짓 妖怪 뵈어나 ᄒᆞ거든 이 사ᄅᆞ미 … 분벼리 아니 드외며 (월석 9 : 43)

③ 전제와 설명 : -(으)니, -오ᄃᆡ, -ㄴ대

　㉠ '-(으)니' : 크게 '전제'의 의미와 '발견'의 의미로 나뉜다.

　　(19) 오ᄂᆞᆳ나래 世尊이 神奇ᄅᆞ빈 變化ㅅ 相ᄋᆞᆯ 뵈시ᄂᆞ니 엇던 因緣으로 이런 祥瑞 잇

　　　　거시뇨 (석상 13 : 14-5) - 전제

　　(20) 네 ᄒᆞ마 맛나ᅀᆞᄫᆞ니 前生ㄱ 罪業을 어루 버스리라 (월석 2 : 62) - 전제

　　(21) 忽然히 보니 제 모미 ᄒᆞᆫ 바ᄅᆞᆳ ᄀᆞᅀᅢ 다ᄃᆞᄅᆞ니 그 므리 솟글코 (월석 21 : 23) -

　　　　발견

　㉡ '-오ᄃᆡ' : 어떤 사실이 전제되는 점은 '-니'와 같으나 뒤 문장에 설명적 성격이 강

　　한 진술이 온다.

　　(22) 묘ᄒᆞᆫ 고ᄌᆞᆯ 우리 스ᅀᅵ예 노코 보ᄃᆡ 아니 됴ᄒᆞ니여 (석상 3 : 15)

　㉢ '-ㄴ대' : '-오ᄃᆡ'와 명확히 구분되지 않는다.

　　(23) 親ᄒᆞᆫ 버디 … 미욘 구스를 뵌대 艱難ᄒᆞᆫ 사ᄅᆞ미 구슬 보고 ᄆᆞᅀᆞ매 ᄀᆞ장 歡喜ᄒᆞ

　　　　야 (법화 4 : 4)

④ 양보 : -어도/고도, -거니와/건마ᄅᆞᆫ/건뎡, -ㄴᄃᆞᆯ, -ㄹᄲᅵ뎡/ㄹ션뎡, -디빙

　㉠ '-어도'와 '-고도' : 현대국어의 '-어도'에 해당된다

　　(24) 이제 나히 여쉰 둘헤 니르러도 ᄯᅩ 달옴 업스이다 (능엄 2 : 8-9)

　　(25) 비록 사ᄅᆞ미 무레 사니고도 즁ᅀᅵᆼ마도 몯ᄒᆞ이다 (석상 6 : 5)

　㉡ -거니와, -건마ᄅᆞᆫ, -건뎡 : 현대국어의 '-지만'에 가까운 의미이다.

　　(26) 衆生ᄋᆞᆫ … 그지업시 受苦ᄒᆞ거니와 부텨는 죽사리 업스실ᄊᆡ (월석 2 : 16)

　　(27) 믈 깊고 비 업건마ᄅᆞᆫ 하ᄂᆞᆯ히 命ᄒᆞ실ᄊᆡ (용가 34)

　　(28) 녯 聖人냇 ᄇᆞ라ᄆᆞᆯ 보미 맛당컨뎡 모ᄃᆞ 杜撰ᄋᆞᆯ 마로디니 아란다 (몽산 20)

　㉢ '-ㄴᄃᆞᆯ' : 현대국어에 그 흔적을 남기고 있으며 의문문이 후행된다.

　　(29) ᄒᆞ다가 이랄 브터 닷디 아니ᄒᆞ면 머리 갓가 지븨 난ᄃᆞᆯ 道애 므슴 利益이리오

　　　　(육조 상 100)

　㉣ '-ㄹᄲᅵ뎡', '-ㄹ션뎡-' : 현대국어 '-ㄹ지언정'과 연결된다.

　　(30) 출히 내 머리 우희 오ᄅᆞᆯᄲᅵ뎡 法師애 어즈리디 말며 (법화 7 : 118)

　　(31) 오직 芝蘭ᄋᆞ로 ᄒᆞ여 됴케 홀션뎡 엇뎨 구틔여 지ᄇᆞᆯ 이웃ᄒᆞ야 살라 ᄒᆞ리오

(두언 20 : 29)

　　ⓜ 디비 : 긍정의 대상임을 강조하고 그 반대의 사태를 부정하는 연결어미이다. 현대국
　　　어의 '-지'의 의미이다.

　　　(32) 이에 든 사르문 <u>죽디비</u> 나디 몯호느니라 (석상 24 : 14)

　　　앞절의 서술어에 '-디비/디위/디외', '-건뎡' 등이 실현되면, 뒷절은 부정문(否定文)

　　　이 된다.

⑤ 양태 : -아/어

　　ⓐ 계기성 : 행위가 순차적으로 이루어짐을 보인다.

　　　(33) 耶輸陀羅롤 <u>달애야</u> 恩愛롤 그쳐 羅睺羅롤 노하 보내야 샹재 드외에 호라 (석상

　　　　6 : 1)

　　ⓑ 동시성 : 앞말과 뒷말이 동시에 이루어짐을 보인다.

　　　(34) 歡樂온 <u>깃거</u> 즐길씨라 (월석 9 : 55)

　　　아무 변형 없이 순서만 바꿀 수 있다.

⑥ 의도, 목적 : -오려, -라, -귓고, -과뎌/과디여, -고져

　　ⓐ '-오려'와 '-라' : 현대국어의 '-려'와 '-라'와 쓰임이 같다.

　　　(35) 夫人이 올훈 소느로 가질 자보샤 곳 <u>것고려</u> 호신대 (월석 2 : 36)

　　　(36) 나라해 <u>빌머그라</u> 오시니(월석 1 : 5)

　　ⓑ '-귓고' : '-하게끔, -하게 되라고' 정도의 의미이다.

　　　(37) 사람마다 수비 아라 三寶애 나사가 <u>븓귓고</u> 브라노라 (석상 서 6)

　　ⓒ '-과뎌' : 주절과 종속절의 주어가 다를 때 쓰인다.

　　　(38) 一切 衆生이 다 解脫올 <u>得과뎌</u> 願호노이다 (월석 21 : 8)

　　ⓓ '-과디여' : '-과뎌'의 변형으로 기능은 같다.

　　　(39) 저희 願호논 바는 님긊 官人올 보아 惠慈로뻐 <u>撫養콰디여</u> 호거눌 (두언 25 :

　　　　37)

　　ⓔ '-고져' : '원호다', '브르다'와 같은 원망(願望)이나 '사랑호다'와 같은 사유(思惟)의

　　　동사가 뒤에 오며 '호다'가 쓰이기도 한다.

　　　(40) 善男子 善女人이 뎌 부텻 世界예 <u>나고져</u> 發願호야사 호리라 (석상 9 : 11)

　　　(41) 未來世예 男子 女人이 오래 病호야 이셔 <u>살오져</u> 호며 죽고져 호디

　　　　(월석 21 : 91)

⑦ 전환 : -다가, -라, -거아, -ㄴ다마다, -락, -다가며

  ㉠ -다가 : 현대국어와 같이 쓰인다.

    (42) 두 히 <u>돋다가</u> 세 히 도드면 (월석 1 : 48)

  ㉡ -라 : '~ 하자마자'의 의미이다.

    (43) 世尊이 … 호오아 볼 <u>구피라</u> 펼 쓰싀예 忉利天에 가샤 (월석 21 : 4)

  ㉢ -거아 : '~ 한 뒤에야 비로소'의 의미이다.

    (44) 열 두 大劫이 <u>츠거아</u> 蓮花ㅣ 프거든 (월석 8 : 75)

  ㉣ -ㄴ다마다 : '~ 하자마자, ~ 할 때마다'의 의미이다.

    (45) <u>說法호신다마다</u> 다 能히 놀애로 브르숩ᄂᆞ니라 (월석 1 : 15)

  ㉤ -락, -다가며 : '~ 하자마자 곧, ~ 하면서부터'의 의미이다.

    (46) 亂離호 저긔 쏘 <u>모드락</u> 흗노니 (두언 8 : 75)

    (47) <u>나다가며</u> 本來 잇ᄂᆞ니 뉘 호오아 업스리오 (월석 13 : 31)

⑧ 점점 더함: '-ㄹᄉᆞ록, -디옷, -긔/게/기, -ᄃᆞ록/도록

  ㉠ '-디옷'과 '-ㄹᄉᆞ록' : 정도의 더해감을 나타낸다.

    (48) 이 하늘돌히 <u>놉디옷</u> 목수미 오라ᄂᆞ니 (월석 1 : 37)

    (49) 사괴는 ᄠᆞ든 <u>늘글ᄉᆞ록</u> 쏘 親ᄒᆞ도다 (두언 21 : 15)

  ㉡ '-긔/게/기' : 현대국어의 '-게'와 같다.

    (50) 爕은 長常 固執디 아니ᄒᆞ야 <u>맛긔</u> 고틸씨라 (석상 13 : 38)

  ㉢ '-ᄃᆞ록/도록' : '-도록'은 앞 모음이 뒷 모음의 영향으로 동화된 것이다.

    (51) 혼 劫이 <u>남ᄃᆞ록</u> 닐어도 몯 다 니르리어니와 (석상 9 : 10)

제2장

문장 종결법

중세국어의 문장 종결법에는 평서문, 의문문, 명령문, 청유문, 감탄문이 있다. 문장 종결법은 상대높임법과 상관 관계를 맺고 있다.

1. 평서문

평서문은 화자가 청자에게 일방적으로 명제 내용을 전달하는 문장인데, 평서형 종결어미로 이루어진다. 15세기 국어의 평서형 종결어미에는 '-다/라, -으니라, -으마, -을셰라' 등이 있다.

1 종결어미

(1) '-다'

대표적 평서형 어미인 '-다'는 서술격조사나 선어말어미 '-리-, -니-, -더-, -오/우-' 뒤에서는 '-라'로 교체된다.

    (1) 法華經을 듣고져 ᄒᆞᄂᆞ<u>다</u> (월석 18 : 75)

    (2) 닐굽 히 너무 <u>오라다</u> (월석 7 : 2)

    (3) 내 난 後로 嗔心ᄒᆞᆫ 적 <u>업소라</u> (월석 21 : 216)

    (4) 佛土ㅣ <u>곧더라</u> (석상 13 : 32)

(2) '-으니라'

'-으니라'는 평서형 종결어미의 특수한 형태이다. <표준중세국어문법론>에서는 보수성(保守性)을 띤 종결어미라고 하였다.

(5) 네 아비 ㅎ마 <u>주그니라</u> (월석 17 : 21)

(6) 믈읫 相이 이 <u>곧ㅎ니라</u> (능엄 2 : 116)

(3) '-으마'

'-으마'는 '약속(約束)'의 의미를 나타내는 평서형 종결어미인데, 반드시 인칭 표현의 선어말어미인 '-오/우-'를 앞세워서 '-오마/우마'로 실현된다.

(7) 그리 <u>호마</u> 혼 이리 分明히 아니 ㅎ면 (내훈 3 : 21)

(4) '-을셰라'

'-을셰라'는 '경계(警戒)'의 의미를 나타내는 평서형 종결어미인데, 현대어의 '-을라'와 비슷하게 쓰인다.

(8) 내 가논 딕 눔 <u>갈셰라</u> (악장 한림별곡)

2 평서문과 높임법

(1) 상대높임과 종결어미

중세국어에서 상대높임법은 선어말어미 '-이-', '-ㅣ-'을 통합시켜 표현하므로 상대높임법의 평서형 종결어미가 따로 존재하지 않는다.

(9) 이 蓮花ㅣ 五百 니피오 닙 아래마다 하놄 童男이 <u>잇ᄂ이다</u> (석상 11 : 32)

(10) 부텨와 즁과롤 請ᄒᅀᆞᆸ보려 <u>ᄒᄂᇰ다</u> (석상 6 : 16)

(2) 청원의 종결어미

청원의 의미를 더해주는 종결어미 '-지라'는 ᄒ라체, '-지이다'는 ᄒ쇼셔체의 어미로 항상 선어말어미 '-거-'가 선행한다.

(11) 五百 銀 도ᄂ로 다숫 줄기롤 <u>사아지라</u> (월석 1 : 10)

(3) 반말의 종결어미

「용비어천가」와 「월인천강지곡」에 실린 노랫말에서는 평서형의 종결어미가 실현되지 않고, '-으리' 혹은 '-으니'의 형태로 문장을 끝맺는 특수한 종결법이 있다.

(12) 五百 前世 怨讎ㅣ … 精舍롤 디나아 <u>가니</u> (월천 기3)

(13) 오늜 나래 내내 웃브리 (용가 16)

2. 감탄문

중세 국어의 감탄문은 선어말어미 '-옷-, -돗-, -ㅅ-' 외에 감탄의 종결어미 '-ㄹ쎠', '-ㄴ뎌', '-애라/게라'에 의해서 이루어진다.

(1) '-ㄹ쎠'

   (1) 내 아ㄷ리 어딜쎠 (월석 2 : 7)
   (2) 摩耶ㅣ 如來롤 나쏘ㅸ실쎠 (석상 11 : 24)

(2) '-ㄴ뎌'

   (3) 六祖ㅅ 큰 오온 뜨들 보디 몯ㅎᄂ뎌 (육조 서 7)

(3) '-애라/게라'

   (4) 目連이 닐오디 몰라 보애라 (월석 23 : 86)
   (5) 부톄 둥 알패라 ㅎ샤 (석상 24 : 2)
   (6) 넓 興에 아디 몯게라 믈읫 몃 마릿 그를 지스니오 (두언 22 : 16)
   '-게라'는 '아디 몯-, 듣지 몯-, 보디 몯-'에 붙는다는 특징이 있다.

3. 의문문

의문문은 화자가 청자에게 대답을 요구하면서 끝맺는 문장이다. 의문형 종결어미나 의문 보조사로 실현된다. 의문문은 질문의 방식에 따라서 판정 의문문과 설명 의문문으로 구분되고, 청자의 여부에 따라서 직접 의문문과 간접 의문문, 높임의 등급에 따라서 ㅎ라체, ㅎ야쎠체, 하쇼셔체, 반말체로 나눌 수 있다.

1 질문의 방식에 따른 분류

(1) 판정 의문문

중세국어의 판정 의문문은 청자에게 질문에 대한 가부(可否) 결정만을 묻는다. 어미의 모

음이 '어' 또는 '아'로 되어 있다(-가, -녀, -니잇가 등의 '가/아'계 어미)

    (1) 앗가본 뜨디 잇느니여 (석상 6 : 25)

    (2) 이 大施主의 得혼 功德이 하녀 져그녀 (월석 17 : 48)

    (3) ᄒᆞ마 주글 내어니 子孫올 議論ᄒᆞ리여 (월석 1 : 7)

    (4) 아모 사ᄅᆞ미나 이 良醫의 虛妄혼 罪롤 能히 니르려 몯니르려 (월석 17 : 22)

(2) 설명 의문문

설명 의문문은 반드시 '의문사'를 취하며, 의문형 어미나 의문 보조사는 '고/오'의 형태 ('-고, -뇨, -니잇고' 등의 '고/오'계 어미)로 실현된다.

    (5) 究羅帝 이제 어듸 잇느뇨 (월석 9 : 36)

    (6) 이 智慧 업슨 比丘ㅣ 어드러셔 오뇨 (석상 19 : 30)

    (7) 아바닚 病이 기프시니 엇뎨 ᄒᆞ료 (석상 11 : 18)

    (8) 엇뎨 겨르리 업스리오 (월석 서 17)

▣2 청자의 여부에 따른 분류

(1) 직접 의문문

청자를 앞에 두고 직접 질문하는 것이다.

    (9) 이 ᄯᆞ리 너희 죵가 (월석 8 : 94)

    (10) 그 뜨디 ᄒᆞᆫ가지아 아니아 (능엄 1 : 99)

    (11) 얻논 藥이 므스것고 (월석 21 : 215)

    (12) 뉘 이 靑雲 서리옛 器具오 (두언 16 : 18)

(2) 간접 의문문

청자를 상정하지 않은 독백적 질문이나 의념(疑念)을 나타낸다.

    (13) 이 아니 내 塵母夫人이 나혼 고진가 (석상 11 : 32)

(1) ᄒᆞ라체

ᄒᆞ라체의 어미들은 해라체나 반말 정도에 해당된다.

① 판정 의문에는 '-녀'(-니여)와 '-려'(-리여)가 쓰이고 설명 의문에는 '-뇨'(-니오)와 '-료'(-리오)가 쓰인다.

    (14) 이 大施主의 得혼 功德이 하녀 져그녀 (월석 17 : 48)

    (15) 앗가ᄫᆞᆫ ᄠᅳ디 잇ᄂᆞ니여 (석상 6 : 25)

    (16) 아모 사ᄅᆞ미나 이 良醫의 虛妄혼 罪를 能히 니ᄅᆞ려 몯 니ᄅᆞ려 (월석 17 : 22)

    (17) ᄒᆞ마 주글 내어니 子孫올 議論ᄒᆞ리여 (월석 1 : 7)

    (18) 究羅帝 이제 어듸 잇ᄂᆞ뇨 (월석 9 : 36)

    (19) 아바닔 病이 기프시니 엇뎨 ᄒᆞ료 (석상 11 : 8)

    (20) 엇뎨 겨르리 업스리오 (월석 서 17)

② '-니-'는 완료·확정적인 의미를 표현하고 '-리-'가 미완·추측적인 의미를 나타내므로 '-녀, -뇨'는 완료된 사태에 대한 의문, '-려, -료'는 미완된 사태에 대한 의문을 나타낸다.

③ 중세국어에서 청자가 주어가 되는 2인칭 의문문에서는 '-ㄴ다'와 '-ㄹ다' (ᄚ다)가 쓰인다.

    (21) 네 엇뎨 안다 (월석 23 : 74)

    (22) 엇던 行業을 지ᅀᅥ 惡道애 ᄠᅥ러딘다 (월석 21 : 56)

    (23) 네 信ᄒᆞᄂᆞᆫ다 아니 ᄒᆞᄂᆞᆫ다 (석상 9 : 26)

    (24) 네 엇던 혜ᄆᆞ로 나를 免케 홇다 (월석 21 : 56)

의문문에서 주어가 제2인칭이냐 그렇지 않으냐에 따라 형태를 달리하는 것은 주어가 제1인칭(화자)이냐 아니냐에 따라 선어말어미 '-오-'가 선택되는 현상과 병행되는 것으로 중세국어의 중요한 문법적 특징이다.

(2) ᄒᆞ야쎠체

① 화자가 자기와 동등하거나 비슷한 청자를 대우할 때 사용하는데, '그듸'가 쓰이고 있는 점에서 ᄒᆞ라체보다 위이고, '-시-'가 없이 쓰이는 점에서 ᄒᆞ쇼셔체보다 아래이다.

‘-ㅅ가, -ㅅ고’로 실현된다.

    (25) 主人이 므슴 차바눌 손소 듣녀 밍ㄱ노닛가 (석상 6 : 16)

    (26) 그듼 아바니미 잇ᄂ닛가 (석상 6 : 14)

② ᄒᆞ야쎠체에서는 판정 의문과 설명 의문의 형태적 구별이 전혀 확인되지 않는다. 의문
   사를 가지고 있을 경우에도 ‘-가’로 끝나는 판정 의문문 형태를 지니고 있다.

③ 중세국어에서 하야쎠체는 그 예가 많지 않아서 높임의 등급에 넣지 않기도 한다.

(3) ᄒᆞ쇼셔체

화자보다 상위인 청자에 대한 의문문이다.

① ᄒᆞ라체에서 제1·3인칭과 2인칭으로 분화되어 있는 의문법의 체계는 ᄒᆞ쇼셔체와 ᄒᆞ야
   쎠체에서는 중화되어 버린다.

    (27) 사로미 이러커늘ᄉᆞ 아들올 여희리잇가 (월천 기 143) - 1인칭

    (28) 내 이제 엇뎨ᄒᆞ야ᄉᆞ 地獄 잇ᄂ 짜해 가리잇고 (월석 21 : 25) - 1인칭

    (29) 世尊이 ᄀᆞᆺ봄 내시게 아니ᄒᆞᄂᆞ니잇가 (법화 5 : 92) - 3인칭

    (30) 어미 … 어느 길헤 냇ᄂᆞ니잇고 (월석 23 : 90) - 3인칭

    (31) 므스므라 오시니잇고 (석상 6 : 3) -2인칭

② ‘ᄒᆞ쇼셔체’에서는 판정 의문문과 설명 의문문이 혼용되기도 한다.

    (32) 어듸 가시ᄂᆞ니잇가 (남명집 상 52)

    (33) 여슷 하ᄂᆞ리 어늬ᄉᆞ 뭇 됴ᄒᆞ니잇가 (석상 6 : 35)

    (34) 七代之王올 뉘 마ㄱ리잇가 (용가 15)

    (35) 어느 부텻긔 恭敬이 덜리잇가 (월천 기 169)

의문사와 관련시키면 ‘고’가 되어야 옳으나 ‘가’로 나와 있다.

(4) 반말

「용비어천가」와 「월인천강지곡」를 비롯한 중세어 문헌에는 의문형 종결어미 ‘-가, -고’가
실현되지 않고 ‘-으리’ 혹은 ‘-으니’의 형태로 의문문을 끝맺는 경우가 있다.

    (36) 그듸내 ᄠᅳ디 아니 舍利롤 뫼셔다가 供養ᄒᆞᅀᆞᆸ오려 ᄒᆞ시ᄂᆞ니 (석상 23 : 46)

    (37) 이제 엇뎨 怨讎롤 니ᄌᆞ시ᄂᆞ니 (석상 11 : 34)

    (38) 昊天之心애 긔 아니 ᄠᅳ디시리 (용가 116)

(39) 聖人 神力을 어느 다 술ᄫᅵ리 (용가 87)

이들은 설명 의문과 판정 의문의 구별 없이 쓰였다.

4. 명령문

명령문은 화자가 청자에게 행동을 요구하는 문장이다. 명령형 어미 '-으라, -고라/오라, -고려, -아쎠/어쎠, -으쇼셔' 등이 붙어서 이루어진다.

(1) ᄒᆞ라체

① '-으라'는 말하는 이가 듣는 이에게 어떠한 일을 시키는 낮춤의 명령형 어미이다.

  (1) 훈 ᄆᆞᄉᆞᄆᆞ로 뎌 부텨를 ᄉᆞ외 <u>보ᄉᆞᄫᅡ</u> (월석 8 : 22)

  (2) 너희 디마니 혼 이리 잇ᄂᆞ니 섈리 <u>나가라</u> (월석 2 : 6)

  (3) 舍利佛아 <u>아라라</u> (석상 13 : 60)

② '-고라/오라'는 반말의 명령형 어미로 쓰인다.

  (4) (고졸) 부텻긔 받ᄌᆞᄫᅡ 生生애 내 願을 일티 아니케 <u>ᄒᆞ고라</u> (석상 13 : 25)

  (5) 迦尸王 … 使者 브려 <u>보내오라</u> ᄒᆞ야ᄂᆞᆯ (월석 7 : 15)

  (6) 내 … 出家ᄒᆞ야 現ᄒᆞᆫ 뉘예 一切 智慧를 <u>得ᄒᆞ고라</u> (석상 11 : 39)

  (7) 願ᄒᆞᆫᄃᆞᆫ 미햇 므를 부러 金 잔애 <u>더으고라</u> (두언 15 : 39)

'-고라/오라'가 화자의 바람이나 희망을 나타내는 경우도 있다. 곧 (4), (5)의 문장은 문맥으로 보면 말하는 이의 바람이나 희망을 나타내므로, '-기를 바라노라' 혹은 '-기를 바란다'로 해석된다.

(2) ᄒᆞ야쎠체

'-아쎠/어쎠'는 공손한 뜻이 포함되어 있는 명령형 어미이다.

  (8) 내 보아져 ᄒᆞᄂᆞ다 <u>ᄉᆞᆲᄫᅡ쎠</u> (석상 6 : 14)

  (9) 엇뎨 부톄라 하ᄂᆞ닛가 그 ᄠᅳ들 <u>닐어쎠</u> (석상 6 : 16)

(3) ᄒᆞ쇼셔체

'-으쇼셔'는 듣는 이에게 어떠한 행위를 해 줄 것을 청원하는 아주 높임의 명령형 어미이다.

(10) 이 ᄠᅳ들 닛디 <u>마ᄅ쇼셔</u> (용가 110)

(11) 王이 네 아ᄃᆞᆯ 내티쇼셔 (월석 2 : 6)

5. 청유문

청유문은 화자가 청자에게 어떠한 행동을 같이 하자고 요청하거나 제안하는 문장이다. 청유형 어미 '-져, -져라, -사이다'가 붙어서 실현된다. ᄒᆞ라체와 ᄒᆞ쇼셔체로 나눌 수 있다.

(1) ᄒᆞ라체

'-져'와 '-져라'는 현대어의 '-자'처럼 낮춤의 청유형 어미이다.

    (1) 네 發願을 호디 世世예 妻眷이 <u>ᄃᆞ외져</u> ᄒᆞ거늘 (석상 6 : 8)

    (2) ᄯᅩ 닐오디 여슷 히를 <u>ᄒᆞ져</u> (월석 7 : 2)

    (3) 世尊이 … 니ᄅᆞ샤디 父王이 病ᄒᆞ야 겨시니 우리 미처 가 보ᅀᆞᄫᅡ ᄆᆞᅀᆞ몰 훤히 너기

       시게 <u>ᄒᆞ져라</u> ᄒᆞ시고 (월석 10 : 6)

'-져라'는 '바람(願望)'의 뜻을 함께 나타내는 것이 특징이다.

(2) ᄒᆞ쇼셔체

'-사이다'는 아주 높임의 청유형 어미이다.

    (4) 어버ᅀᅵ ᄀᆞ자 이신 저긔 일후믈 一定ᄒᆞ<u>사이다</u> (월석 8 : 95)

    (5) 淨土애 ᄒᆞᆫ디 가 나<u>사이다</u> (월석 8 : 100)

제3장

높임 표현

중세국어의 높임법은 현대국어와 마찬가지로 주체높임법, 상대높임법, 객체높임법으로 삼분된다. 현대국어와 가장 많이 다른 점은 객체높임법이 다른 높임법과 마찬가지로 선어말어미에 의해서 규칙적으로 실현되었다는 점이다.

1. 주체높임법(존경법)

주어 명사구가 가리키는 인물이 화자에게 높임의 대상이 될 때 실현되는 문법적 절차를 말한다. 대표적 형태는 활용형에 나타나는 '-시-'인데 모음 어미 앞에서는 '-샤-'로 교체되기도 한다. 자음으로 끝나는 어간 아래서는 매개모음이 쓰이기도 한다.

(1) 선어말어미 '-시-'에 의한 높임

① 주어가 생략되어도 '-시-'를 사용하였다.

 (1) 野人ㅅ 서리에 가샤 野人이 ᄀᆞᆯ외어늘 德源 올ᄆᆞ샴도 하ᄂᆞᆳ ᄠᅳ디시니 (용가 4)

 (2) 阿僧祇 前世劫에 님금 位ㄹ ᄇᆞ리샤 精舍애 안잿더시니 (월천 기 3)

② 관형절 안의 주어에 대한 높임에도 '-시-'가 사용되었다.

 (3) 우흔 다 諸佛이 머리져 讚嘆ᄒᆞ시논 마리라 (월석 18 : 57)

 (4) 王이 그 이ᄅᆞᆯ ᄎᆞᄌᆞ샤 鹿母夫人의 나ᄒᆞ신 둘 아ᄅᆞ시고 (석상 11 : 32)

③ 존대인물과 관련된 사물이나 일을 간접적으로 높일 때도 '-시-'가 사용되었다.

 (5) 부텻 명바깃쎠 노ᄑᆞ샤 ᄯᅩᆫ 머리 ᄀᆞᄐᆞ실ᄊᆡ (월석 8 : 34)

 (6) 됴ᄒᆞ실ᄊᆡ 菩薩이 엇던 緣으로 예 오시니잇고 (월석 21 : 24)

(2) 높임과 관계없는 '-시-' (비존대의 '-시-')

주체높임과 관계 없이 '-시-'가 쓰이기도 하였다.

① 확인법의 선어말어미 '-거-'뒤에 나타나는 '-시-'

　　(7) 이제 내 ᄒᆞ마 阿羅漢道롤 得ᄒᆞ야 오래 病홀 緣을 <u>여희얏가시니</u> 엇뎨 오ᄂᆞᆯ 믄득 므
　　　　슴 알포미 나거뇨 (능엄 5 : 72)

　　(8) 故園엣 버드리 이제 이어 <u>ᄣᅥ러디거시니</u> 엇뎨 시러곰 시룷 가온디 도로 다 나ᄂᆞ니오
　　　　(두언 16 : 51)

② 고려가요에 나타나는 비존경의 '-시-'

　　①의 '-시-'는 선어말어미 '-거/어-'와 연결어미 '-니' 사이에서 나타나는 데 고려가
　　요에 나타나는 '-시-'는 그런 제약을 받지 않는다.

　　(9) 여희므론 아즐가 여희므론 질삼뵈 <u>ᄇᆞ리시고</u> … 괴시란더 우러곰 좃니노이다 (악장
　　　　가사, 서경별곡)

　　(10) 즈믄 히롤 외오곰 <u>녀신ᄃᆞᆯ</u> … 信잇ᄃᆞᆫ 그츠리잇가 (악장가사, 서경별곡)

2. 상대높임법(존비법, 공손법)

상대높임은 화자가 청자를 높이거나 낮추는 것이다. ᄒᆞ라체, ᄒᆞ야쎠체, ᄒᆞ쇼셔체로 나눌
수 있다.

(1) ᄒᆞ라체

① 청자를 자신과 같거나 혹은 하위자로 판단해 존대하지 않는 등급이다.

　　(1) 네 겨집 그려 <u>가던다</u> (월석 7 : 10)

　　(2) 너희 大衆이 ᄀᆞ장 보아 後에 뉘읏붐 업게 <u>ᄒᆞ라</u> (석상 23 : 11)

② 가장 중립적인 등급으로 특정 청자가 존재하지 않는 지문이나 설명에도 사용된다.

　　(3) 福田은 … 福 바티라 <u>ᄒᆞ니라</u> (석상 6 : 19)

　　(4) ᄠᅳ데 몯 마존 이리 다 願ᄀᆞ티 <u>ᄃᆞ외더라</u> (월석 110 : 30)

(2) ᄒᆞ야쎠체

① 청자가 자신과 같은 등급이라 판단하되 격식을 갖추고 약간 존대하고자 할 때 사용된다.

② '-ᅌᅵ다'나 '-ᅌᅵᆺ가', '-아쎠'로 표현되는데 중세국어에서 그 예가 매우 적다. 그래서 이

를 높임의 등급에서 제외하기도 한다. (옛말본, 7차 문법 교과서)

(5) 그리 <u>아넗다</u> (석상 6 : 16)

(6) 부텨와 즁과를 請ᄒᆞᅀᆞᆸ보려 <u>ᄒᆞ뇡다</u> (석상 6 : 16)

(7) 그듸 아바니미 <u>잇ᄂᆞ닛가</u> (석상 6 : 14)

(8) 엇뎨 부톄라 <u>ᄒᆞᄂᆞ닛가</u> (석상 6 : 14)

(9) 그 ᄠᅳ들 <u>닐어쎠</u> (석상 6 : 16-7)

③ 현대국어의 하오체와 유사한 등급에 해당된다.

(3) ᄒᆞ쇼셔체

① 화자가 청자(상대)를 자신보다 상위자라 판단하여 존대하고자 할 때 사용된다.

② 선어말어미 '-이-'나 '-잇-'으로 나타내며 명령문에는 '-쇼셔'라는 별도의 어미를 사용한다.

(10) 이 못 ᄀᆞᅀᆡᆺ 큰 珊瑚 나모 아래 <u>무두이다</u> (석상 11 : 32)

(11) 엇던 因緣으로 … 아디 어려븐 法을 브즈러니 <u>讚嘆ᄒᆞ시ᄂᆞ니잇고</u> (석상 13 : 44)

(12) 王이 부톄를 <u>請ᄒᆞᅀᆞᆸ쇼셔</u> (석상 6 : 38)

③ 현대국어의 하십시오체의 등급에 해당된다.

(4) 반말

'반말'은 <용비어천가>나 <월인천강지곡>에서 자주 나타나는 높임 표현으로서, '-으리'와 '-으니'로 문장을 끝맺는 높임 표현이다. 이러한 반말의 종결 표현은 말하는 이가 듣는 이를 낮추기도 어렵고 높이기도 어려울 때 쓰는 표현이다. 이를 ᄒᆞ쇼셔체의 어말어미 '-이다, -잇고/잇가'의 생략형으로 보는 견해도 있다.

(13) 海東 六龍이 ᄂᆞᄅᆞ샤 일마다 天福이시니 古聖이 <u>同符ᄒᆞ시니</u> (용가 1)

(14) 시미 기픈 므른 ᄀᆞ무래 아니 그츨쎠 … 바ᄅᆞ래 <u>가ᄂᆞ니</u> (용가 2)

(15) ᄒᆞ나흘 바ᄃᆞ면 네 ᄆᆞᅀᆞ미 고ᄅᆞ디 <u>몯ᄒᆞ리</u> (월천 기 8)

(16) 世間ㅅ 드틀을 ᄆᆞ슴만 <u>너기시리</u> (월천 기 125)

3. 객체높임법(겸양법, 겸손법)

객체(목적어 명사구나 부사어 명사구)를 높이는 것이다. 이때 객체는 화자나 주어보다 더

높아서 화자나 주어가 자신을 낮추는 것으로 볼 수도 있다. 그래서 겸양법, 또는 겸손법이라고도 한다. 중세국어에서는 선어말어미 '-숩-'에 의해 실현되었다. 대표적 형태는 '-숩-'인데 앞뒤의 음성적 환경에 따라 '-숩-, -줍-, -숩-, -슣-, -즣-'으로 실현되었다.

(1) 목적어 명사구를 높이는 경우

(1) 내 쏠 勝鬘이 聰明호니 부텨옷 보ᄉᆞᄫᆞ면 당다이 得道를 쎌리 호리니 (석상 6 : 40)

(2) 媄女ㅣ 하ᄂᆞᆳ 기부로 太子를 ᄢᅥ려 안ᄉᆞᄫᆞ 夫人끠 뫼셔 오니 스믈 여듧 大神이 네 모해 侍衛호ᅀᆞᆸ더라 (월석 2 : 43)

(2) 부사어 명사구를 높이는 경우

(3) 내 아래브터 부텻긔 이런 마를 몯 듣ᄌᆞᄫᆞ며 (석상 13 : 44)

(4) 그ᄢᅴ 世尊끠 四衆이 圍繞호ᅀᆞᆸ고 (석상 6 : 38)

(3) 목적어나 부사어가 실현되지 않는 경우

(5) 大瞿曇이 슬허 ᄢᅵ리어 棺애 녀쓥고 (월석 1 : 7)

(6) 威化振旅 ᄒᆞ시ᄂᆞ로 興望이 다 몯ᄌᆞᄫᆞ나 (용가 11)

(4) 관형사형에 실현된 경우

(7) 無量壽佛 보ᄉᆞᄫᆞᆯ 사르믄 十方無量諸佛 보ᄉᆞᄫᆞᆯ 디니 (월석 8 : 33)

(5) 목적어나 부사어에 관련되는 물건이나 일을 높이는 간접 높임

(8) 道士들히 … 부텻 舍利와 經과 佛像과란 값 西ㅅ 녀긔 노쑵고 (월석 2 : 7)

(9) … 善女人이 … 無量壽弗끠 나 正法 듣줍고져 發願호ᄃᆡ (월석 9 : 36)

(10) 帝釋은 盖 받고 梵王ᄋᆞᆫ 白拂 자바 두 녀긔 셔ᅀᆞᄫᆞ며 (월석 2 : 39)

4. 기타 높임법

(1) 어휘에 의한 높임법

① 대명사의 높임말 : 그듸('너'의 높임말), ᄌᆞ갸(재귀대명사 '저'의 높임말)

② 명사의 높임말 : 진지, 뫼, 분

③ 동사의 높임말

    ㉠ 주어 명사구가 상위자일 때 쓰이는 높임말 : 겨시다, 좌시다

    ㉡ 목적어나 부사어가 상위자일 때

        ㉮ 객체높임과 함께 사용될 수 있는 높임말 : 드리다, 뫼시다, 뵈다

        ㉯ 기원적으로 '-습-'과 연관되어 객체높임과 함께 사용될 수 없는 높임말 : 솗다, 저습다, 엳줍다

(2) 조사에 의한 높임법

① 관형격 조사 '이/의'가 존칭 체언과 통합될 때는 'ㅅ'이 쓰이며, 부사격 조사로는 'ㅅ그에, ㅅ그(긔), ㅅ게(쎄)'가 대응한다.

  (1) 부텻 功德을 듣줍고 (석상 6 : 40)

  (2) 世尊끠 저습다 혼 말도 이시며 (월석 13 : 36)

② 존칭 호격 조사 '하'가 쓰였다.

  (3) 大王하 내 이제 부텻긔 도로 가 供養ᄒᆞᅀᆞᄫᅬ리이다 (월석 18 : 34)

③ 존칭 조사가 통합된 인물이 주어로 쓰이면 서술어에 '-시-'가 통합되는 것이 일반적이다.

(3) 접사에 의한 높임법

① 복수의 접미사 '-둘'은 존칭 체언 뒤에서는 '-내'로 교체된다.

  (4) 如來 뫼ᅀᆞᄫᆞᆼ 가시ᄂᆞᆫ 聖人내라 (월석 2 : 52)

  (5) 아자바님내끠 다 安否ᄒᆞ숩고 (석상 6 : 1)

② 접사 '-님'은 가족 관계의 단어를 비롯한 몇몇 어휘에만 쓰여 현대국어보다는 그 쓰임이 제한되어 있었던 것으로 보인다.

시간 표현과 서법

중세국어에서는 시제를 표시하는 형태가 따로 없고 서법 형태소에 기대어 시제가 표시된다. 현재 시제는 직설법에, 과거 시제는 부정법과 회상법에, 미래 시제는 추측법에 기대어 표시된다. 중세국어의 서법은 시제와 관련을 맺고 있는 것과 화자의 믿음이나 느낌을 표시하는 것으로 나눌 수 있다. 전자는 기본 서법이라 부르고 후자는 부차 서법이라 한다.

1. 현재 시제와 직설법

동사에서는 선어말 어미 '-ᄂ-'에 기대어 현재 시제가 표시된다. 그러나 형용사는 현재 시제를 표시하는 특별한 형태가 없다. 이 형태소는 선어말어미 '-오-'와 결합되면 '-ㄴ-'으로 바뀌기도 하는데, 종결형의 모든 상대높임법은 물론, 연결형과 관형사형에서도 확인된다.

(1) 동사의 종결형에 나타나는 직설법 선어말 어미 '-ᄂ-'

    (1) 네 이제 ᄯᅩ 묻ᄂ다 (월석 23 : 97)

    (2) 소리ᄲᅮᆫ 듣노라 (석상 6 : 15)

    (3) 스승니미 엇던 사ᄅ미관ᄃ 쥬벼ᄂ로 이 門올 여르시ᄂ니잇고 (월석 23 : 84)

    (4) 이제 엇데 羅睺羅ᄅᆞᆯ 앗기ᄂ다 (석상 6 : 9)

발화시를 중심으로 사태를 사실적·객관적으로 파악하고 있다. 사건시와 발화시가 대체로 일치하는 상황에 쓰이고 있으므로 '-ᄂ-'가 표시하는 시제는 현재이다.

(2) 형용사와 서술격 조사의 현재시제 : 부정법

동사와 달리 형용사와 서술격 조사에서는 특별한 현재 시제 형태가 발견되지 않는다. 다른 서법 형태소와 계열 관계를 형성하는 ø형태소가 시제를 표시한다. 이러한 형태를 "부정법"이라 한다.

    (5) 내 오늘 實로 <u>無情호라</u> (월석 21 : 219)

    (6) 네 겨지비 고봇니여 對答호ᅀᆞ보디 <u>고봇니이다</u> (월석 7 : 10)

    (7) 眞實로 우리 <u>죵이니이다</u> (월석 8 : 94)

(3) 현재적 용법 이외의 직설법

직설법은 사건시가 발화시에 후행할 때도 쓰이고 사건시와 발화시가 무관할 때도 쓰인다.

    (8) 내…<u>無上道</u>애 도ᄅᆞ혀 <u>向호노이다</u> (월석 10 : 33)

    (9) 仙人ᄋᆞᆫ 제 몸 구텨 오래 사는 사ᄅᆞ미니 뫼해 <u>노니ᄂᆞ니라</u> (월석 1 : 8-9)

    (10) 하늘히며 사름 사는 짜홀 다 뫼호아 世界라 <u>ᄒᆞᄂᆞ니라</u> (월석 1 : 8)

    (11) 如來 상녜 우리롤 아ᄃᆞ리라 <u>니ᄅᆞ시ᄂᆞ니이다</u> (월석 13 : 33)

현대국어에서 현재 시제가 가까운 미래를 나타내거나 보편적 진리나 객관적 사실을 진술할 때에 사용되는 것과 같은 용법이다.

2. 과거 시제와 부정법, 회상법

과거 시제는 부정법의 무형의 형태소로 실현되거나, 회상(回想)의 선어말 어미 '-더-'를 통해 실현되었다.

(1) 부정법에 의한 과거 시제

① 종결형에 나타나는 과거 시제

    (1) 아둘둘히 아비 <u>죽다</u> 듣고 (월석 17 : 21)

    (2) 주거미 닐오디 내 ᄒᆞ마 <u>命終호라</u> (월석 9 : 36)

    (3) 世間애 상녜 이셔 내 <u>正法</u>을 <u>護持</u>ᄒᆞ라 <u>ᄒᆞ시이다</u> (석상 3 : 45)

    (4) 주거미 닐오디 내 ᄒᆞ마 <u>주그니라</u> (월석 17 : 21)

    (5) <u>므스므라</u> <u>오시니잇고</u> (석상 6 : 3)

    (6) 엇던 行業을 지ᅀᅥ 惡德애 <u>ᄠᅥ러딘다</u> (월석 21 : 56)

평서문이나 의문문에 다 같이 특정한 시제 형태소가 사용되지 않으면서 과거를 나타내고 있다.

② 동사의 관형사형에 나타나는 과거 시제

(7) 獄은 罪 <u>지슨</u> 사롬 가도는 싸히니 (월석 1 : 28)

(8) 이 몸이 <u>주근</u> 後에 그처 업수미 일후미 涅槃이라 ᄒ더니 (능엄 2 : 2)

(9) 舍利佛이 須達이 <u>밍ᄀ론</u> 座애 올아 앉거늘 (석상 6 : 30)

관형사형 어미인 '-(으)ㄴ'만으로써 과거 시제가 표현되었다.

(2) 회상법에 의한 과거 시제

'회상법 선어말 어미 '-더-'는 과거의 어느 때(경험시)를 기준으로 삼아서, 그때에 알게 된 일이나 경험을 돌이켜서 표현하는 선어말어미이다. 주어가 2·3인칭일 때는 '-더-'로 실현되지만 1인칭일 때는 '-다-'로 실현된다.

① 2, 3인칭의 '-더-'

　㉠ 종결형에 나타나는 '-더-'

　　(10) 네 <u>모ᄅ던다</u> (월석 21 : 195)

　　(11) 쁘데 몯 마즌 이리 다 願ᄀ티 <u>드외더라</u> (월석 10 : 30)

　㉡ 관형사형에 나타나는 '-더-'

　　(12) 須達이 … 하ᄂᆞᆯ <u>祭ᄒ던</u> 싸ᄒᆞᆯ 보고· 절ᄒ다가 (석상 6 : 19)

　　(13) 이ᄂᆞᆫ 菩薩 <u>행ᄒ던</u> 衆生을 니르시니라 (석상 13 : 51)

　㉢ '이다', '아니다', '-으리-' 뒤의 '-더-'

　　'-더-'가 '이다'와 '아니다'의 어간 뒤나 선어말 어미 '-으리-'의 뒤에 쓰일 때는 '-러-'로 변동한다.

　　(14) 六師의 무리 <u>三億萬이러라</u> (석상 6 : 28)

　　(15) 한 難이 ᄒ나 <u>아니러니</u> (법화 2 : 131)

　　(16) 그 數ㅣ 몯내 <u>혜리러라</u> (월석 8 : 90)

② 1인칭의 '-더-'

주어가 1인칭일 때 회상의 선어말 어미는 '-다-로 실현되는데 '이다'와 '아니다' 뒤에서는 '-라'로 변동한다.

　　(17) 내 지븨 이싫 저긔 受苦ㅣ <u>만타라</u> (월석 10 : 23)

　　(18) 우리ᄂᆞᆫ 眞實ㅅ 佛子ㄴ 둘 <u>모ᄅ다이다</u> (월석 13 : 35)

　　(19) 내 … 舍衛國 <u>사ᄅᆞ미라니</u> 父母ㅣ 나ᄅᆞᆯ 北方 싸ᄅᆞ몰 <u>얼이시니</u> (월석 10 : 23)

　　(20) 우리도 沙羅樹大王ㅅ <u>夫人돌히라니</u> (월석 8 : 100)

3. 미래 시제와 추측법

중세국어의 추측법은 종결형과 연결형에서는 '-리-'로 실현되고 관형사형 어미에서는 '-ㄹ'로 실현된다. 발화시 이후에 있을 사태에 대해 추측하는 것이 일반적이므로 미래 시제에 해당된다.

(1) 종결형에 나타나는 '-리-'

① 동사에 통합되면 미래의 행위에 대한 추측을 나타낸다.

    (1) 내 願을 아니 從ᄒᆞ면 고졸 몯 어드리라 (월석 1 : 12)

② 형용사에 통합되면 미래의 상태에 대한 추측을 나타낸다.

    (2) 이 사ᄅᆞᆷ둘히 당다이 恭敬ᄒᆞ야 … 됴ᄒᆞᆫ 이리 하리이다 (석상 13 : 46)

③ 1인칭 화자 주어에 호응하는 선어말어미 '-오-'가 쓰이면 의도나 의지의 의미가 강하게 드러난다.

    (3) 내 이제 分明히 너ᄃᆞ려 닐오리라 (석상 19 : 4)

(2) 관형사형에 나타나는 '-ㄹ'

    (4) ᄒᆞ마 命終[illegible]holᆞ 사ᄅᆞᆷ몰 善惡 묻디 말오 (월석 21 : 125)

    (5) 漸漸無明 허롤 히미 이시리라 (몽산 5)

    (6) 諸佛ㅅ 實法을 드르리 이시면 (법화 2 : 149)

(3) 추측회상법과 미래 시제

중세국어에는 추측법과 회상법이 결합된 '-리러-'가 나타난다.

    (7) 得大勢여…당다이 부톄 ᄃᆞ외리러라 (석상 19 : 33-4)

    (8) 光有聖人이 五百弟子 ᄃᆞ려 겨샤…敎化ᄒᆞ더시니 그 數ㅣ 몯내 혜리러라

       (월석 8 : 89-90)

(7)은 '-리러-'가 대화에 나타난 것이다. 현대국어의 '-겠더-'와 큰 차이가 없다. (8)은 지문에 나타나는 것이다. 지시성이 분명하지 못하므로 시제를 규정하기 어렵다.

4. 부차적 서법

부차적 서법은 주관적, 객관적 인식이나 느낌을 표현하는 문법 범주이다. 주관적 인식을

나타내는 것을 확인법, 객관적 인식을 나타내는 것을 원칙법, 느낌을 표현하는 것을 감동법
이라고 부른다.

1 확인법

확인법은 말하는 이의 주관적인 인식, 믿음에 바탕을 두고 어떠한 일을 확정적으로 판단
함을 나타내는 문법 범주이다. 선어말 어미 '-아/어-, -거-'로 실현되는데, 이들은 주어가 1
인칭일 때에는 '-과-' 또는 '-가-'로 형태가 바뀐다.

(1) 타동사에 쓰이는 '-아/어-'

'-아/어-'는 모음조화에 의하여 교체된다.

    (1) 山中에 가 道理 닷가라 (월석 23 : 77)

    (2) 셜롤쎠 衆生이 正호 길홀 일허다 (석상 23 : 19)

(2) 비타동사에 쓰이는 '-거-'

비타동사(자동사, 형용사, 이다)가 서술어로 쓰일 때에는 '-거-'가 쓰이는 것이 일반적이
다. /ㄱ/이 탈락되는 음운적인 환경에서는 '-거-'가 '-어-'로 바뀐다.

    (3) 그에 精舍ㅣ 업거니 어드리 가료 (석상6 22)

    (4) 내 本來 求홀 무슴 업다니 오늘 이 寶藏이 自然히 니를어다 (법화 2 : 226)

(3) 주어가 1인칭일 때 나타나는 '-과', '-가'

주어가 1인칭일 때에는 '-거/어-'가 선어말 어미 '-오-'와 결합하여 어간의 품사와 관계
없이 '-과', '-가'로 실현된다.

    (5) 오늘사 스싀 얼과라 (월석 7 : 9)

    (6) 곳 디는 時節에 쏘 너를 맛보과라 (두언 16 : 52)

    (7) 내 친히 저습고 향 퓌우습가니 부텻긔 信티 아니호ᅀᆞ봉려 (월석 23 : 88-89)

(4) 확인법과 추측법의 결합

'-거-'의 위치는 '-리-'에 후행 또는 선행되며, 모두 어떤 사태를 확정적으로 추측하는 태
도를 나타낸다.

① 추측법이 선행하는 경우

(8) ㅎ마 비 <u>오려다</u> (월석 10 : 85)

(9) 그듸내 머리셔 궃비 오난마론 如來ㅅ 숨利는 몯 <u>나ㅿ오리어다</u> (석상 23 : 54)

② 추측법이 후행하는 경우

(10) 眞實로 그ㅅ기 化ㅎ시다 <u>닐어리로다</u> (월석 13 : 44)

(11) 살어리 살어리랏다 靑山애 <u>살어리랏다</u> (악장가사, 청산별곡)

③ 추측확인법이 의문형과 통합된 경우는 주로 수사의문에 쓰인다.

(12) 눌 더브러 무러ㅿ ㅎ리며 뉘ㅿ 能히 <u>對答ㅎ려뇨</u> (석상 13 : 15)

2 감동법

선어말어미에 의한 감동법은 현대국어에는 나타나지 않는다. 중세국어에서 감동법은 선어말어미 '-도-', '-돗-', '-옷-', '-ㅅ-'으로 표현된다. 감동법은 일방적 통보기능이 강한 상황에서 나타나고 화자의 적극적 내지 소극적 느낌을 표시한다.

(1) '-도/로-'

'-도-'는 자음으로 시작하는 어미 앞에서 실현되며, '이다'와 '아니다'의 뒤, 선어말어미 '-으리-'의 뒤에서는 '-로-'로 바뀐다.

(13) ㅎ오ㅿ 平床이 <u>뷔엿도다</u> (두언 18 : 6)

(14) 天龍 八部ㅣ 과ㅎ야 녜 업던 <u>이리로다</u> ㅎ더니 (월석 1 : 14)

(2) '-돗/롯-'

'-돗-'은 대체로 매개 모음을 가지는 어미 앞에서 실현되는데, '이다'와 '아니다'의 뒤, 선어말어미 '-으리-' 뒤에서는 '-롯-'으로 바뀐다.

(15) 호 大藏敎ㅣ 이 사곤 거시어시니 아래 이 無ㅎ字도 <u>사기도소니아</u> (몽산 60)

(16) 羅ㅏ 이롫디면 내 빗소배셔 난 <u>아기로소이다</u> (월석 23 : 86)

(3) '-옷-'

'-옷-'은 '-시-, -ㄴ-, -더-, -거-' 등의 다른 선어말어미에 붙어서 각각 '-샷-, -놋, -닷-, -괏-'의 꼴로 실현된다.

① 주체 높임의 '-시-'에 '-옷-'이 붙어서 '-샷-'의 형태로 실현된다.

(17) 世尊이 世間에 나샤 甚히 <u>奇特ㅎ샷다</u> (월석 7 : 14)

② 직설법의 '-ᄂᆞ-'에 '-옷-'이 붙어서 '-놋-'으로 실현된다.

(18) 이 男子ㅣ 精誠이 至極ᄒᆞᆯ씨 보비를 아니 <u>앗기놋다</u> (월석 1 : 11)

③ 회상의 '-더-'에 '-옷-'이 붙어서 '-닷-'으로 실현되는데, '-으리-' 뒤에서 '-랏-'으로 변동한다.

(19) 우리들히 요ᄉᆞᆔ예 大師 겨신 ᄯᅡ홀 모ᄅᆞ다니 忉利天에 <u>겨시닷다</u> (월석 21 : 201)

(20) 부톄 날 爲ᄒᆞ샤 大乘法을 <u>니르시리라ᄉᆞ이다</u> (법화 2 : 231)

④ 확인법의 '-거-'에 '-옷-'이 붙어서 '-괏-' 으로 실현된다.

(21) 江奄 鮑照의 긄 體ㅣ 流轉ᄒᆞ매 서르 도라보던 아들 업소몰 <u>免괏소라</u> (두언 21 : 31)

위의 예에서 보듯이 '-옷-'은 항상 다른 선어말어미와 결합한 형태로 실현되고 단독으로 나타나는 예는 보이지 않는다. 그래서 <옛말본>(허웅)에서는 '-옷-'을 따로 설정하지 않고, '-샷-', '-놋-', '-닷-'을 '강조-영탄'의 선어말어미로 처리한다.

(4) '-ᄉᆞ-'

'-ᄉᆞ-'은 '-오-'나 매개모음 '-ᄋᆞ-'와 함께 쓰여서 '-소라', '-손다', '-ᄉᆞ라'의 형태로 실현된다.

(22) 므슷믈 펴 忽然히 臺예 <u>오로소라</u> (두언 15 : 48)

(23) 므슴 方更올 브터 三摩地예 <u>드손다</u> (능엄 5 : 31)

(24) 너희들히 <u>아ᄅᆞᄉᆞ라</u> (월석 10 : 26)

<표중중세국어문법론>에서는 '-ᄉᆞ-'을 감동법의 선어말어미로 보지만 <옛말본>에서는 '-ᄋᆞ-, -오'가 결합한 '-ᄉᆞ-, -소-'를 '강조-영탄'의 선어말어미로 처리한다.

3 원칙법

확인법이 화자의 주관적 인식을 근거로 한 사태 판단이라면 원칙법은 객관적 인식에 바탕을 둔 사태 판단이라고 할 수 있다. 선어말어미 '-니-'에 의해 수행되며, 직설법 '-ᄂᆞ-'와 회상법 '-더-' 아래 분포되는 것이 원칙이고, 추측법과 확인법 뒤에 나타나기도 한다. '-니-' 뒤에는 의문형과 평서형의 어말어미만이 통합된다는 제약이 있다.

(1) 직설법과의 결합

(25) 사ᄅᆞ미 살면 주그미 이실씨 모로매 <u>늙ᄂᆞ니라</u> (석상 11 : 36장)

(26) 舍利佛아 너희 부텻 마를 고디 드르라 거츠디 <u>아니ᄒᆞ니라</u> (석상 13 : 46)

'-니-'는 사태를 규범적인 것으로 파악하여 상대의 주의를 환기시키거나 일깨우고자 하는 화자의 태도를 나타낸다.

(2) 회상법과의 결합

    (27) 부톄 方便力으로 三乘敎를 뵈요문 衆生이 … 혀 나게 ㅎ다니라 (법화 1 : 158)

(3) 추측법 및 추측회상법과의 결합

    (28) 周室이 다시 興起호요미 맛당ㅎ니 孔門을 당다이 ㅂ료미 몯ㅎ리니라 (두언 6 : 21)

    (29) 내 아랫 뉘예 이 經을 바다 디녀 닐그며 외오며 눔ᄃ려 니르디 아니ㅎ더든 …
       三菩提를 섈리 得디 못ㅎ리러니라 (석상 19 : 34)

(4) 확인법과의 결합

    (30) 녯 위안해 고지 절로 펫고 봄나래 새 도로 눌어니라 (두언 8 : 34)

제5장

화자 표시법과 대상 표시법

1. 화자 표시법

종결형과 연결형에 쓰이는 선어말어미 '-오-'는 주어가 1인칭임을 나타내는 표지로 쓰인다. 그래서 이를 인칭법의 선어말어미로 부르기도 한다. 또 이 선어말어미는 화자의 의도를 나타내는 경우가 많아서 '의도법'의 선어말어미라 부르기도 하였다. 여기에서는 <표준중세국어문법론>의 용어에 따라 화자 표시법이라 하기로 한다.

(1) 부정법, 직설법에 쓰이는 '-오-'

(1) 내 ㅎ마 命終호라 (월석 9 : 36) - 부정 평서형

(2) 내 이룰 爲ㅎ야 어엿비 너겨 새로 스믈 여듧 字를 밍ᄀ노니 (훈언 3) - 직설 연결형

(3) 우리들히 毒藥을 그르 머구니 願혼돈 救療ᄒ샤 (월석 17 : 17) - 부정 연결형

(2) 회상법, 추측법에 쓰이는 '-오-'

(4) 내 롱담ᄒ다라 (석상 6 : 24) - 회상법

(5) 내 이제 分明히 너ᄃ려 닐오리라 (석상 19 : 4) - 추측법

예외적으로 추측법의 '-오-'활용형은 주어가 제2인칭일 때 쓰이는 일이 있었다.

(6) 長者야 … 녀나믄 飮食에 니르리 佛僧끽 받ᄌᆸ디 몯ᄒ야셔 몬져 먹디 마로리니

(월석 21 : 111)

(7) 다시 모ᄃ더 안조ᄃ더 端正히 호리라 (몽산 2)

'-오-'가 추측법의 '-리-'와 함께 쓰이면 의지, 의향, 욕구 등의 양태적 의미를 더해주는 것으로 보인다. 이러한 쓰임 때문에 '의도법'이라 부른 것이다.

(3) 확인법, 감동법에 쓰이는 '-오-'

　(8) 내 이제 훤히 <u>즐겁과라</u> (법화 2 : 137) - '-거-'에 선어말어미 '-오-'가 붙음

　(9) 우리도 이 偈룰 좃ᄌ바 <u>외오노소라</u> (월석 8 : 100) - '-놋-'에 '-오-'가 붙음

(4) 인칭대명사가 표면에 나타나지 않는 경우

　(10) 네 이대 드르라 너 위ᄒ야 <u>닐오리라</u> (석상 13 : 47)

문맥상 상정될 수 있는 주어가 1인칭인 화자 자신을 가리키는 것이면 서술어에 '-오-'가 사용된다. 세존이 사리불에게 하는 말로 '닐오리라'의 주어는 나타나 있지 않으나 '너'로 미루어 제1인칭 대명사 '나'가 생략되었다는 것을 알 수 있다.

(5) 주어가 3인칭인 경우

　(11) 比丘둘하 如來 쏘 이 ᄀᆮᄒ야 이제 爲ᄒ야 큰 道師ㅣ 드외야 이셔 … 度ᄒ얌직ᄒ니룰 아노니 (월석 14 : 78)

표면상 3인칭 명사가 주어인 경우에도 문맥상 그 명사가 화자를 가리키는 것이면 '-오-'가 사용된다. 도사가 된 부처가 비구들에게 하는 말로 '如來'는 화자인 부처 자신을 가리킨다.

2. 대상 표시법

선어말어미 '-오-'를 화자 표시법과 대상 표시법으로 나눈 것은 이 둘의 성격이 크게 다르기 때문이다. '의도법'의 선어말어미로 보는 입장에서는 이 둘을 하나로 처리했지만 그 통사적 기능에서 많은 차이가 있기 때문에 따로 구별하여 보는 것이 좋다.

1 화자 표시법의 '-오-'와의 차이점

(1) 높임의 선어말어미 '-시-'와 결합

관형사형에 나타나는 '-오-'는 높임의 선어말어미와 결합될 수 있다는 점에서 종결형과 연결형의 '-오-'와 구분된다.

　(1) 부톄 道場애 안ᄌ샤 <u>得ᄒ샨</u> 妙法을 닐오려 ᄒ시ᄂ가 (석상 13 : 25)

(2) 2,3인칭 주어와의 공기

　(2) 내 이제 <u>得혼</u> 道理도 三乘올 닐어ᅀᅡ ᄒ리로다 (석상 13 : 58) - 1인칭

(3) 너희둘히 生死 버술 이룰 힘뻐 求ᄒ야사 ᄒ리로다 (월석 10 : 14) – 2인칭

(4) 舍利佛이 須達이 밍ᄀ론 座애 올아 앉거늘 (석상 6 : 30) – 3인칭, 관형격조사를 취
한 '수달'이 의미상 주어가 됨

2 대상 표시법의 선어말어미 '-오-'의 기능

표제 명사가 관형사형에 대해 목적어의 관계를 갖는 경우 '-오-'가 통합되는 것이 관형사
형에서의 '-오-'의 대표적 기능이다. 그 밖에 부사어나 동격 관형절에서도 나타나지만 목적
어일 때만큼 규칙적이지 않다.

(1) 피수식 명사가 목적어인 경우

(5) 須達이 지ᅀᆞᆫ 亭舍 드르시며 (석상 6 : 38)

(6) 얻논 藥이 므스것고 (월석 21 : 215)

관형사형을 평서형으로 전개할 때 피수식 명사가 목적어의 기능을 띠면 선어말어미
'-오-'가 나타난다. 원래의 문장을 '須達이 亭舍ᄅᆞᆯ 지ᅀᆞ니라', '藥올 얻ᄂᆞ니라'로 볼 수
있다.

(2) 피수식 명사가 의존명사인 목적어

(7) 神力으로 밍ᄀᆞ르샨 거시 … (월석 18 : 31)

(8) 아노닌(아논 이ᄂᆞ) 내 兄의 子息이오 (내훈 3 : 52)

'엇던 거슬 밍ᄀᆞᄅᆞ시니라', '엇던 이ᄅᆞᆯ 아ᄂᆞ니라'로 해석되어 의존명사가 관형사형의 목적
어임을 알 수 있다.

(3) 피수식 명사가 부사어일 때

(9) 그림 그륜 ᄇᆞᄅᆞᆷᄆᆞᆯ … (두언 6 : 34)

(10) 옷 ᄲᅡ론 므를 먹고 (석상 11 : 25)

'ᄇᆞᄅᆞᆷᄆᆡ 그리ᄆᆞᆯ 그리니라', '믈로 오ᄉᆞᆯ ᄲᅡᄂᆞ니라'로 해석된다. 그러나 이처럼 피수식 명사가
부사어일 때는 같은 명사라 하더라도 '-오-'가 쓰이지 않을 수도 있다.

(11) 부텨 가시논 ᄯᅡ히 (월석 1 : 16)

(12) 부텻 오래 教化ᄒ시논 ᄯᅡ (월석 17 : 18) – '-오-'가 쓰이지 않음

(4) 피수식 명사가 동격 명사인 경우

 (13) 本來 <u>求호논</u> 무슴 업다이다 (월석 13 : 36)

 (14) 큰 法 <u>즐기논</u> 무슨미 잇던댄 (월석 13 : 35)

동격 명사의 경우는 매우 불규칙하게 나타난다. 무슴은 '-오-'를 취하기도 하고 안취하기
도 한다.

(5) 서술격 조사에서 나타나는 경우

 (15) 내 겨지비론(겨집<u>이론</u>) 젼츠로 (월석 10 : 18)

 (16) 道理 혼 가지론 고돌 니르시니라 (석상 13 : 50)

서술격 조사 뒤에서 '-오-'는 '-로-'로 변형된다. 피수식 명사가 의존명사일 때 주로 나타
난다. '젼츠'는 자립명사이기는 하나 의존명사로 쓰이는 일이 많다. 자립명사일 때는 나타나
지 않는다.

 (17) 聖王온 聖人<u>이신</u> 王이시니 (월석 1 : 19)

(6) 예외적인 경우

① '-오-'가 쓰여야 할 자리에 안 나타나는 경우

 (18) 그 쁴 <u>敎化호</u> … 衆生온 (월석 14 : 56-7) / cf. 菩薩 마다 <u>敎化혼</u> … 衆生이 (월석
     14 : 48)

② 안 나타나야 할 자리에 쓰인 경우

 (19) 弟子이 <u>나혼</u> 어미논 (월석 23 : 96) / cf. 이 몸 <u>나혼</u> 어미 (월석 23 : 93)

이러한 예들은 15세기에 이미 대상 표시법이 무너지는 단계에 있었음을 보여준다.

제1장

국어사 연구의 개관

1. 연구의 목적과 방법

1 연구의 목적

국어사 연구는 선사 시대부터 오늘에 이르기까지 국어가 겪어온 모든 변화를 그 대상으로 하고 있다. 국어사를 연구하는 목적은 대략 다음과 같다.

① 국어사는 우리 민족의 역사의 한 부분이다. 국어에는 우리 민족의 정신적·물질적 생활의 모든 것이 반영되어 있기 때문이다.

② 국어사 연구는 우리의 고전 작품을 읽고 올바르게 이해하는 길잡이가 된다.

③ 국어사에 대한 지식은 현대국어를 이해하는 데 큰 도움이 된다. 현대국어는 옛 국어의 연속이기 때문이다. 예를 들어 합성어나 파생어에는 옛말의 흔적이 많이 남아 있다.

2 연구 방법

국어사 연구의 기본은 국어 변천의 양상과 원인 등을 역사적으로 밝히는 통시적 방법이다. 문헌 자료가 기본이지만 자료가 절대적으로 부족하므로 이를 보충하기 위해서는 비교 방법, 내적 재구나 방언 연구와 같은 공시적 방법을 사용하기도 한다.

(1) 문헌 자료의 연구

① 국어사의 연구 방법 가운데 가장 중심이 되는 것이 문헌 자료의 연구이다. 가장 확실한 증거이기 때문이다.

② 문헌 자료를 이용함에 있어서 무엇보다 선행되어야 할 것은 그 자료의 성격과 연대를

밝히는 일이다.

③ 그러나 다음과 같은 점을 유의해야 한다.

　㉠ 문자 표기는 일반적으로 보수적 성향을 갖고 있다. 음가는 사라졌어도 표기는 계속
　　될 수 있다. '·'의 예에서 알 수 있다.

　㉡ 문자의 환영에 사로잡혀서는 안 된다. 문자의 가치가 언제나 동일하지는 않다. 'ㅔ'
　　는 중세국어에서 이중모음이었지만 단모음이 되었다.

(2) 비교 방법

① 비교 방법이라는 말은 일반적으로 언어들의 문헌 이전의 역사, 즉 선사(先史)를 밝히
　는 방법을 말한다. 동일 계통에 속하는 언어들의 비교에 의하여 그 공통 조어를 재구
　(再構)하고 그 조어로부터 갈려나온 언어들의 변천 과정을 밝히는 것을 목적으로 하고
　있다.

② 문헌의 결핍을 보충하기 위한 방법이지만, 넓은 의미에서, 비교 방법은 언어사 연구의
　기본 방법이라고 할 수 있다.

③ 문헌 연구에서도 서로 시대가 다른 문헌들을 놓고, 음운, 문법, 어휘의 발달을 확인하
　는 비교 방법을 쓸 수 있다.

(3) 내적 재구

① 어떤 공시적인 언어의 모습이 보여 주는 암시에 근거를 두고 그 이전의 상태를 재구성
　하려는 방법이다.

② '나모', 'ᄒᆞᄅᆞ'와 같은 특수한 교체를 보여 주는 명사들에 대해서 내적 재구의 방법을
　적용하여 '*나목', '*ᄒᆞ롤' 등의 그 옛 모습을 추정할 수 있다.

③ 현대국어에서 모음으로 시작되는 어미 앞에서는 '낫(鎌)', '낮(晝)', '낯(面)', '낟(穀)', '낱
　(個)'의 말자음(末子音)들이 제대로 나타나지만 휴지(pause) 앞에서는 모두 [t]로 나타나
　모두 동음어가 되는 것을 통해 이들이 어느 시기에는 휴지 앞에서도 제대로 실현되었
　음을 재구해낼 수 있다.

(4) 방언의 연구

① 문헌에 의한 국어사는 중앙 방언에 한정되지만 방언학은 국어학의 시야를 넓혀 준다.

② 방언의 중요성

　㉠ 국어의 방언들 사이에는 서로 끊임없는 간섭이 있었기 때문에 중앙 방언의 역사는 다른 방언의 간섭을 고려에 넣지 않을 수 없다.

　㉡ 국어 방언들에 있어서의 단어 및 문법 형태의 현재의 분포는 그들의 역사의 공간적 투영이다. 제주도에 남아 있는 ‘·’의 음가는 중세국어의 모습을 보여준다.

2. 언어 변화의 유형

１ 음운 변화

(1) 무조건 변화

조건 없이 발생되는 변화를 말한다. 조건 변화는 부분적이고, 무조건 변화는 전반적이다. 모음추이 현상은 중세국어에서 무조건 변화의 일례이다.

(2) 조건 변화

어떤 음의 변화가 그 인접음의 영향에 의해서 일어나는 변화를 말한다. 동화, 이화 등이 있다.

① 동화

　㉠ 순행 인접 동화의 예 : 근대국어에서 양순음 뒤의 ‘ㅡ’가 ‘ㅜ’로 변한 것

　　• 믈(水) > 물, 플(草) > 풀

　㉡ 역행 인접 동화의 예 : 중세국어에서 ‘ㄴ’ 앞의 ‘ㄷ’이 ‘ㄴ’으로 변한 것

　　• 돋니-(行) > 돈니-

② 이화

고대의 ‘붊(鼓)’이 중세어에서 ‘북’이 된 것은 이화의 예로 매우 드물게 나타난다. 음운 도치도 이화로 간주된다.

　• 빗복 > 뱃곱 > 배꼽

2 어휘 변화

(1) 변화의 양상

① 단어의 소멸 : 예전에 쓰이던 단어가 쓰이지 않게 된다.
② 신어 창조 : 새로운 단어가 생겨난다.
③ 어의 전성 : 단어의 의미가 변한다.

(2) 차용

① 차용은 문화 선진국에서 후진국에 영향을 주어 이루어진다.
② 국어의 차용어의 주된 공급원은 중국어였고, 중세에는 몽골어, 현대에는 영어, 일본어에서도 차용되었다.
③ 일반적으로 차용은 어휘에서 이루어지지만 특수한 경우 음운 체계에까지 변화를 준다.
④ 차용은 나라와 나라 사이에서만 아니라 방언들 사이에서도 이루어진다.

3 문법 변화

(1) 문법 형태의 변화 - 유추

유추는 언어의 변화 중에서 문법 변화를 일으키는 가장 중요한 절차이다.
① 한 언어의 문법 체계에 어떤 변화를 가져오지는 않지만, 이미 존재하는 어떤 유형을 본받아서 어떤 문법 형태가 새로이 만들어지거나 변화하는 것을 의미한다.
② 유추는 음운 변화의 결과로 생긴 불규칙적인 형태들을 규칙적인 것으로 만드는 작용을 한다. 음운 변화가 문법 체계를 파괴함에 대항하여, 유추는 그것을 새로이 건설하는 작용을 한다.
　예 중세국어의 '오-나둔, 오-나늘'이 '오-거든, 오-거늘'로 변화한 것

(2) 문법 체계의 변화

문법 체계의 변화는 다음 셋으로 정리할 수 있다.
① 어떤 문법 범주가 없어지는 것
　중세국어의 선어말어미 '-오/우-'에 의한 화자 표시법(의도법, 인칭법), 대상 표시법의 소실

② 새로운 문법 범주가 생기는 것 : 주로 문법화에 의해 이루어진다.

　　㉠ 실사이던 형태가 허사가 되는 것을 문법화라고 한다.

　　㉡ '-어 잇-'이 줄어들어 '-었-'이 되었는데, 이로 인해 부정법으로 실현되던 과거시
　　　제가 새로이 확립되었다.

③ 문법 범주는 그냥 있으면서 그것을 나타내는 형태가 바뀌는 것 : 주격조사 '가'의 등장,
　속격 'ㅅ'의 소실.

제2장
국어의 계통과 역사

1. 언어의 계통적 분류와 알타이어족

1 계통적 분류

① 계통적 분류는 한 조상 언어에서 갈려 나온 언어들을 한 어족으로 묶어 분류하는 방법이다. 굴절어, 교착어, 고립어 등으로 나누는 유형적 분류와 함께 대표적인 언어의 분류 방식이다.

② 계통적 분류에는 비교 방법이 사용된다.

③ 언어의 계통을 연구하는 학자들의 최종 목표는 언어가 분리되기 이전 상태인 공통 조어를 재구하는 것이다.

④ 19세기 초엽 비교 언어학의 발달로 계통적 분류의 작업이 활발해졌다. 국어의 계통을 연구하려는 시도는 19세기 후반에 이루어졌지만 국어는 그 계통이 분명히 드러나지 않는 언어이다.

⑤ 국어는 한때 우랄·알타이어족으로 분류됐으나 우랄어족과 알타이어족으로 나뉜 뒤에는 통상적으로 알타이어족의 하나로 분류된다.

⑥ 언어의 계통적 분류의 예

    ㉠ 우랄어족 : 핀·우그르 제어, 사모예드어 등

    ㉡ 알타이어족 : 퉁구스 제어, 몽골 제어, 터키 제어 등

    ㉢ 고(古)아시아 제어 : 추크치어, 골랴크어, 캄차달어, 유카길어, 길랴크어

    ㉣ 중국·티베트어족 : 티베트·버마 제어, 타이 제어 등

    ㉤ 남아어족 : 동남아시아의 베트남어, 몽크메르 제어, 문다 제어 등

ⓗ 인도·유럽 어족 : 영어를 비롯한 서구권 언어

ⓢ 말레이·폴리네시아어족 : 인도네시아, 맬라네시아, 폴리네시아 등

2 알타이어족

(1) 알타이 제어

① 퉁구스 어군

  ㉠ 시베리아와 만주 일대에 분포되어 있으며 만주·퉁구스 어군이라고도 한다.

  ㉡ 에벤키어, 라무트어, 솔론어, 만주어, 나나이어 등이 있다.

  ㉢ 고대 퉁구스어 자료 : 금나라의 여진어, 청나라의 만주어

② 몽골 어군

  ㉠ 외몽골과 내몽골을 중심으로 만주로부터 볼가강 하류에 이르는 넓은 지역에 분포하고 있다.

  ㉡ 외몽골과 내몽골어, 부랴트어, 칼무크어 등이 있다.

  ㉢ 고대 몽고어의 자료: 칭기즈칸 비문, 칭기즈칸의 이야기를 쓴 「원조비사(元朝秘史)」

③ 터키 어군

  ㉠ 터키공화국 및 볼가강 유역, 중앙아시아, 시베리아, 중국의 서역에 걸친 넓은 지역에 분포되어 있다.

  ㉡ 시베리아의 야쿠트어, 추바시어, 할라지어 등이 있다.

  ㉢ 고대 터키어 자료 : 돌궐의 비문, 위구르족이 남긴 문서들

3 알타이 제어의 공통 특질론

알타이 제어에서 가장 중요한 공통 특질은 모음조화와 문법적 교착성, 두음법칙이다.

(1) 문법적 특징

① 교착성

  접미사에 의해 단어의 굴절과 파생이 이루어진다.

  ㉠ 어간과 접미사의 연결이 극히 기계적이다.

  ㉡ 모든 접미사는 단일한 기능을 가진다.

② 관계대명사와 접속사가 없다.

③ 부동사가 있다.

(2) 음운론적 특징

① 모음조화

   ㉠ 한 단어 안에서의 모음의 동화 현상을 가리킨다.

   ㉡ 전설과 후설의 양 계열의 대립에 기초를 둔 구개적 조화였다.

② 두음법칙

   ㉠ 어두에 자음군이나 유음(특히 r)이 오는 것을 피하는 현상을 가리킨다.

    일시적으로 중세국어에 어두자음군이 있기도 했으나 이는 예외적인 것이었다.

③ 모음 교체나 자음 교체가 없다.

2. 국어의 역사

1 국어의 계통

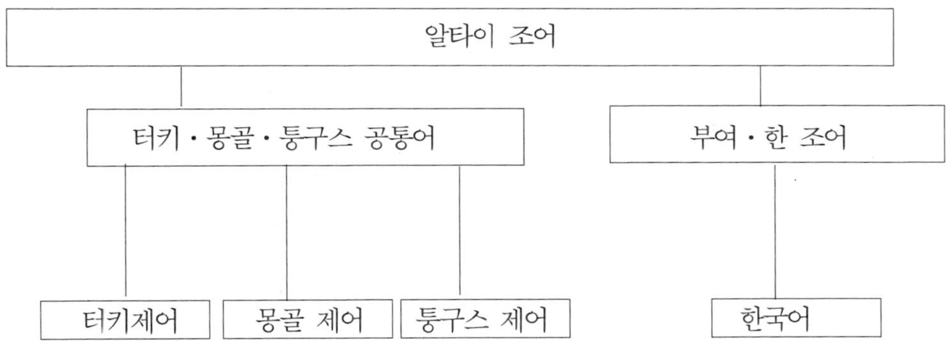

2 국어사의 단계

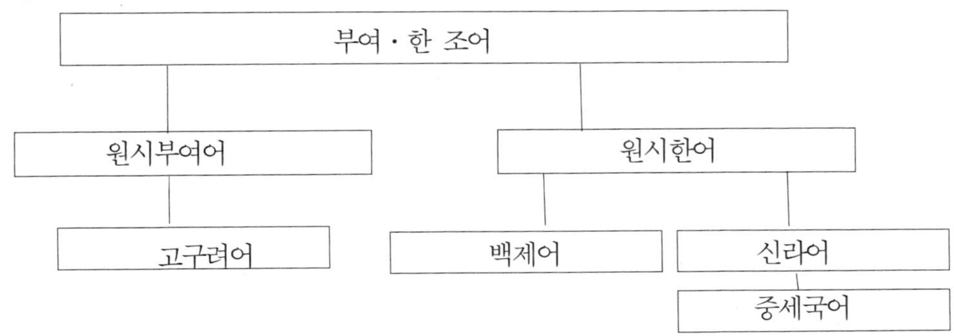

① 오늘의 국어는 중세국어의 계속이요, 중세국어는 신라어를 근간으로 한 것이므로 고대 국어라는 말은 엄격한 의미에서 신라어를 가리키는 데 한정되어야 한다.

② 국어사의 중세 단계는 10세기 고려의 건국으로부터 시작되었다. 정치, 문화적 중심이 경주에서 개성으로 옮겨진 것이 언어에도 큰 영향을 미쳤기 때문이다.

③ 오늘의 국어는 직접적으로는 10세기 이후에 개성에서 형성된 고려 중앙어에 소급한다.

④ 후기 중세국어는 15세기와 16세기에 걸친다. 단지 훈민정음의 창제로 인한 구분은 아니다. 문자 체계의 출현은 표기하는 수단에서 일어난 사건이지 국어 자체에서 일어난 사건은 아니기 때문이다. 훈민정음 창제 전후로 해서 일어난 언어적 변화로 인한 시대 구별이다.

⑤ 중세와 근대의 경계는 16세기와 17세기 교체기로 본다. 16세기에 일어난 여러 언어적 변화 때문에 17세기 초엽에 국어는 새로운 모습을 띠게 된다.

⑥ 근대국어 시기는 17세기 초에서 19세기 말까지이다. 단지 임진왜란으로 인한 변화라기 보다는 그 이전부터 진행되어온 변화의 결과로 새로운 모습을 보여주게 된다.

⑦ 현대국어 시기는 20세기 초에서 오늘날까지에 해당한다. 이 시기는 기간은 짧지만 내 외적으로 많은 변화가 있었다. 전기는 일본어에 의해, 후기는 남북 분단으로 인해 변화 를 입게 되었다.

제3장

훈민정음 이전의 표기법

1. 고유명사 표기

고유명사 표기는 한자를 이용한 자국어 표기의 첫 단계였다.

(1) 고유명사 표기의 동기

① 한자가 처음 들어왔을 때 우리말을 표현하지 않고 글만 썼다. 한자는 중국어에 적합한 문자였기 때문에 우리말을 표기하는 데는 적절하지 못했다.

② 한자에 어느 정도 익숙해졌을 때 이를 통해 자국어를 표기하려는 욕망을 갖게 되었다. 특히 사서를 편찬할 때 인명이나 지명과 같은 고유명사를 표기하는 것은 꼭 필요한 것이었다.

(2) 표기법의 원리

그 원리는 표음적 기능(음독)과 표의적 기능(석독)이다.

① 표음적 기능에 의한 표기 : 음독자로 표기한 것은 한자의 표의적 기능을 버리고 표음적 기능만을 취한 것이다. 한자를 만드는 육서(六書) 중 가차(假借)의 원리와 통한다.

② 표의적 기능에 의한 표기 : 석독 표기는 우리 민족의 독창적인 방법이라 할 수 있다. 水를 '믈', 荒을 '거츨'(居柒)로 읽는 것이다.

  ㉠ 買忽 一云 水城(고구려)

  ㉡ 居柒夫 或云 荒宗(신라)

2. 이두

(1) 이두의 발달

① 이두의 본격적인 발달은 신라에서 이루어졌지만, 그 싹은 고구려에서 텄다.

② 이두는 고려·조선시대, 훈민정음이 창제된 이후에도 19세기 말까지 계속 사용되었다.

③ 오늘날 전하는 이두 자료는 신라 이래의 고대적 요소와 후대의 요소가 조금씩 뒤섞여 있고, 대부분은 조선 시대의 것이다.

(2) 이두의 별칭

① 별칭으로 이토(吏吐), 이도(吏道), 이서(吏書) 등이 있다.

② 이서는 「제왕운기」(1287년경)에, 이도는 「대명률직해」(1395)에 나타난다.

(3) 이두의 특징

① 이두문의 단어 배열은 국어의 문장 구조를 따르고 조사와 어미까지 표기한다.

② 이두는 특수한 문어였으므로 매우 보수적이었지만 그 역사가 오래 됐으므로 그 체계에 적지 않은 변천이 있었다.

(4) 이두문의 예

남아 있는 신라시대 이두 자료로는 임신서기석, 남산 신성비, 갈항사 조탑기 등을 들 수 있다.

① 『임신서기석』(552, 혹612)에서 신라 이두의 가장 이른 예를 볼 수 있다.

任申年六月十六日 二人并誓記 天前誓 今自三年以後 忠道執持過失无誓 若此事失 天大罪 得誓 若國不安大亂世 可容行誓之 又別先辛末年七月二十二日大誓 詩尙書禮傳倫得誓三年 (임신년 6월 16일에 두 사람이 함께 맹세하여 기록한다. 하늘 앞에 맹세한다. 지금부터 3년 이후에 충도를 집지하고 과실이 없기를 맹세한다. 만일 이 일을 잃으면 하늘에 큰 죄를 얻을 것이라고 맹세한다. 만일 나라가 평안치 않고 크게 세상이 어지러우면 가히 모름지기 (충도를) 행할 것을 맹세한다. 또 따로 앞서 신미년 7월 22일에 크게 맹세하였는데, 시경, 상서, 예기, 좌전을 차례로 습득하기를 맹세하되 3년으로써 하였다.)

② 경주 남산 신성비(591)는 임신서기석보다 약간 더 발달한 모습을 보여준다.

辛亥年二月二十六日 南山新城作節 如法以作 後三年崩破者 罪敎事爲聞敎 令誓事之
(신해년 2월 26일에 남산 신성을 지을 제 법대로 지은 후 3년에 붕파하면 죄주실 일로 삼아 듣게 하시고 맹세하데 하다.)
③ 갈항사 조탑기(758)는 본격적인 이두를 여실히 보여 주는 점에서 특기할 만하다.

3. 구결

(1) 명칭과 기능

① 구결이란 '입겿' 또는 '입겿'의 한자 차용 표기이다. 구결은 신라시대에 시작된 것으로 보인다.

② 흔히 '토'라고 하며, 한문을 읽을 때 삽입하는 요소로 문법적 관계를 표시한다.

　　天地之間萬物之中厓 唯人伊 最貴爲尼 所貴乎人者隱 以其有五倫也羅(동몽선습)
　　(천지지간만물지중에 유인이 최귀하니 소귀호인자는 이기유오륜야라)

(2) 특징

① 이두는 한문을 우리식으로 고쳤지만, 구결은 한문을 읽을 때 문법적 관계를 표시하기 위하여 삽입하는 요소들로 문법적 요소를 제거해도 한문의 원문이 깨지지 않는다.

② 이두와 같은 점도 있지만 한자의 정자를 다 쓰지 않고 약체를 사용하기도 했다는 점에서 다르다.

(3) 구결의 2가지 방식

① 음독 구결 : 한문 원문을 읽을 때 우리말 문법요소(주로 조사, 어미 등)를 끼워 넣어 읽는 것으로 오늘날에도 사용된다.

② 석독 구결(또는 훈독 구결) : 이 구결에 따라 원문을 읽으면 한문이 우리말로 번역되는 것과 같은 결과를 나타낸다. 오늘날 사용되지 않는다.

3. 향찰

(1) 등장의 배경

① 한자를 이용하여 신라어를 표기하려는 노력의 집대성이다.
② 새로운 원리 없이 고유명사 표기법과 이두 및 구결이 확대된 것이라고 할 수 있다.

(2) 표기 원리

① 실질적 의미를 가진 부분은 석독 표기를 하고, 문법적 요소는 음독 표기를 했다.
② 그러나 이 원칙이 모든 경우에 다 지켜지진 않았다.

(3) 한계

① 체계가 복잡해서 우리말을 만족스럽게 표기할 수 없었다.
② 국어의 음절 구조가 복잡한 것도 널리 쓰이지 못한 원인이다.
③ 향가 표기 외에는 사용된 흔적이 없다. 오늘날까지 전하는 향찰 자료는 향가에 국한되어 있다.
④ 향가의 표기는 향가집 「삼대목」(888)에 이르러 완성되었을 것으로 보인다.

제4장

후기 중세국어의 변화

1. 음운의 변화

1 자음

1 유성 마찰음

15세기 중엽에는 유성 마찰음으로 'ㅸ', 'ㅿ', 'ㅇ'이 있었지만 제한된 분포 때문에 소실되고 말았다.

(1) ㅸ

① 음가 : 「훈민정음」 해례 제자해에 "脣乍合而 喉聲多也"라고 했다. 유성 양순 마찰음 [β]로 실현되었다고 할 수 있다.

② 분포 환경 : 모음 사이, 반모음 j와 모음 사이, 'ㄹ' 또는 'ㅿ'과 모음 사이에 분포하였다.

  • 사ᄫᅵ(蝦), 글발(詞), ᄋᆞᆱ보리(曬)

③ 'ㅸ'은 일반적으로 w로 변하나 'ᄫᅵ'는 wi 또는 i로 변하였다.

  ㉠ 바>wa(와) : 글발>글왈(文)

  ㉡ 버>wə(워) : 더버>더워(暑)

  ㉢ ᄫᆞ>wʌ>오 : 스ᄀᆞᄫᆞᆯ>스ᄀᆞ올(鄕)

  ㉣ 보>wi>우 : 어려ᄫᆞᆫ>어려운(難)

  ㉤ ᄫᅵ>이, 위(wi) : 갓가ᄫᅵ>갓가이(近) ; 치ᄫᅵ>치위(冷)

④ 1450년대까지 존속한 것으로 추정된다.

(2) ㅿ

① 음가 : 「훈민정음」 해례에서 불청불탁(不淸不濁)의 반치음(半齒音)으로 규정하고 있다.
유성 설단 치조 마찰음 [z]로 실현되었다고 할 수 있다.

② 분포 환경

　㉠ 모음 간, 'ㄴ' 또는 'ㅁ'과 모음 사이, 모음과 'ㅸ' 또는 'ㅇ'사이에 제한되었다.

　　• ᄆᆞᅀᆞᆯ(村), 한숨(歎), 몸쇼(躬), 웃ᄫᅩ리(吶), ᄀᆞ애(剪) 등

　㉡ 간혹 어두에도 표기되었는데, 주로 의성어 및 중국어 차용어에 사용되었다.

　　• ᅀᅥᆯᅀᅥᆯ(水流貌), ᅀᅥᆷᅀᅥᆷ(陽燄 貌), ᅀᅭᆼ(褥) 등

③ 중세국어의 'ㅿ'에는 「계림유사」 이전부터 내려오는 것과 13세기 이후에 'ㅅ>ㅿ'의 변
화로 나타난 것의 두 종류가 있다.

④ 15세기 후반에서 16세기 전반에 걸쳐 소실되었다.

　㉠ 'ㅣ'모음 앞에서 먼저 소실되었다. 「두시언해」와 「구급간이방」에 'ㅅᅀᅵ'가 아닌 'ㅅ
이'(間)가 보인다.

　㉡ 1510년대의 문헌에는 'ㅅ이' 외에 '어버이'(어버ᅀᅵ,親), '녀름지이'(녀름지ᅀᅵ, 農) 등
이 발견된다.

(3) ㆁ

① 'ㆁ'은 기능에 따라 두 종류로 나눠진다.

　㉠ 소극적인 기능 : 어두음이 모음임을 표시하거나, 어중에서 두 모음 사이에 사용되어
서로 다른 음절에 속함을 나타낸다.

　　• 아옥(葵), 어엿비(憫)

　㉡ 적극적인 기능 : '알어늘, 알오'가 '*알거늘, *알고'에서 변화되는 것에서 볼 수 있
듯이 'ㆁ'은 하나의 자음의 역할을 하고 있음을 알 수 있다. 이때의 'ㆁ'은 유성 후
두 마찰음이라고 할 수 있다.

② 분포 환경 : 'ㆁ'은 'ㄹ, ㅿ, j'와 모음 사이에만 나타난다.

　• 몰애/놀애, ᄀᆞ애/겨ᇰ위, ᄃᆞ외어늘/여희어늘

③ 'ㆁ'의 소실은 'ㅿ' 뒤에서 먼저 일어나 15세기의 'ᄀᆞ애', '겨ᇰ위' 등이 16세기 문헌에

'ᄀᆞᅀᅢ', '거싀' 등으로 나타난다.

④ 'ㄹ' 뒤에 오는 'ㅇ'은 명사에서는 16세기 말까지 변함이 없었으나 용언 활용에서는 'ㄹㄹ'로 변한 예들이 보인다.

2 된소리

① 「동국정운」의 서문에서 신숙주는 국어 단어에는 '濁聲(탁성, 된소리)'이 있는데 한자음에는 없다고 하였다.

字音獨無濁聲 豈有此理(오직 한자음에만 탁성이 없으니 어찌 이러한 이치가 있는가)

이로 보아 우리나라는 15세기 한자음에는 된소리가 없었다고 할 수 있다..

② 「동국정운」에서 탁성의 표기는 'ㄲ, ㄸ, ㅃ, ㅆ, ㅉ, ㆅ' 등이 담당했다. 이때 '탁성'은 된소리로 해석된다.

③ 15세기 어두 된소리 표기는 'ㅆ, ㆅ'뿐이다. 그러나 그렇다고 해서 어두에 이 밖의 된소리가 없었다고 볼 수 없다.

④ 파열음의 된소리는 'ㄲ, ㄸ, ㅃ'으로 나타나는 것이 아니라 합용병서 'ㅺ, ㅼ, ㅽ'으로 나타났다.

⑤ 합용병서 'ㅺ, ㅼ, ㅽ'에서의 'ㅅ'은 15세기 중엽에 이미 '된시옷'이었던 것으로 보인다.

㉠ 'ㅅ'은 음가에 구애되지 않고 '사이시옷'으로 사용되었는데 이것은 된소리와 깊은 관련이 있다.

㉡ 15세기 중엽에는 '그ᅀᅳ-'(牽)였던 어간이 「법화경언해」와 「두시언해」에서 'ᄭᅳᅀᅳ-'로 실현되며, 이전에는 '딯-(擣)'으로 나타나던 어간이 「구급간이방」에서는 'ᄣᅵᇂ-'으로 실현되었다. 이로 보아 어두 된소리는 15세기 후반보다 앞서 나타났다고 보는 것이 옳다.

「훈몽자회」의 'ᄣᅵᇂ(撒)-', 'ᄡᅵᆸ(噙)-', 「분문온역이해방」의 'ᄭᅳᆶ(沸)-', '싸흘(剉)-' 등의 표기도 이를 뒷받침한다.

⑥ 각자병서는 「원각경언해(1465)」부터 폐지되었다. 각자병서가 사라짐으로써 'ㆅ'도 'ㅎ'으로 바뀌었다. 16세기에 'ㅆ' 표기는 부활되었으나 'ㆅ'은 부활되지 못했는데 이것은 'ㆅ'의 기능부담량이 적었기 때문이다.

⑦ 'ㅈ'의 된소리가 어두에 존재한 증거가 없다. 초성 합용병서에 'ㅾ'이 없다. 다만 'ㅉ' 표기가 '마쯧비', '연쫍고' 등에 보인다.

⑧ 일부 피동 및 사동 어간에 국한되었던 'ㆀ'은 '괴ᅇᅧ', '미ᅇᅵᄂᆞ니라' 등에서 보듯이 어중의 jj 또는 ji 사이에 나타나는데, 이는 혀와 입천장 사이의 간극이 좁혀짐으로써 긴장된 음을 나타내기 위한 것이었다.

3 음절말 자음

① 해례 종성해는 음절말 위치의 자음 대립이 'ㄱ, ㆁ, ㄷ, ㄴ, ㅂ, ㅁ, ㅅ, ㄹ'의 8자음에 제한된다는 8종성법을 규정하였다.

② 음절말 위치에서 평음과 유기음의 대립이나 파열음과 비파열음(ㅅ, ㅈ, ㅊ 등)의 대립이 중화된 시기는 15세기 중엽이다.

③ 8자음 체계의 두 가지 문제

㉠ 'ㄷ', 'ㅅ'의 대립 : 「조선관역어」는 'ㅅ'과 'ㄷ'의 음절말에서의 대립을 보여 줄 뿐만 아니라 'ㅅ'의 발음까지도 암시를 준다. 어말의 'ㅅ'을 표기하기 위해서는 '思'자를 썼지만 'ㄷ'에는 아무런 표기도 하지 않았다.

• 花 果思(곳), 城 雜思(잣), 松子 雜思(잣)/ 田 把(받), 陽 別(볃)

㉡ 'ㅿ'이 받침에 쓰였다. 해례의 규정과 달리 'ㅿ'은 'ㅇ'(드물게 'ㅸ')에 선행한 위치에서 [z]로 실현되었다.

④ 이렇게 볼 때 15세기 국어의 음절말 위치의 자음 대립은 'ㄱ, ㆁ, ㄷ, ㄴ, ㅂ, ㅁ, ㅅ, ㄹ'의 8 자음과 'ㅿ'을 더한 9 자음이었다고 할 수 있다.

4 어두 자음군

① 후기 중세국어에서는 어두에 자음군이 올 수 있었으며 'ㅂ'계(ㅲ ㅄ ㅶ ㅷ)와 'ㅄ'계(ㅴ ㅵ)는 자음군을 나타내었다. 'ㅅ'계는 학자에 따라 된소리로 보는 견해와 자음군으로 보는 견해가 갈린다.

㉠ ㅲ : �뜯(意), ᄣᅥᆨ(垢), ᄩᅳ-(浮, 開)

㉡ ㅄ : ᄡᅵ(種), ᄡᆞᆯ(米), ᄡᅳ-(苦, 用)

㉢ ㅶ : ᄧᅡᆨ(隻), ᄧᅡ-(織, 鹹), ᄧᅳ디-(眷)

㉣ ㅷ : ᄩᅳ-(皺)

㉤ ㅴ : ᄢᅮᆯ(蠶), ᄢᅦ-(貫), ᄢᅮ-(貸)

㉥ ㅵ : ᄣᅳ리(疱), ᄣᅢ(時), ᄣᅵ리-(裂), ᄣᅵ르-(刺)

② ‘ㅂ’계가 pt, ps 등을 나타냈음을 알 수 있는 근거

㉠ 15세기 문헌의 ‘ᄣᆞᆯ’에 대응하는 단어가 「계림유사」에 ‘菩薩’(*ᄇᆞ솔)로 표기되었다.

㉡ 공시적으로는 설명하기 어려운 ‘ㅂ’이 현대국어의 일부 합성어에서 발견된다.

- 입쌀/좁쌀, 입짝/접짝, 볍씨/욉씨, 부릅뜨다/휩쓸다

③ ‘ㅄ’계의 ‘ㅂ’이 발음된 흔적도 보인다.

㉠ 입때, 접때 – ‘ᄣᅢ’의 흔적

㉡ 후ᄢᅴ > 홈ᄭᅴ – ‘ᄢᅴ’의 영향

④ 어두 자음군은 중세어의 말기까지 그대로 존속되었다.

5 자음 체계

① 평음 : ㅂ ㄷ ㄱ ㅈ ㅅ ㅎ

② 유기음 : ㅍ ㅌ ㅋ ㅊ

③ 된소리 : ㅺ ㅼ ㅽ ㅆ ㆅ

④ 유성마찰음 : ㅸ ㅿ ㅇ

⑤ 비음 : ㅁ ㄴ ㆁ

⑥ 유음 : ㄹ

2 모음

1 모음의 체계

① 중세국어의 모음 체계

ㅣ	ㅡ	ㅜ
	ㅓ	ㅗ
	ㅏ	ㆍ

② 모음의 종류

㉠ 양모음 : ㆍ ㅗ ㅏ

㉡ 음모음 : ㅡ ㅜ ㅓ

㉢ 중립모음 : ㅣ

③ 양모음과 음모음의 양 계열은 후설 모음과 비후설 모음의 양 계열과 일치하지 않는다.
고대국어 시기에는 일치했었지만 모음 추이가 일어나 달라진 것이다.

2 단모음 체계

① 「훈민정음」 제자해의 중성(中聲)

　ㄱ 기본 3모음(혀 모양, 소리 깊이에 따라

	혀 모양(舌)	소리 깊이(聲)	모양(象形)
·	축(縮)	심(深)	천(天)
ㅡ	소축(小縮)	불심불천 (不深不淺)	지(地)
ㅣ	불축(不縮)	천(淺)	인(人)

　ㄴ 나머지 4모음(입의 모양에 따라)

	입모양	계열
ㅗ	축(蹙)	·
ㅏ	장(張)	·
ㅜ	축(蹙)	ㅡ
ㅓ	장(張)	ㅡ

② 15세기 국어의 단모음 : '·, ㅡ, ㅣ, ㅗ, ㅏ, ㅜ, ㅓ'

③ 모음 체계의 수립은 각 모음의 정확한 음가 결정을 전제로 한다.

④ 「조선관역어」에서 'ㅗ'와 'ㅜ'가 중국음의 [o]와 [u]에 의하여 구별되었음을 나타낸다.
그밖에 「사성통해」와 「몽골운략」을 통해서도 알 수 있다.

⑤ 기본 3모음 이외의 단모음은 입의 모양으로 설명했다.

⑥ 해례 속 모음자의 해석만으로 당시의 모음체계를 결정하기 어렵다.

⑦ 14세기경에 겪었을 모음추이를 반영한 것이 15세기 국어의 모음체계이다.

⑧ '·'의 소실 : 제1단계 소실은 15세기에 이미 싹터서 16세기에 와서 완성되었고, 제2단
계 소실은 18세기에 일어났다.

3 이중모음 체계

① 상향 이중모음 : j가 앞선 ja, jə, jo, ju 등이 있어서 'ㅑ, ㅕ, ㅛ, ㅠ'로 표기

② 하향 이중모음 : j로 끝난 ʌj, aj, oj, əj, uj, ij 등이 있었으며, 각각 '·ㅣ, ㅐ, ㅔ, ㅚ, ㅟ,

ㅓ’로 표기

③ 「훈민정음」 해례 합자해에서 jʌ, ji가 존재했다는 진술이 있다.

‘여라’와 ‘여러’의 공존(*jʌra), 15세기의 여듧(*jʌtʌrp), 현대 제주도 방언에서 이를 확인할 수 있다.

④ w가 앞선 상향 이중모음으로는 wa, wə, wi가 있었다. wa, wə는 ‘ㅘ’, ‘ㅝ’로 표기되었으나 wi를 표기할 적절한 방법이 없었다. 그래서 15세기에 ‘ㅸ’가 wi로 변화했는데, 주로 ‘위’(uy)로 표기되었다. ‘-디ㅸ’가 ‘-디위, -디외, -디웨’ 등으로 표기된 것은 wi를 표기하려는 노력의 결과였다.

4 모음조화

① 중세국어의 모음 연결 규칙 중 가장 현저하다.

② 모음조화 규칙은 한 단어 안에 양모음 또는 음모음만이 있을 수 있어서 그 공존이 허용되지 않는 것이다. 반면 어느 것과도 연결될 수 있는 것은 중립모음이다.

③ 자음으로 시작된 조사, 어미는 모음조화의 일반규칙을 따르지 않지만 모음으로 시작된 조사, 어미는 모음조화의 규칙을 따랐다.

④ 15세기 중엽의 모음조화는 명사나 동사 어간에서는 엄격했으나 조사, 어미에서는 그렇지 못했다.

3 성조

1 성조의 체계

① 성조 표기는 방점으로 이루어졌다.

② 평성은 무점, 거성은 1점, 상성은 2점을 찍었으나 입성은 별도의 표기 방법을 마련하지 않았다.

 ㉠ 평성 : 뭇 눗가ᄫᆞᆫ 소리

 ㉡ 거성 : 뭇 노폰 소리

 ㉢ 상성 : 처ᅀᅥ미 눗갑고 乃終이 노폰 소리

 ㉣ 입성 : 섈리 긋듣는 소리

① 입성에 대해서 일정한 방점을 마련하지 않은 것은 국어의 성조 체계에서 불필요했기 때문이다.

② 중세국어의 성조에서 상성은 '처음이 낮고 나중이 높아지는 저조와 고조의 합성 성조'로 본다면 성조 체계는 저조와 고조의 두 평탄조로 이루어졌다고 볼 수 있다.

③ 15세기 문헌의 방점 표기는 매우 정연하다. 16세기 전반의 「훈몽자회」의 방점 표기도 규칙적이다. 그러나 16세기 말엽으로 올수록 방점 표기는 점차 문란해진다.

2. 어휘의 변화

1 고유어

(1) 음운 대립에 의한 의미 분화

① 양모음과 음모음의 대립이 이용되었다.
- 칙칙ᄒ-/ 츽츽ᄒ-(密), 프ᄅ-/프르-(靑), 보ᄃ랍-/부드럽-(柔), 도렫ᄒ-/두렫ᄒ-(圓), 아ᄃ ᄒ-/어득ᄒ-(冥暗)

② 현대어에서는 볼 수 없는 대립형들도 있다.
- 핟-/혇-/흑-(小), 벗-/밧-(脫), 도ᄅ혀/두르혀(反), 남-/넘-(越) 등

③ 중세국어의 고유어 가운데는 음운 대립을 보이면서 완전히 분화된 것이 있다.
- '갗'(皮)과 '겇'(表), '할-'(謗)과 '헐-'(破), '븕-'(赤)과 '볽-'(明), '늙-'(老)과 '늚-'(古) 등

④ 자음의 경우 평음과 된소리의 대립이 미세한 의미 차이를 나타냈다.
  ㉠ '두드리-'와 'ᄯ드리-'
  ㉡ '그ᅀᅳ-'(引)와 'ᄭᅳᅀᅳ-', 뒤에 '그ᅀᅳ-'가 소멸되었다.

(2) 어휘에 의한 경어법

① 주체높임 : '이시-'(有)에 대한 '겨시-', '먹-'(食)에 대한 '좌시-'(16세기에는 '자시-')는 있었다. 그러나 '자-'(寢)에 대해서는 현대어의 '주무시-'에 해당되는 것이 없었다. '주무시-' 대신 '자시-'를 사용했다.

② 객체높임 : '니르-'(謂)에 대한 '숣-'과 '엳줍-'(奏), '보-'(見)에 대한 '뵈-'(謁), 또는 '뵈
숩-', '주'(與)에 대한 '드리-'(獻呈), '받-'(奉), 또는 '받줍-'(奉獻) 등이 있었다.

③ 대명사에는 3인칭의 'ᄌᆞ갸'가 있었으나 1인칭의 '저'에 해당되는 것이 없었다.

2 한자어

① 한자어가 순수 국어 단어를 대체한 예로는 「훈민정음」 해례의 '슈룹'(雨織)이 「훈몽자
회」에서는 '우산'으로 대체된 사실을 들 수 있다.

② '온'(百), '즈믄'(千) 등은 고유어로 쓰이다가 16세기 말에는 자취를 감춘다.

③ 한자어란 의식이 없어져 자주 한글로 표기된 예들이 있다.

  • 샹녜 常例, 차반 茶飯, 위두 爲頭, 양 樣, 힝뎍 行蹟, 귓것 鬼

④ 원래의 의미에서 달라지기도 하였다.

  • '간난'(艱難)은 그 원의(原義)로부터 빈곤의 뜻으로 변했고, 16세기에는 '가난'으로 고
  정되었다.

  • '분별'(分別)은 중세 때 '걱정'의 의미로 사용되었다.

⑤ '즁싱'(衆生)은 그 원의를 유지한 문어적 용법 외에 구어에 있어서의 짐승(獸)의 뜻으로
변했다. 불교 용어가 국어 어휘에 들어온 예이다.

3 중국어 차용어

① 직접 중국어에서 국어에 들어온 단어라는 점에서 한자어와 다르다.

② 16세기의 「번역박통사」, 「번역노걸대」, 「훈몽자회」 등에서 그 예를 찾아볼 수 있다.

③ 복식, 포백(布帛), 기용(器用), 식물 등에 집중

  ㉠ 투구(頭盔), 비가(比甲), 딩ᄌᆞ(頂子, 頂兒), 후시(護膝), 디미(玳瑁), 노(羅), 야투로(鴨頭
  羅), 솨ᄌᆞ(刷子), 사탕(砂糖), 쳔량(錢粮), 진디(眞的), 비치(白菜) 등

  ㉡ 15세기 문헌

    • 퉁(銅), 갸ᄉᆞ(家事), 훠(靴), 노(羅) 등

4 15세기와 16세기의 어휘 개신(改新)

① 15세기와 16세기 문헌 사이의 어휘의 개신

  ㉠ ᄒᆞ다가 → 만일에

  ㉡ 반ᄃᆞ기 → 반ᄃᆞ시, 반드시

ⓒ 밍굴다 → 민둘다, 믄둘다

ⓔ ㅎ마, 우틔, 바드랍다 → 이믜, 치마, 危殆ㅎ다

② 「번역소학」과 「소학언해」의 대조에서 전자(前者)의 'ㅎ마'(旣), '우틔'(裳), '바드랍다'(危), '비숨'(飾), '과ᄀ론눗곳'(遽色) 등이 후자에서는 '이믜', '치마', '危殆ㅎ다', '단장', '급거혼눗빗' 등으로 고쳐졌다.

③ '녀러오다'(갔다오다, 다녀오다) : 15세기 문헌에서도 사용되었고, 「번역소학」(1518)에서도 사용되었는데 「소학언해」(1588)에서는 자취를 감췄다.

근대국어의 변화

1. 음운의 변화

1 모음 '·'의 소실

(1) 제1단계

① 16세기에 제2음절 이하에서 소실되었다. '一'로 변하는 것이 일반적이었다.

② 변화 공식

㉠ '· > 一'

- 아둘(子) > 아들, 사슴(鹿) > 사슴

㉡ '· > ㅗ'

- 다못(與) > 다못

(2) 제2단계

① 18세기 중엽에 어두 음절에서 다른 모음으로 변화하였는데, 'ㅏ'로 변화하는 것이 일 반적이었다. 어두 변화의 최초의 예는 「소학언해」(1588)의 '흙'(흙 土)인데, 「동국신속삼강행실도」(1617)에는 '소매'(<ᄉᆞ매)의 예도 보인다. 모두 첫 단계 공식(·>一, ·>ㅗ)의 예를 보인다.

② 변화공식

㉠ '· > ㅏ'

- ᄀᆞ(邊)>가, 물(馬)>말, ᄀᆞ래>가래(山核桃), 둘팡이>달팽이(蝸牛), ᄃᆞ래>다래(羊桃)

ⓛ ‘·　>　ㅡ’

- 흙>흙(소학언해, 1588)

ⓒ ‘·　>　ㅗ’

- ᄉᆞ매(袖)>소매(동국신속삼강행실도, 1616)

③ 음소 ‘·’는 소실됐으나 문자 ‘·’는 현대 맞춤법(1933)에 의하여 폐지될 때까지 계속 사용되었다.

2 이중모음의 단모음화

① ‘·’의 소실로 제1음절의 이중모음 ‘·ㅣ’가 ‘ㅐ’로 변했는데, 그 얼마 뒤에 ‘ㅐ’[ai] ‘ㅔ’[əi]는 각각 [æ], [e]로 단모음화하였다.

② 단모음화의 시기를 ‘·’소실 이후로 보는 이유는 제1음절의 ‘·ㅣ’가 ‘ㅐ’처럼 [æ]로 변한 사실 때문이다.

③ 움라우트(umlaut) 현상 : 움라우트의 예는 「관성제군명성경언해(關聖帝君明聖經諺解)」에서 현저하게 나타나기 시작하는데, 이는 단모음화가 일어난 증거로 볼 수 있다.

- 잇기는(<앗기-惜), 디리고(<ᄃ리-煎), 메긴(<머기-食), 기디려(<기ᄃ리-待), 지핑이 (<지팡이 杖), 식기(<삿기 羔) 등

④ 이중모음 ‘ㅐ’, ‘ㅔ’의 단모음화는 18세기 말엽에 일어난 것으로 결론지을 수 있다.

3 된소리

① 17세기 문헌의 ‘ㅄ’, ‘ㅺ’, ‘ㅂ’의 혼동은 사실상 ‘ㅄ’계, ‘ㅅ’계, ‘ㅂ’계가 구별되지 않았음을 나타낸다.

② 「왜어유해」에서 ‘ㅈ’의 된소리 ‘ㅉ’의 표기가 나타나기 시작했다. 중세국어에서는 ‘ㅈ’의 된소리가 어두에 존재한 증거가 없다.

③ 17세기에 ‘ㅎ’의 된소리가 있었다. 17세기 문헌에 ‘ㅆ’이란 특이한 표기가 나타난다. 이 된소리는 17세기 후반에 ‘ㅋ’에 합류되어 버린 것으로 추정된다.

④ 17세기 중엽에 이르러 어두자음군이 된소리로 되었다.

⑤ 15, 6세기에 많이 나타났던 평음의 된소리화는 근대로 들어서면서 보편화되었다.

- 쓷-(<슷-拭), 뚤-(<듧-鑽), 꽂-(<곶-揷)

4 **모음조화**

① 16세기에 ‘·’가 비어두 음절에서 ‘ㅡ’로 변하게 된 것이 모음조화에 영향을 주었다.

② ‘ㅡ’는 부분적인 중립성을 가지게 되었고, ‘ㅡ’의 부분 중립화는 국어의 모음조화의 붕괴를 가져왔다.

5 **원순모음화와 전설모음화**

(1) 원순모음화

① 순음(ㅁ, ㅂ, ㅍ, ㅃ) 아래 ‘ㅡ’모음이 원순화된 것을 말한다.

② 17세기 말엽에 이뤄진 것으로 볼 수 있으며 중세어 이래 있었던 ‘므, 브, 프, 쁘’와 ‘무, 부, 푸, 뿌’의 대립이 없어졌다. 17세기 말의 「역어유해」, 18세기 중반의 「동문유해」에 많은 예가 보인다.

(2) 전설모음화

19세기에 ‘ㅅ, ㅈ, ㅊ’ 아래서 ‘ㅡ’가 ‘ㅣ’로 변하게 된 것을 말한다.

- 다스리는 > 다시리는, 즐거온 > 질거온, 츠즈니 > 츠지니, 안즈되 > 안지되, 이즈러지고 > 이지러지고, 아춤 > 아츰 > 아침

6 **구개음화**

① 근대국어에서 가장 두드러진 음운 변화 현상으로, 남부 방언에서 매우 일찍 일어난 것으로 보인다.

② 유희의 「언문지」(1824)는 구개음화 발생시기의 추정에 좋은 자료가 된다. 이를 통해 17세기와 18세기의 교체기에 일어났다고 추정할 수 있다.

　“如東俗다뎌呼同쟈져　탸텨呼同챠쳐　不過以按頤之此難彼易也　今唯關西之人　呼天不與千同　呼地不與至同　又聞鄭丈言　其高祖昆弟　一名知和　一名至和　當時未嘗疑呼　可見디지之混未是久遠也.”

[우리나라 말의 습관에 ‘댜, 뎌’를 ‘쟈, 져’와 같게 발음하고 ‘탸, 텨’를 ‘챠, 쳐’와 같게 발음한다. 이는 안이(按頤 : 중성이 ㅑ ㅕ ㅛ ㅠ ㅣ 등인 자모) 중에서 이들(댜, 뎌, 탸, 텨)은 어렵고 저들(쟈, 져, 챠, 쳐)은 쉽기 때문이다. 지금 오직 관서 사람들은 ‘天 텬’과 ‘千 쳔’을 다르게 발음하고 ‘地 디’와 ‘至 지’를 다르게 발음한다. 또 정씨 어른께서 그 고조의 형제분이

한 분은 '知和(디화)'요 한 분은 '至和(지화)'였는데 그 당시에는 아직 이 두 이름이 혼동을 보이지 않았을 것이므로 '디'와 '지'의 혼동은 그리 옛날이 아님을 알 수 있다고 말씀하시는 것을 들은 바 있다.]

이 글 속의 '정씨 어른'은 정동유(鄭東愈, 「주영편(晝永編)」의 저자로서 유희의 스승, 1744~1808)를 가리키는데, 그의 고조(高祖) 생존시(17세기 중엽 전후)는 아직 구개음화가 일어나지 않았음을 흥미 있는 예를 들어 증언하고 있는 것이다.

③ 19세기에 들어 '듸', '틔' 등이 '디', '티'로 변하게 되어 'ㄷ,ㅌ'과 'ㅣ'모음의 결합이 다시 나타났다.

④ 어두에서 i, j에 선행한 'ㄴ'의 탈락은 구개음화와 관련된 현상이며, 현존 문헌 중 「동문유해」에 구개음화의 예가 많다.

⑤ 18세기 후반의 문헌에 '니'가 '이'로 표기된 예가 있다. 이는 구개음화의 결과인 것이다.

　　• 임금(<님금), 일음이라(<니름, 謂)

7 음운체계

국어의 자음체계

유음	ㄹ
비음	ㅁ ㄴ ㅇ
된소리	ㅳ ㅵ ㅺ ㅆ(ㆅ)
유기음	ㅍ ㅌ ㅋ ㅊ
평음	ㅂ ㄷ ㄱ ㅈ ㅅ ㅎ

국어의 모음체계

i ㅣ	ɨ ㅡ	u ㅜ
e ㅔ	ə ㅓ	o ㅗ
æ ㅐ	a ㅏ	

2. 문자 체계와 표기법의 변화

1 임진왜란 이후의 문헌이 보여주는 문자 체계와 맞춤법의 특징

① 방점이 완전히 사라졌다.

② 'ㆁ'자가 완전히 사라졌다.

③ 'ㅿ'자가 완전히 사라졌다.

2 근대에 있어서의 맞춤법의 혼란

① 어두 합용병서의 혼란

㉠ 중세 문헌의 합용병서 'ㅺ ㅼ ㅽ', 'ㅳ ㅄ ㅶ ㅷ', 'ㅴ ㅵ' 중 17세기 초에 'ㅴ, ㅵ'이 소멸되었다. 이들의 이체자 'ㅲ', 'ㅳ'이 나타나 표기에 혼동이 일어났다. 'ᄻ'의 표기가 나타났다.

㉢ 18세기에는 'ㅼ'과 'ㅳ', 'ㅄ'과 'ㅆ'의 혼동이 극심해져서 동일한 된소리에 서로 다른 표기가 자의적으로 선택되었다.

㉣ 19세기에 된소리 표기는 모두 된시옷(ㅺ, ㅼ, ㅽ, ㅾ 등)으로 통일되는 경향이 뚜렷해졌으며, 'ㅅ' 된소리는 'ㅄ'으로 통용되었다.

② 종성의 'ㅅ'과 'ㄷ'의 혼란

㉠ 15세기에는 이 두 받침이 엄격히 구별되었으나 16세기 후반 그 구별이 사라졌다.

㉡ 18세기부터 'ㄷ'이 점차 없어지고 'ㅅ'만으로 통일되어 '미더'(信)가 '밋어'로 표기되기도 했다.

③ 모음 사이에서 'ㄹㄹ'과 'ㄹㄴ'이 혼용되었다.

- '믈러~믈너', '흘러~흘너'

3. 문법의 변화

1 조어법

① 특징

㉠ 동사에서 명사를 파생시키는 접사로 '-(으)ㅁ'이 가장 두드러진다.

㉡ 중세어에서 명사형 어미 '-(오/우)ㅁ'과 파생접사 '-(으)ㅁ'과의 구별이 근대어에서 사라졌다.

- '우룸(鳴) > 우름', '우숨(笑) > 우음'

㉢ '춤'(舞)의 경우 동사 어간 '츠-'(舞)가 '추-'로 변화하였다.

- 춤추다

② 형용사의 파생

㉠ 형용사 파생 접미사 '-룹/ᄅᆞᄫᆡ-', '-둡/ᄃᆞᄫᆡ-' 등이 '-룹-', '-되-'로 바뀌었다.

ⓛ 18세기에 '-스럽-'이 출현하였다.

ⓒ 동사 어간에 '-ㅂ-', '-ㅸ/브-'가 결합하는 파생법이 그 생산성을 잃었다.

ⓔ '깄-', '두리-', '젛-', '믜-'에 'ᄒ-'가 결합한 합성어가 만들어졌다. 후기에는
'믭-', '저프-'에 'ᄒ-'가 결합한 합성어가 추가되었다.

　• '깃거ᄒ다, 두려ᄒ다, 저허ᄒ다, 믜여ᄒ다', '믜워ᄒ다, 저퍼ᄒ다'

③ 동사의 파생

ⓖ 피동사 파생 접미사 '-이-'가 '-히-'로 변형된 예가 있다.

　• 중세어 '넓-'(踏)의 피동형인 '불이-'(<불뷔-)는 근대어에서 '불피-'가 되었다.

ⓛ 사동사 파생 접미사 '-히-', '-우-'(중세어의 '-ᄫ-')가 사용되고 '-ᄋ-'가 사라졌다.

ⓒ 'ᄒ-'(爲)의 사동형 '히-'는 16세기에 'ᄒ이-'로 표기된 예들이 나타났고, 17세기에
는 'ᄒ이-'로 굳어졌다.

　• 벼슬ᄒ이다, 罪롤 다 면ᄒ이고

이 'ᄒ이-'는 근대 국어 후기에는 '시기-'로 대체되었다.

　• 일식이다, 排班식이다

2　곡용

① 체언의 비자동적 교체가 사라지면서 단일화의 경향이 나타났다.

② 대명사

ⓖ 대명사의 주격형 '내가', '네가'가 나타났다.

ⓛ 미지칭 대명사 '누'와 의문의 첨사 '고/구'의 결합형 '누고, 누구'가 하나의 대명사
로 굳어졌다.

ⓒ 사물대명사의 미지칭 '므엇'과 '므섯'이 '무엇'으로 단일화되었다.

ⓔ '어느'는 근대어에서 곡용하지 않았다.

③ 격조사

ⓖ '가' 주격 조사가 사용되었다.

　• 비가 올 거시니 (첩해신어1 : 8)

　• 동래가 요ᄉ이 편티 아니ᄒ시더니 (첩해신어 1 : 26)

ⓛ 존칭의 주격 표시로 '쎄셔'가 사용되었다.

ⓒ 관형격 조사로 쓰이던 'ㅅ'이 더 이상 쓰이지 않고 '의'만 관형격의 기능을 갖게 되

었다.

  ㉣ 비교 표시의 조사로 '도곤'이 사용되었다. 18세기에 새로 '보다가'가 생겨 점차 '도곤'을 물리치고 19세기 후반에 단일형이 되었다. 이는 동사 '보-'(見)에서 온 것이다.

  ㉤ 여격표시의 조사는 평칭의 '의게', 존칭의 '쎄'로 통일되었다.

④ 보조사

  ㉠ 15세기의 'ᅀᅡ'는 16세기 말에 '야'로 바뀌었다. 강세 보조사로는 '야, 곳'만 남고 중세의 잡다한 강세 보조사, 또는 첨사들은 모두 자취를 감추었다.

  ㉡ 'ㆁ'은 '-명'에만 보이는데 '오명가명'에 화석화되었다.

  ㉢ '곳'은 주로 부정어를 뒤에 수반하였다.

  • 나곳 업사면(한중록)

3 활용

① 어간의 변화

  ㉠ '녀-/녜-' → '녜-'(行)

   '겨시-' → '계시-'

   '이시-/잇-/시-' → '잇-'

  ㉡ 'ᄇᅀᅳ-' → 'ᄇ스-',

   '그ᅀᅳ-' → '그으-/쓰으-'

  ㉢ 쓰어'는 '써'로 되어 접두사처럼 되었다.

  ㉣ '맜-'(任) → '맡-'

  ㉤ 어간 말음 'ㅅ'은 역행동화로 'ㄲ'이 되었다.

   • 밝→밖, 겼→겪

  ㉥ '짓-/짓-'(作) → '짓-'

② 선어말어미

  ㉠ 객체높임의 선어말어미가 사라졌다.

  ㉡ 상대높임과 객체높임의 결합인 '-습ᄂᆞ이다'의 후신인 '-읍넝이다, -읍닉이다, 읍ᄂᆞ이다' 등이 쓰였다.

  ㉢ 화자 표시법과 대상 표시법에 쓰인 선어말어미 '-오-'가 사라졌다.

② '-ᄂ다'는 모음 어간 뒤에서는 '-ㄴ다'로, 자음 어간 뒤에서는 '-는다'로 변하였다.

⑩ 미래의 '-겠-'은 연결 어미 '-게'와 존재의 동사 '잇-'의 결합으로 추측된다.

⑭ 과거의 '-앗/엇-'은 연결 어미 '-아/어'와 동사 어간 '잇-'의 결합으로 볼 수 있다.

③ 어말어미

㉠ 명사형 어미 '-ㄴ', '-ㄹ', '-ㅁ', '-기' 중 '-기'가 가장 많이 쓰였다.

㉡ 연결어미들과 선어말어미 또는 첨사의 결합 관계가 간소화되었다.

- 다소 변한 것들 : '-오/우-디'→'되', -건마론→-건마는, -과뎌→-과댜→-과 쟈 등
- 아주 없어진 어미 : '-디옷', (-디븨 > -디위)
- 연결어미에 첨사가 결합한 '-곤, -곡, -곰' 등이 사라졌다.

㉢ 의문형 어미

- 중세어 어미들은 대부분 근대어에도 나타난다.
- 중세어에서 수사 의문문을 만들었던 '-이쯘, -이ᄊ녀' 등이 사라졌다.
- 중세어 '-녀, -려'가 '-냐, -랴'로 바뀌었다.
- 판정 의문과 설명 의문의 구별이 점차 사라졌다.

㉣ 감탄형 어미

- '-도다'는 '-는' 뒤에서 '-쏘다'로 변했고, '-ㄹ써'는 '-ㄹ쌰'로 바뀌었다.
- 16세기에 나타났던 '-고나'가 일반화되고, '-고야, -괴야' 등이 쓰이게 되었다.

㉤ 명령형 어미

- '-아쎠'가 사라진 대신 '-소'가 등장했다.
- 일인칭 복수 명령으로 '-ᄋᆞᆸ새'가 보인다.

4 문장구조

① 단문보다는 복합문이 많았다.

② '-(으)ㅁ'의 세력이 위축되었다.

③ 근대어에 와서 '-ㄴ, -ㄹ'을 가진 명사형은 예외 없이 수식어적 용법만을 가지게 되었다.

④ 근대어에서는 중세어의 의존명사 '드'와 '스'는 거의 쓰이지 않게 되었다.

⑤ 중세어의 통사론적 특징으로 지적된 사실들이 근대어에서는 거의 현대어의 그것과 같

이 되었다.

4. 어휘의 변화

1 고유어와 한자어

(1) 순수한 국어 단어들

① 한자어로 대체된 순수 국어
- 뫼(山), 고롬(江,湖), 아움(親戚), 오래(門) 등

② 한자어에 대체되지 않고 폐어(廢語)가 된 것
- 외푸-(刻), 혁-(小)

(2) 고유어 어휘의 의미 변화

① '어엿브-' : 연민을 의미했던 것이 미려(美麗)를 의미하게 되었다.

② '어리-' : '어리-'가 유소(幼少)를 의미하게 되고, '졈-'은 연령적으로 좀 많은 것을 의미하게 되었다.

③ '스랑ᄒ-' : 사(思), 애(愛)의 뜻에서 애(愛)의 뜻만을 가지게 되었다.

④ '돗-'(愛), '괴-'(寵)는 모두 폐어가 되었다.

⑤ '즛' : 용모를 의미했는데, 현대어의 '짓'으로 의미가 격하되었다.

⑥ '빋' : '값'과 '빚'의 두 뜻을 가졌었는데, 근대에 와서 '값'의 뜻은 없어졌다.

2 외래어 차용어

(1) 중국어 차용어

① 정약용의 「아언각비」와 황윤석의 「이수신편(理藪新編)」에서 18, 19세기의 중국어 차용어에 대해 소상히 밝히고 있다.

② 중국어 차용어의 예 : 당지(當直), 다홍(大紅), 자디(紫的), 망긴(巾), 던링(團領), 잔계(甘結), 슈판(水飯), 비단(匹), 토슈(套袖), 탕건(唐巾), 무명(木棉), 보리(玻璨)

(2) 만주어 차용어

'널쿠'(斗蓬, 도롱이)는 같은 의미의 만주어 단어 nereku에서, '소부리'(護屁股, 안장)는 같은 의미의 만주어 단어 soforo에서, '쿠리매'(褂子, 쾌자)는 같은 의미의 만주어 단어 kurume에서, '마흐래'(冠, 모자)는 같은 의미의 만주어 단어 mahala에서 차용되었다.

(3) 새로운 어휘

① 서양 문물은 주로 북경으로부터 흘러 들어왔으며, 서양의 서적들은 새로운 세계에 대한 지식을 제공해주었다.
② 대표적인 어휘가 '담배'(煙草)로서 이 시기에 우리나라에 전래되었다.

제6장
현대국어의 변화

1. 문자 체계와 맞춤법

1 국한문체와 국문체의 갈등

① 우리나라 개화 과정에서 언어, 문자의 문제가 화두로 떠올랐으며, 언문일치의 실현이 무엇보다 시급하였다.

② 국한문이 우세하다가 1945년 이후에 '한글 전용' 운동이 전개되어 국문의 사용이 널리 권장되었다.

2 『한글맞춤법통일안』

① 주시경의 업적

    ㉠ 19세기 말에 새로운 맞춤법의 원리를 내세웠으며, 『국문연구 의정안』에 자신의 주장을 많이 반영시켰다.

    ㉡ 1933년 조선어학회의 『한글맞춤법통일안』은 주시경의 이론을 기초로 하였다.

② 『한글맞춤법통일안』이 채택한 문자 체계

    ㉠ 'ㆍ'를 없애고 된소리 표기 'ㅺ, ㅼ, [illegible]appropriate, ㅴ, ㅵ'를 'ㄲ, ㄸ, ㅃ, ㅆ, ㅉ'으로 고쳤다.

    ㉡ 'ㅐ, ㅔ, ㅚ' 등은 구조상으로는 두 문자이지만 단모음을 나타냈다.

    ㉢ 'ㅇ'은 초성과 종성에서 상이한 가치를 가지고, 'ㅅ'은 s와 t의 두 가치를 유지하였다.

③ 맞춤법의 기본 원리 : 표준말을 그 소리대로 적되 어법에 맞도록 한다. (형태음소적 원리)

④ 현재 우리가 사용하고 있는 『한글맞춤법』은 1988년에 개정한 것이다.

3 표준어의 규정

① 표준어의 개념 : 근대 민족국가가 형성되면서 생겨난 개념으로, 나라 안의 언어 생활의
  통일을 달성하여 그 효율을 높이고자 하였다.
② 우리나라 표준어 규정
  ㉠ 1936년에 『사정한 조선어 표준말 모음』을 발간하였다.
  ㉡ 표준어에 대해서는 『한글맞춤법통일안』의 총론에 "표준말은 대체로 현재 중류 사
    회에서 쓰는 서울말로 한다"고 한 것이 최초의 규정이었다.
③ 『표준어규정』의 고시 : '제1부 표준어 사정 원칙'(3장으로 구성)과 '제2부 표준 발음
  법'(7장으로 구성)으로 구성되어 있다.

2. 음운

1 자음 체계

① 현대국어에서는 어두에 자음군이 허용되지 않는다.
② 모든 자음은 음절말 또는 어말에서 반드시 불파음(不破音)으로 실현된다.
③ 비음 'ㅇ'[ŋ]과 유음 'ㄹ'은 어두에 오지 않으며, 비음 'ㄴ'도 어두에서 '이'(및 '야, 여,
  요, 유') 앞에 오지 않는다. 다만 'ㄹ'이 외국어 학습의 결과 일부 외래어에서 어두에
  사용되고 있다.
④ 마찰음에는 평음 'ㅅ', 'ㅎ'과 된소리 'ㅆ'이 있다. 평음 'ㅅ'은 모음 간에도 유성화되지
  않고 무성음으로 실현된다.
⑤ 된소리는 성문 폐쇄를 수반한 무성음으로 실현된다.
⑥ 유기음은 강한 기를 수반한 무성음으로 실현된다.
⑦ 평음은 어두에서 무성음, 모음간에는 유성음으로 실현된다.
⑧ 폐쇄음과 파찰음에는 평음 'ㅂ ㄷ ㅈ ㄱ', 유기음 'ㅍ ㅌ ㅊ ㅋ', 된소리 'ㅃ ㄸ ㅉ ㄲ'
  의 3계열이 있다.

2 모음 체계

① 전설 원순모음을 가진 것이 근대국어와 다른 점이다. 이로 인해 현대국어의 단모음은
  10모음 체계가 되었다. 서울말에서 어두에 올 때는 '외'(弧)[we], 위(上)[wi]와 같이 이중

모음으로 발음되나 자음 뒤, 특히 치음이나 구개음 뒤(쇠, 죄, 쉬, 쥐)에서는 단모음 [ø], [y]로 발음된다.

② 전설모음 ‘애’[æ]와 ‘에’[e]의 구별이 점점 흐려져 가고 있다.

③ 모음 ‘ㅓ’는 음장에 따라 발음이 달라진다. 단음은 [ʌ]에 가깝고, 장음은 [ə :]에 가깝다.

④ 현대 맞춤법에서는 ‘의’를 인정하고 있다. 이것을 상향 이중모음으로 볼 것인지, 하향 이중모음으로 볼 것인지 논란이 되고 있다. 어두에서는 [ɨ](또는 [i])로, 비어두에서는 [i]로 발음되며, 관형격에서는 [e]로 발음된다.

⑤ 음장(音長)

　　㉠ 중세어의 성조가 없어지면서 상성의 음장이 남게 되었다.

　　㉡ 이 음장은 비어두 음절에서 나타나지 않는 경향이 있다.

⑥ 모음조화

　　㉠ ‘아, 오’와 음모음 ‘어, 우’의 대립을 주축으로 하여, 주로 의성어와 의태어에 현저하다.

　　㉡ 동사의 활용에서는 연결 어미 ‘-아/어’에서 흔적을 엿볼 수 있다.

3. 문법

1 곡용

① 중세어에서 비자동적 교체를 보여 준 모든 체언이 단일화되었다.

② 현대어에서는 새로운 동요가 일어났다.

　　• ‘꽃’(花)의 곡용(曲用)에서 그 말자음 ‘ㅊ’이 ‘ㅅ’으로 수의(隨意)적으로 변한다.

③ 격조사에서는 주격의 ‘이/가’의 교체가 확립되었다.

④ 관형격의 ‘의’와 여격의 ‘에게’는 유정물(有情物)의 명사에만 연결되어 왔지만, ‘의’는 무정물(無情物)의 명사에도 광범하게 연결되고 있다.

⑤ 근대 이후의 변화의 결과, 1인칭과 2인칭 대명사에서 주격형 ‘내가’와 ‘네가’, 관형격형에서 ‘내’와 ‘네’ 형태가 생겨나게 되었다.

⑥ 공손의 1인칭 대명사 ‘저’가 확립되었다. 주격형 ‘제가’, 관형격형 ‘제’로 실현된다.

⑦ 미지칭은 ‘누’와 ‘누구’의 두 이형(異形)을 가지게 되었다. 주격 ‘누가’, 관형격 ‘뉘’, ‘누

구의’, 대격 ‘누구를’ 등으로 실현된다.

2 활용

① 중세어에서는 매우 특이했던 서술격조사의 활용이 현대어에 와서는 용언의 활용에 유추되었다.
② 아직 연결어미의 ‘이요’, 간접화법에서의 ‘이라(고)’에 중세어 흔적이 남아 있다.
③ ‘아니다’는 형용사, ‘아니하다’는 동사로 쓰인다. ‘아니다’의 활용 중 중세어의 흔적이라 할 수 있는 ‘아니요’, ‘아니라’ 등이 아직 남아 있다.
④ 현대어의 높임법에는 주체높임과 상대높임이 있다.
   ㉠ 주체높임 : ‘-(으)시-’에 의해 표시된다.
   ㉡ 상대높임 : 해라체, 하게체, 하오체, 하십시오체 등의 등급이 있다. ‘하소서’체는 일부 문어체에서 쓰이고, 젊은이는 하오체, 하게체를 쓰지 않는다.

4. 어휘

1 특성

① 신어(新語) 창조에 있어서 주로 한자에 의존하는 경향이 강했다.
② 현대 서양 학문의 어휘들이 한자어로 번역되었다.
   • 止揚(Aufhebung), 科學(science), 幾何(geometry)
③ 일본에서 수입한 서양어가 그대로 들어왔다.
   ㉠ ‘-적’(애국적, 이상적 등), ‘-주의’(-ism, 이상주의, 낭만주의 등), ‘-화’(민주화 등)
   ㉡ 스포츠 용어 등은 영어에서, 예술·요리 용어 등은 프랑스어에서, 음악 용어는 이탈리아어에서 들어왔다.
④ 일상어, 감각어 등에 국어 어휘가 쓰이고 관념어, 학술어에는 한자어가 쓰였다.
⑤ 김동인은 ‘그’라는 어휘를 3인칭 대명사로 삼았다.
⑥ 현대어에는 의성어와 의태어가 풍부하다.
⑦ 현대어에는 약어(略語)가 자주 사용되고 있다.

용비어천가

제1장

海東[1](해동) 六龍(육룡)이 <u>ᄂᆞᄅᆞ샤</u> 일마다 天福(천복)이시니
　　　　　　　　　　놀 +ᄋᆞ(매)[2]+샤(주체높임)+(아)

<u>古聖(고성)이</u>　同符(동부)ᄒᆞ시니
고성+이(부사격,비교)　　　　반말

‖ 해동의 여섯 용(조선 창업의 6조, 목조·익조·도조·환조·태조·태종)이 나시어, (하시는) 일마다 하늘의 복이시니 / 옛날의 성인과 부절을 합친 것처럼 같으시니.

제2장

<u>불휘</u> 기픈 <u>남ᄀᆞᆫ</u> ᄇᆞᄅᆞ매 아니 뮐씨 곳 됴코 여름 <u>하ᄂᆞ니</u>
불휘+ø(주격), 나모+ᄋᆞᆫ→남ᄀᆞ+ᄋᆞᆫ, ᄇᆞᄅᆞᆷ+애(부사격,원인), 하다→동사(많게 하다)

시미 기픈 므른 ᄀᆞ마래 아니 그츨씨 내히 이러 <u>바ᄅᆞ래</u> 가ᄂᆞ니
　　　　　　　　　　　　　　　　　　바ᄅᆞᆯ+애(부사격,지향)

‖ 뿌리가 깊은 나무는 아무리 센 바람에도 움직이지 아니하므로, 꽃이 좋고 열매도 많게 하니 / 샘이 깊은 물은 가물에도 끊이지 않고 솟아나므로, 내가 되어서 바다에 이르니

---

1) 「용비어천가」는 한자에 음을 달지 않았다. 「석보상절」에서는 한자 밑에 동국정운 한자음을 달았고, 월인천강지곡에서는 훈민정음을 앞에 두고 그 밑에 한자를 달았다. 여기에서는 학습의 편의를 위해서 한자음을 괄호에 넣는다.

2) '매개모음'은 '매'로 표시한다. 그 밖에 문법적 용어들은 단순화해서 표현한다. '주격조사'는 '주격'으로 '종속적 연결어미'는 '종속적'으로 또는 그 의미로 표시한다. 예컨대 종속적 연결어미이면서 '의도'를 나타내는 것은 '의도'로만 표시한다. 그밖에 앞의 분류 명을 보아 알 수 있는 문법적 용어는 생략한다.

제3장

周國大王(주국대왕)이 豳谷(빈곡)애 사ᄅᆞ샤 帝業(제업)을 여르시니
빈곡+애(부사격, 처소), 살+ᄋ(매)+샤(주체높임)+(아), 열+으(매)+시+니

우리 始祖(시조)ㅣ 慶興(경흥)에 사ᄅᆞ샤 王業(왕업)을 여르시니
경흥+에(부사격, 처소)

‖옛날 주 나라 태왕이 빈곡에 사시어 제업을 여시니 / 우리 시조가 경흥에 사시어서 왕업을 여시니

주나라의 천하 통일은 무왕 때에 비로소 이루어진 것이나, 그 제업의 일어남은, 이미 그 먼 선조인 공류가 빈곡에 나라를 세우고, 다시 그 구대 손자인 태왕(고공단보)이 빈곡에서 공류의 업을 이어서 덕을 쌓고, 나라 백성이 다 그를 추대했을 뿐이다.

목조가 원래 전주에 살고 있다가 관기의 일로 전주를 떠나 강원도 삼척현에 가 살게 되었는데, 거기에서 또 못 살게 되어, 바다를 건너 함길도(함경도) 덕원부로 옮아가서 원나라에 귀화하고, 뒤에 다시 경흥부 동쪽 30리에 있는 오동 땅에 옮아 살게 되었다. 원나라에서는 목조에게 벼슬을 주었는데, 이리하여 우리나라 동북면의 백성의 마음이 모두 목조에게로 돌아가니, 조선의 왕업이 여기에서 시작되었다는 것이다.

제4장

狄人(적인)ㅅ 서리예 가샤 狄人(적인)이 ᄀᆞᆯ외어늘 岐山(기산) 올ᄆᆞ샴도 하ᄂᆞᇙ 뜨디시니
관형격(사잇소리)　　갈외+거늘(종속적, 이유, 반모음'ㅣ' 뒤)　　하ᄂᆞᆯ+ㅎ(사잇소리)

野人(야인)ㅅ 서리예 가샤 野人(야인)이 ᄀᆞᆯ외어늘 德原(덕원) 올ᄆᆞ샴도 하ᄂᆞᇙ 뜨디시니
서리(무리들 가운데)+예(부사격, 처소)　　　　옮+ᄋ(매)+샤+옴(명사형)

‖적인들이 모여 사는 가운데에 가시어, 적인들이 침범하거늘 기산으로 옮으신 것도 하늘의 뜻이시니 / 야인들이 모여 사는 가운데에 가시어, 야인들이 침범하거늘 덕원으로 옮으신 것도 하늘의 뜻이시니

공류가 빈곡에 터전을 닦고, 그 구세손 태왕이 이곳에서 그 업을 이어 있었는데, 그 때에 외적이 침범해 왔으므로 선물을 주어 계속 달랬다. 그러나 계속 침범해 왔으므로, 태왕은 드디어 살던 땅 빈곡을 떠나서 칠수, 저수 두강을 건너고 양산을 넘어서 기산 밑에 살게 되었다.

목조가 경흥에서 원나라의 벼슬을 하였는데, 그 아들 익조는 이를 이어받아 더욱 더 존경을 받게 되었다. 야인들은 이를 시기하여 익조를 죽이려고 했으므로 익조는 경흥부 동쪽에

있는 붉은 섬으로 피하고, 뒤에 다시 덕원부로 옮겨 살게 되었다.

제5장

漆沮(칠저) 고샛 움흘 後聖(후성)이 니른시니 帝業憂勤(제업우근)이 뎌러ᄒ시니
　고+애(처소 부사격)+△(사잇소리) 니른+시+니(종속적, 설명)

赤島(적도) 안햇 움흘 至今에 보습ᄂ니 王業艱難(왕업간난)이 이러ᄒ시니
　보+ᄉᆞᆸ(객체높임)+ᄂ(직설)+니

‖칠수와 저수 두 강가에 있는 움을 후세 성인(주공)이 말씀하시니, 임금 노릇하기의 조심스럽고 힘듦이 저러하시니 / 붉은 섬 안에 있는 움을 지금에 이르도록 보나니, 임금 되기의 어려움이 이러하시니

고공단보(태왕)이 적인을 피하여 기산으로 옮아가 살게 되었을 때에, 칠수와 저수 강가에서 한 동안 움을 파고 살았다. 이 움이 주공 때까지 남아 있어서, 주공은 이 움을 그의 어린 조카(성왕)에게 보이며 시를 지어, 임금이 되는 데 이러한 어려움이 있었어야 했음을 일러주고, 백성을 잘 다스려야 함을 밝혔다.

익조가 야인들에게 쫓기어 붉은 섬에 피하여 살았는데, 그 때 역시 움을 파고 살았었다. 그 움이 이 노래를 지은 세종 때까지 남아 있었다.

제6장

商德(상덕)이 衰(쇠)ᄒ거든 天下(천하)를 맛ᄃ시릴씨 西水(서수)ㅅ 고ᅀᅵ 져재 ᄀᆮᄒ니
　쇠ᄒ+거든(종속적, 조건) 맜+ᄋ(매)+시+리(추측선어말)+ㄹ씨(종속적, 이유) 져자+ㅣ(비교 부사격)

麗運(여운)이 衰ᄒ거든 나라홀 맛ᄃ시릴씨 東海(동해)ㅅ 고ᅀᅵ 져재 ᄀᆮᄒ니

‖상나라의 덕망이 쇠퇴하매, 주나라가 장차 천하를 맡으실 것이므로, 서수 강가가 저자 같으니 / 고려의 운명이 쇠퇴하매, 이씨 조선이 (장차) 나라를 맡으실 것이므로, 동해 해변이 저자와 같으니

주나라의 고공단보가 적인을 피하여 기산으로 갈 때에 빈곡의 백성들이 태왕의 덕을 사모하여 따라가는 사람이 많아서, 강가가 저자를 이루듯 했다고 한다.

목조가 고을의 원과 사이가 나빠져서, 강원도 삼척현에 가 살게 되었을 때 전주의 백성 일백 칠십 여 호가 따라 갔었다. 뒤에 다시 바다를 건너서 함경도로 옮아갈 때 일백 칠십 여 호의 백성이 또 따라 갔다고 한다.

제7장

블근 새 그를 므러 寢室(침실) 이페 안즈니 聖子革命(성자혁명)에 帝祜(제호)롤 뵈슨ᄫᅵ니
　　　　　새+ø(주격)　　　　　잎(문)+에(처소부사격)

ᄇᆞ야미 가칠 므러 즘겟가재 연즈니 聖孫將興(성손장흥)에 嘉祥(가상)이 몬졔시니
　　　　　즘게(큰 나무)+ㅅ(관형격)+갖(가지)+애(처소 부사격)　　　　　몬져+이(서술격)+시+니

‖ 붉은 새가 글을 물어 침실의 지겟문에 앉으니, 이것은 성자가 혁명을 일으키려 하매, 하늘이 내리신 복을
　보인 것이니 / 뱀이 까치를 물어 나뭇가지에 얹으니, 이것은 성손이 장차 일어나려 하매 그 아름다운 징
　조가 먼저 나타난 것이니

　주나라 문왕 때 이미 천명을 받았는데, 그 받은 표시로 붉은 새가 「의리를 지키는 자는 흥
하고, 사욕을 탐하는 자는 망한다」는 뜻의 글을 물고 문왕의 침실 문에 앉았다는 것이다.
　이성계의 할아버지인 도조(度祖)가 군영에 주둔하고 있을 때에, 두 마리의 까치가 군영 안
에 큰 나무에 앉았는데, 도조는 멀리 떨어져 한 살로 두 마리의 까치를 떨어뜨렸다. 그때 큰
뱀이 나타나 그것을 물고 다른 나무에 얹어 놓고 먹지 않으니, 사람들이 모두 신기하게 생각
했는데, 이것은 도조의 손자인 태조(이성계)가 나라를 세울 것이매, 그 징조가 먼저 나타난
것이다.

제8장

太子(태자)롤 하ᄂᆞᆯ히 골ᄒᆡ샤 兄(형)ㄱ 뜨디 일어시ᄂᆞᆯ 聖孫(성손)올 내시니이다
　　　　　골ᄒᆡ+샤+(아), 형+ㄱ(사잇소리), 일[成]+거(확인법)+시+ᄂᆞᆯ

世子(세자)롤 하ᄂᆞᆯ히 골ᄒᆡ샤 帝命이 ᄂᆞ리어시ᄂᆞᆯ 聖子(성자)롤 내시니이다
　　　　　　　　　　　　　　　　　　　　　내+시+니(원칙법)+이(상대높임)+다

‖ 태자를 하늘이 가리시어, 그 형의 뜻이 이루어지시매 성손을 내신 것입니다 / 세자를 하늘이 가리시어 임
　금의 명이 내리시매 성자를 내신 것입니다

　주 나라 태왕 때에 이미 상(商)나라의 덕이 모자랐기 때문에 태왕은 이를 치려했으나 그
장자인 태백은 이를 듣지 않았다. 그러므로 태왕은 왕위를 그 막내 아들 계력에게 물려서 문
왕·무왕에게 전하려는 의사가 있었는데, 그 큰 아들 태백은 태왕의 뜻을 알고서, 그 아우
중옹과 같이 형만으로 달아나 버렸다. 이리하여 문왕·무왕에게 미쳐 주나라는 상나라를 치

게 되었으니, 이 모든 일이 하늘의 뜻으로 이루어진 것이란 뜻이다.

목조가 원나라의 벼슬을 받았는데 그것이 익조-도조에게로 이어졌다. 도조가 죽으매 그 장자인 자흥이 이를 이었으나 곧 죽고, 그 아들은 나이가 어렸으므로, 원 나라에서는 도조의 차자인 환조에게 벼슬을 잇도록 하였다. 이리하여 태조가 이것을 잇게 되어 나라를 세울 기반이 마련되었으니 이 모든 일이 다 하늘의 뜻이란 것이다.

제9장

‖ (주 무왕이)하늘의 명을 받들고 상나라 주(紂)의 죄를 치매, 사방의 제후들이 모이더니, 주나라의 성스런 교화가 오래되시어 서이까지도 또 모이니 / (이태조가) 정의를 부르짖고 위화도(威化島)에서 군사를 돌이키시매, 천리의 인민이 모이더니, 이씨의 성스런 교화가 깊으시어서 북적[여진족]까지도 또 모이니

상나라 임금 주는 달기를 사랑하여 달기의 하는 말이라면 듣지 않는 일이 없어, 학정은 날로 더해가므로, 무왕(武王)은 주를 정벌하였다. 그 때 사방의 제후는 물론이요 서이까지도 무왕에게 와서 합세했다. 고려왕 신우(辛禑)는 최영(崔瑩) 장군과 모의하여 요양(遼陽)을 치려 하므로, 이성계는 여러 가지 이유를 들어 이를 말렸다. 그러나 고려왕은 이 말을 듣지 않고 요양을 치게 했으므로, 이성계는 위화도에서 군사를 돌이켜 고려왕과 최영에게 반기를 들었다. 그 때 우리나라 동북쪽의 인민과 여진 사람들까지도, 이성계가 반기를 들었단 말을 듣고 모두 모여드니, 그 수가 일천이 넘었다 한다.

제10장

‖ 상나라의 주(紂)가 백성을 해치므로 무왕을 우리 임금으로 여겨 기다려 현황의 폐백(幣帛)을 광주리에 담아 길에서 바라니 / 고려 왕 신우가 방자하고 포학하므로, 백성들은 태조의 의기를 기다려, 소쿠리엔 밥을 담고, 병엔 장을 담아 (태조 오기를) 바라니

주나라의 무왕이 상나라의 주를 칠 때에 주의 학정에 시달린 그 백성들은 무왕이야말로 우리 임금이라 하여, 임금을 맞이하는 예를 갖추어 무왕을 환영했다.

이성계가 반기를 들매, 동부 쪽의 인민과 여진 사람들까지도 달려왔는데, 서울에서는 많은 남녀들이 술밥과 장까지 가지고 와서 그 군사를 위로했다고 한다.

제11장

虞芮質成(우예질성)ᄒᆞᄂᆞ로 方國이 해 모ᄃᆞ나 至德(지덕)이실ᄊᆞ 獨夫受(독부수)ᄅ 셤기시니
우예질성+ᄒ+ㄴ(관형사형, 명사적 용법)+ᄋ로(도구)

威化振旅(위화진려)ᄒ시ᄂᆞ로 興望(여망)이 다 몯ᄌᄫᆞ나 至忠(지충)이실ᄊᆞ 中興主
　　　　　　　　주체높임(태조)　　　　　　　　　몯+ᄌᆞᆸ(객체, 태조에게)+ᄋ나

(중흥주)를 셰시니
　　셔+이(사동)+시+니

‖ 우와 예 두 나라가 그 옳고 그름을 물은 것으로 사방에서 붙좇는 나라들이 많이 모이나, 지극한 덕을 가지셨으매 독부인 수를 섬기시니 / 위화도에서 군대를 돌이킬 것이므로 여망이 다 모이나, 지극한 충성이 시매 중흥할 임금을 세우시니

주 나라 무왕의 아버지인 문왕 때에 우와 예 두 나라가 밭의 경계를 다투어서 문왕에게 옳고 그름을 물으러 갔는데, 두 사람이 문왕의 나라에 들어서서, 밭갈이하는 사람이나 길가는 사람들이 서로 양보하는 것을 보았다. 이를 본 두 사람은 매우 부끄러워해서 되돌아가니, 이 소문을 들은 사방의 제후들은 모두 문왕에게로 모였다. 이리하여 문왕은 천하의 삼분의 이를 차지하게 되었으나, 끝끝내 상나라의 주 임금을 섬겼다.

이성계가 위화도에서 회군한 뒤로 일반 여망은 모두 이성계가 임금이 될 것을 바랐으나, 그는 충성심이 지극했기 때문에, 공양왕을 세워 고려 왕조를 중흥하려 하였다.

제12장

<table>
<tr><td>

五年(오년)을 改過(개과) 몯ᄒᆞ야 虐政(학정)이 날로 더을ᄊᆡ 倒戈之日(도과지일)에 <u>先考</u>

<u>(선고)ᅙ</u> ᄠᅳᆮ 몯 일우시니
선고+ᅙ(사잇소리), 일+우(사동)+시+니

첫나래 讒訴(참소)ᄅᆞᆯ 드러 凶謀(흉모)ㅣ 날로 더을ᄊᆡ 勸進之日(권진지일)에 平生(평생)
첫(관형사)+날+애(처소부사격)

ㄱ ᄠᅳᆮ 몯 일우시니

</td></tr>
</table>

‖ 오년 동안이나 개과하지 못하여 학정이 날로 더해가므로, 창을 거꾸로 쥐는 날에, 돌아가신 아버지 뜻을 이루지 못하니 / 첫날에 참소를 들어, 흉한 꾀가 날로 더해가므로, 권진하는 날에 평생의 뜻을 이루지 못하니

　문왕은 천하의 삼분의 이를 차지하여 모두를 천명을 받은 임금이라 했으나, 주를 그대로 섬겼다. 그러나 그 뒤 문왕의 아들 무왕이 임금이 되어 오년이 되었으나, 주의 학정은 날로 더해갔으므로 무왕은 뜻을 어기고 주를 쳤는데, 그 때 주의 군사는 창을 거꾸로 쥐고 주를 치는 데 가담했다.

　이성계가 위화도에서 회군한 뒤로 그 위세는 날로 높아 갔으나 공양왕을 세워 고려 왕조를 지키려 했다. 그러나 이성계를 해치려는 모함이 날로 더해갔으므로, 이성계는 하는 수 없이 정도전 무리의 권함을 이기지 못하여 임금의 자리에 오르게 되었다.

제13장

<table>
<tr><td>

말ᄊᆞ믈 <u>ᄉᆞᆯᄫᆞ리</u> 하디 天命(천명)을 疑心(의심)ᄒᆞ실ᄊᆡ ᄭᅮ므로 <u>뵈ᅀᅡ시니</u>
ᄉᆞᆲ+ᄋᆞ(매)+ㄹ(관형사형)+이(의존명사)+ø(주격)　　　　　　뵈ᅀᅡ(재촉하-)+시+니

놀애ᄅᆞᆯ <u>브르리</u> 하디 天命(천명)을 모ᄅᆞ실ᄊᆡ　ᄭᅮ므로 <u>알외시니</u>
브르+ㄹ+이+ø(주격)　　　　　　　　　알+외(사동,오+이)+시+니

</td></tr>
</table>

‖ 말씀을 (무왕에게) 여쭐 사람이 많지만, (무왕은)천명을 의심하시므로 (하늘은) 꿈으로써 재촉하시니 / 노래를 부를 사람이 많지만, (이성계는) 천명을 모르시므로 (하늘은) 꿈으로 (그 천명을) 알리시니

　주나라 무왕이 문왕을 이어 즉위하매 많은 제후들이 모두가 주(紂)를 치라고 권했으나 무왕은 천명을 모른다 하여 거절했다. 그러나 이년이 지나도 주(紂)의 학정은 점점 더해갔으므

로, 무왕은 내 꿈으로 보나, 내 점으로 보나 하늘의 뜻이 내게 있다 하고 드디어 주를 치게 된 것이다.

이성계가 위화도에서 회군할 무렵, 나무 아들(=李)이 나라를 얻을 것이란 노래가 있었고, 또 이성계에게 임금이 되기를 권한 사람도 많았으나, 이성계가 하늘의 뜻을 모른다 하여 거절했다. 그러나 어느 날 이성계의 꿈에 신인(神人)이 나타나 금으로 된 자를 주면서, 나라를 바로 잡으라고 했으므로 드디어 결심하기에 이른 것이다.

제14장

聖孫(성손)이 一怒(일노)ᄒ시니 六百年(육백년) 天下(천하)ㅣ 洛陽(낙양)애 올ᄆ니이다
　　　　　　　　　　　　　　　　　　　　　　　옮+ᄋ(매)+니(원칙)+이(상대)+다

聖子(성자)ㅣ 三讓(삼양)이시나 五百年(오백년) 나라히 漢陽(한양)애 올ᄆ니이다
　　　　　　　　　　　　　　　나라ㅎ+이

‖ 성손(무왕)이 한번 노하시니 육백년의 (상나라) 천하가 낙양(주나라의 도읍)으로 옮은 것입니다. / 성자(태조)가 세 번이나 사양하시나, 오백년의 (고려) 나라가 한양으로 옮은 것입니다.

무왕이 상 나라를 치고 이어 도읍을 낙양으로 옮길 뜻을 가지고서 나라의 상징으로 삼고 있던 보배를 낙양으로 옮겨 두었는데, 그 뒤 그 아들 성왕(盛王)이 이 뜻을 이어 낙양에 왕성을 세우니 이것이 즉 동도(東都)이다. / 이성계가, 즉위하라는 권고를 세 번이나 거절했으나, 그 뜻을 끝끝내 지켜내지 못하고 임금이 되어 도읍을 한양으로 옮겼다.

제15장

揚子江南(양자강남)올 ᄭ리샤 使者(사자)ᄅ롤 보내신ᄃ롤 七大之王(칠대지왕)올 뉘 마ᄀ리잇가
　　　　　　　　　　　　　　　　　　　　　　　　　　　　누(대명사)+ㅣ(주격)

公州(공주)ㅣ 江南(강남)올 저ᄒ샤 子孫(자손)올 ᄀ르치신ᄃ롤 九變之局(구변지국)이 사ᄅᆞᇝᄠᅳ디리
공주+ㅣ(의미상 관형격)　 졷+ᄋ(매)+샤+(아)　　　　　　　　　　사람+ㅂ(사잇소리)+ᄠᅳ+이+리+잇+가

잇가

‖ (진시황이) 양자강남(=금릉)을 꺼리시어 사자를 보내신들 (이미 하늘에서 정한) 칠대의 왕을 누가 막겠습니까. / (고려 태조가) 공주의 강남을 두려워하시어 그 자손을 가르치신들, 아홉 번 바뀌리란 이 나라 판국이 사람의 뜻이겠습니까.

진시황(秦始皇) 때에 양자강 남쪽에 있는 금릉(金陵)에서 천자가 일어날 기운이 있다고 하여, 이를 미리 막노라고 죄수들을 보내 산을 뚫고 개천을 만들어 그 지맥을 끊고, 금릉을 고쳐 말릉(秣陵)이라 했으나, 뒤에 오(吳), 진(晋), 송(宋), 제(濟), 양(梁), 진(陳), 명(明)의 일곱 나라가 모두 금릉에 도읍하였다.

고려 태조 왕건(王建)은 열 가지 교훈을 만들어 그 자손에게 경계했는데, 그중에 "공주강 밖은 그 땅의 생김새가 배반하는 모양이니, 그 쪽 고을 사람들은 높은 자리에 올리지 말지며, 왕실과 혼인을 맺는 일도 하지 말라"하였다. 그러나 이씨는 전주에서 일어났던 것이다.

제16장

> 逃亡(도망)애 命(명)을 미드며 <u>놀애예</u> 일홈 미드니 英主(영주)ㅅ <u>알픠</u> 내내 붓그리리
>   놀애+예(처소부사격)   알픠+이(처소부사격)
>
> <u>올모려</u> 님금 오시며 姓(성) 글희야 員(원)이 오니 오ᄂᆞᆳ나래 내내 <u>웃브리</u>
>   올ᄆᆞ+오려(종속적, 의도)   웃브(형용사)+리

‖ (이밀이) 도망함에 있어 자기에게 천명이 있음을 믿으며, 노래에 자기의 이름이 있음을 믿으니, (뒷날) 영명한 임금 앞에서 내내 부끄러워하리 / (고려 때에 한양으로) 옮기려 임금이 오시며, (이씨) 성을 가려서 부윤으로 오니, 오늘날에 내내 우스우리.(우습겠습니다)

수(隋) 나라의 이밀(李密)이란 사람이 망명하여 다닐 때, 여러 차례 어려운 일을 겪으면서도 생명을 유지했으며, 또 그때에 『도리(桃李)의 아들이 왕이 된다』는 민요가 떠돌아 다녔으므로, 이밀은 속으로 자기가 장차 임금이 되리라 생각하고 있었다. 그러나 뒤에 수나라 다음에 일어난 당(唐)나라의 고조의 아들 이세민(李世民＝太宗)을 만나 본 이밀은 그를 참된 영주라고 경탄했다 한다.

단군 때에, 한양에서 이 씨가 나라를 세운다는 예언기(도참)가 있어, 고려에서는 이를 미리 막는다 하여, 숙종(肅宗) 때에 한양으로 천도해 보기도 하고, 또 이 씨 성 가진 사람을 가려서 한양 부윤을 삼은 일도 있었다. (예언기의 뜻을 알지 못한 일이 우습다는 뜻)

제17장

> 宮女(궁녀)로 놀라샤미 宮監(궁감)이 <u>다시언마른</u> 問罪江都(문죄강도)를 <u>느치리잇가</u>
>   덧(탓)+이+건마른(종속적, 양보)   늦+히(사동)+잇+가

官妓(관기)로 怒(노)ᄒᆞ샤미 官吏(관리)의 다시언마론 肇基朔方(조기삭방)ᄋᆞᆯ 뵈아시니이다

노ᄒ+샤+옴+이

‖ 궁녀의 일로 놀라심이 궁감의 탓이건마는, (그러므로 당 나라 고조가 죄를 입을 일은 아니건마는) 강도에 죄를 묻는 일을 늦추겠습니까? / 관기의 일로 노하심이 관리의 탓이건마는, (그러므로 목조가 책임을 질 일은 아니건마는) (하늘은 이런 일로써) 북쪽에 터전을 세움을 재촉하신 것입니다.

당 나라 고조(高組=李淵)가 아직 태원 유수(太原留守)로 있을 때에 돌궐(突厥)의 침입을 막지 못해 죄를 입을까 두려워하고 있었다. 또 배적(裵寂)이란 사람이 진양(晋陽)궁감으로 있을 때, 궁녀를 고조에게 바친 일이 있었는데, 고조의 아들 세민(世民=태종)과 배적은 고조에게, 죄를 입기 전에 수나라 양제(煬帝)를 치기를 권하게 되었다. 그 때 양제는 고구려의 을지문덕에게 패했음에도 불구하고 그 학정이 심하여 백성의 불평은 날로 심해갔으므로, 고조는 수나라 치기를 결심한 것이다. (그러나 궁녀의 일은 그 책임이 궁감에게 있는 것이니 고조가 양제를 치게 된 것은 죄를 입을까 두려워해서가 아니라는 뜻이다.)

목조는 관기의 일로써 전주를 떠나 강원도로, 함경도로 옮아가 살게 되었는데, (관기에 관한 책임은 관리에게 있었으니) 이것은 목조가 마지못해 쫓기어 간 것이 아니라, 하늘이 북쪽에서 이씨 왕조의 터전을 잡도록 재촉한 것이란 뜻이다.

제18장

驪山役徒(여산역도)ᄅᆞᆯ 일ᄒᆞ샤 지부로 도라오싫제 열희 ᄆᆞᅀᆞᄆᆞᆯ 하ᄂᆞᆯ히 달애시니

잃+ᄋᆞ(매)+샤, 도라오+시+ㄹ(관형사형)+ᅙ(된소리부호)+제(때), 열ᄒᆞ+의(관형격)

셔ᄫᅳᆳ 使者(사자)ᄅᆞᆯ 쩌리샤 바ᄅᆞᆯ 건너싫제 二百戶(이백호)ᄅᆞᆯ 어느 뉘 請(청)ᄒᆞ니

셔ᄫᅳᆯ+ㅅ(관형격)

‖ 이산의 일꾼을 잃으시어, 집으로 되돌아 오실 때에, 열 사람의 마음을 하늘이 달래시니 / 서울 사자를 꺼리시어 바다를 건너실 때에, 이백호의 사람을 어느 누가 청하니

한나라 고조 유방이 정장(亭長=중국 진 나라 때에 십리마다 나그네 숙식하는 곳을 만들어 그것을 『정』이라 했는데, 『정장』은 그 책임자)이 되어 있을 때, 진 나라 시황의 장지인 이산으로 일꾼을 이끌어 간 일이 있었는데, 그 때 일꾼이 대부분 도망치고 말았다. 그러나 그 중에 장사 여남은 사람이 유방을 따라가기 자청하고 나섰으니, 이 사람들은 유방이 나라를

세우는 데 공을 세웠다.

목조가 전주에서 강원도로, 함경도로 옮아갈 때에 백 칠십 여호가 자의로 따라가게 되었다. 6장.

제19장

‖ (광무제가) 굳은 성을 모르시어 갈 길이 아득하시더니, (그 때 마침) 머리 센 할아비를 하늘이 부리시니. / (익조가) 꾀 많은 도적(=여진 사람들)을 모르시어, 보려고 기다리시니, 머리 센 할미를 하늘이 보내시니.

후한 광무제가 싸움에서 지고 도망할 무렵, 성들이 적에게 항복하여 갈 바를 몰라 했는데, 그때 한 할아버지가 나타나서, 아직 적에게 항복하지 않고 있는 신도성으로 가는 길을 가르쳐 주었다. [굳은 성]은 신도성을 가리키며, 이 할아버지는 하늘이 시켰다는 것이다.

익조가 목조를 이어 그 덕망이 날로 높아갔으므로 야인들이 이를 시기하여 익조를 해치려고 군사를 청하러 갔었다. 익조는 이 사정을 모르고 그들을 만나러 가는 도중 노파를 만나 그 진상을 알고 곧 붉은 섬으로 피하여 어려움을 면했다. 이 노파는 하늘에서 보내었다는 것이다.

제20장

‖ 천하를 다른 사람에게 주겠는가? 강에 배가 없으매 (하늘은 그 강을) 얼리시고 또 녹이시니 / 삼한을 다른 사람에게 주겠는가? 바다에 배가 없으매 (하늘은 그 바다를) 얕게 하시고 또 깊이시니

광무제 유수가 싸움에 쫓기어 가다가 강에 이르게 되었는데 길잡이가 배 없이는 건너지 못할 것이라 했다. 그러나 유수는 사람을 시켜 가보라 했더니, 그 사람은 군사들을 놀래지

않기 위해서 얼음이 얼어 있다고 했다. 그리하여 강에 이르니, 과연 얼음이 얼어 있어서 무사히 건넜는데, 건너고 나서는 곧 다시 얼음이 녹았다 한다.

익조가 야인들에게 쫓기어 붉은 섬으로 건너가려고 바닷가에 다다라 보니, 배가 없어 궁지에 빠졌다. 그 때 마침 물이 줄어져서 익조는 따르는 사람들과 다 건널 수 있었는데, 건너고 난 뒤에 물이 다시 불어서 적은 건너지 못했으니, 이 모두 하늘의 뜻이란 것이다.

제21장

하늘히 <u>일워시니</u> 赤脚仙人(적각선인) <u>아닌돌</u> 天下蒼生(천하창생)을 니즈시리잇가
    일+우(사동)+어(확인)+시+니   아니+ㄴ 돌(종속적, 양보)

하늘히 <u>골히이시니</u> 누비중 아닌돌 海東黎民(해동여민)을 니즈시리잇가
    골히+이(사동)+시+니

‖ 하늘이 이미 다 이루어 놓으신 바이니, 적각선인의 일이 없다 한들, (하늘이) 천하의 백성을 잊으시겠습니까? / 하늘이 이미 가리어 놓으신 바이니, 누비옷 중이 아닌들 (하늘이) 우리 나라 백성을 잊으시겠습니까?

송나라 진종이 아들이 없었으므로 상제에게 아들을 빌었더니, 상제는 여러 선인 중에 적각선인에게 명하여 그 아들로 내려가도록 하니 이이가 곧 인종이다. 하늘이 송나라의 사직을 이어가도록 이미 결정해 놓은 일이니. 이런 일이 없었다 해도 그 후사를 끊지는 않았을 것이란 뜻이다.

익조가 그 부인과 같이 강원도 낙산에서 후사를 빌었는데, 꿈에 한 누비옷 입은 중이 나타나서 귀한 아들을 낳을 것이라 하니, 이 귀한 아들이 도조이다. 이런 일이 없었다 해도 그 후사를 끊지는 않았으리란 것이다.

제22장

赤帝(적제) 니러나시릴씨 白帝(백제) 혼 갈해 주그니 火德之王(화덕지왕)올 神婆(신파)
ㅣ 알외ᄉᆞᆸ니
黑龍(흑룡)이 혼 사래 주거 白龍(백룡)올 <u>살아</u> 내시니 子孫之慶(자손지경)올 神物(신물)
    살+ᄋᆞ(사동) → 사ᄅᆞ+아 → 살아(살려)

이 술ᄫᅵ니

‖ 적제(한 나라를 상징한 것)가 일어나실 것이매, 백제(진 나라를 상징한 것)가 한 칼에 죽으니, 화덕(역시 한 나라의 상징)의 왕을 신의 할미가 알리니 / 검은 용이 한 살에 죽어 흰 용을 살려 내시니, 장차 자손에게 있을 복을 신물(=용)이 (도조에게) 사뢰니

한나라 고조 유방이 이산으로 가다가 장사 여남은 사람을 데리고 되돌아 갈 때, 앞에 큰 뱀이 길을 막고 있으므로 그 뱀을 죽였다. 뒤에 따라오는 사람이 뱀 죽은 곳을 지나보니, 한 할미가 울면서, 내 아들은 백제로서 뱀으로 화해 있었는데 적제가 죽였다 하였다. 이 말을 유방에게 전하니 유방은 그 뜻을 마음 속으로 짐작하였다.

도조의 꿈에, "나는 흰 용인데, 검은 용이 내 사는 곳을 빼앗으려 하니 구해 달라"는 부탁을 두 번이나 받았다. 도조가 이상하게 여겨 그곳으로 가보니 과연 두 용이 싸우고 있으므로 검은 용을 죽였다. 뒤에 흰 용이 다시 꿈에 나타나, 그대의 자손에게 복이 있으리라 했다.

제23장

雙鵰(쌍조)ㅣ 호 사래 뻬니 絶世英才(절세영재)롤 邊人(변인)이 拜伏(배복)ᄒᆞᅀᆞᇦ니
雙鵲(쌍작)이 호 사래 디니 曠世奇事(광세기사)롤 北人이 稱頌(칭송)ᄒᆞᅀᆞᇦ니

‖ 두 마리 수리가 한 살에 꿰뚫리니 세상에 없는 뛰어난 재주에 변방의 사람들이 굴복을 하니 / 두 마리 까치가 한 살에 떨어지니, 세상에 없는 기이한 일을 북녘 사람들이 기리며 일컬으니

후당 태조 이 극용이 달단부 사람들과 승부를 할 때, 극용은 하늘에 날아가는 두 마리 수리를 한 살로 떨어뜨렸다 / 도조가 한 살로 두 마리의 까치를 떨어뜨렸다. 7장.

제24장

ᄂᆞ민 뜯 다른거늘 님그믈 救(구)ᄒᆞ시고 六合(육합)애도 精卒(정졸)올 자보시니
앒은 뜯 다른거늘 나라해 도라오시고 雙城(쌍성)에도 逆徒(역도)롤 平(평)ᄒᆞ시니
아ᅀᆞ+은 → 앒+ㅇ(첨가)+은 → 앒은

‖ 남은 뜻이 다르거늘, (송 나라 태조 조 광윤만은) 임금을 구하시고, 육합에서도 잘 훈련된 군사를 잡으시니 / (환조의) 아우는 뜻이 다르거늘 (환조만은) 나라에 돌아오시고, 쌍성에서도 반역하는 무리들을 평정하시니

후주의 세종이 즉위하매, 유숭이 침공하였다. 그 때, (뒤에 송나라 태조가 된) 조광윤이 후주에 벼슬하고 있었는데, 다른 사람은 모두 달아나고 항복했으나, 조광윤만은 싸워 세종을 구했다. 또 뒤에 세종이 남당을 치매 광윤이 육합에서 남당의 정병을 격파했다.

고려 공민왕 때에 쌍성에서 반란이 일어났다. 그 때 이성계의 아버지 환조가 쌍성에 있었는데, 그는 고려 군사가 반란을 평정하는 데 협력하였으므로, 공민왕은 환조에 벼슬을 주고 서울에 집을 주어 살게 하였다. 그러나 그 아우는 끝끝내 돌아오지 않았다.

제25장

德望(덕망)이 뎌러ᄒ실ᄊᆡ 가다가 도라ᇙ 軍士(군사)ㅣ 즈걋긔 黃袍(황포) 니피ᅀᄫ니
　　　　　　　　　　　　즈걔(재귀대명사, 존칭)

忠誠(충성)이 이러ᄒ실ᄊᆡ 죽다가 살언 百姓(백성)이 아ᄃ넚긔 哀服(곤복) 니피ᅀᄫ니

‖ 덕망이 저러하시매, 가다가 돌아오는 군사가 자신에게 임금의 옷을 입혀 드리니 / 충성이 이러하시매, 죽다가 살아난 백성이 아드님께 임금의 옷을 입혀 올리니

후주 공제가 어릴 때 외적이 침범했으므로 조광윤이 이를 막았는데, 그 부하들은 조광윤의 덕망이 높으니 그를 임금으로 세우는 것이 좋다고 하여, 그에게 임금의 옷을 입히고 곧 즉위식을 올렸다.

환조의 고려 왕조에 대한 충성이 이러했으므로, 고려 말의 학정에 시달리던 백성이 그 아들 이성계를 받들어 임금 자리에 오르게 했다.

제26장

東都(동도)에 보내어시ᄂᆞᆯ 하리로 말이ᅀᄫ본ᄃᆞᆯ 이 곧 뎌 고대 後(후)△날 다ᄅᆞ리잇가
　　　　　　　　　하+이(명사파생접사)+로

北道(북도)애 보내어시ᄂᆞᆯ 글발로 말이ᅀᄫ본ᄃᆞᆯ 가샴 겨샤매 오ᄂᆞᆯ 다ᄅᆞ리잇가
　　　　　　　　　　　　말이+ᅀᆞᇦ+ᄋᆞ+ㄴ ᄃᆞᆯ(양보)

‖ 동도에 보내시거늘 참소로 말린들 이 곳에 있건 저 곳에 가건 뒷날과 다르겠습니까? / 북녘으로 보내시거늘 글월로써 말린들, 가시거나 계시거나 오늘날과 다르겠습니까?

당나라 고조가 진양에서 군사를 일으킨 것은 오로지 그 둘째 아들 이세민의 모책이었으므

로 그 위덕이 날로 성해갔다. 그러므로 고조의 큰 아들은 이를 시기하여 세민을 해하려 했다. 이를 안 고조는 세민을 동도로 가서 살게 했는데, 그렇게 되어서는 세민의 힘이 더욱더 세어질 것임을 두려워한 그 형은 이를 막고야 말았다. 노래의 뜻은 막았어도 세민이 뒷날 태종으로 임금이 되었으니, 이것은 오직 하늘의 뜻이란 것이다.

고려 공민왕은 이성계의 아버지 환조를 병마사로 보냈는데, 그 때 이를 막으려는 사람이 있었다. 그러나 가게 되었거나 못 가게 되었거나, 그 아들 이성계가 임금이 되었음에는 틀림없었다는 뜻이다.

제27장

큰 화리 常例(상례) 아니샤 얻ᄌᆞ바 ᄀ초ᅀᄫᅡ 濟世才(제세재)를 後人(후인)이 보ᅀᆞᇦ니
ᄀ초(감추)+ᅀᆞᆸ+아

큰 사리 常例(상례) 아니샤 보시고 더디시나 命世才(명세재)를 卽日(즉일)에 깃ᄀ시니
깄+ᄋᆞ+시+니

‖큰 활이 보통 사람의 경우와 다르시어서 얻어 감추어, 세상을 구제할 재능을 뒷 사람이 뵈오니 / 큰 화살이 보통 사람의 경우와 다르시어서, 보시고 던지시나, 세상에 뛰어난 그 재능을 그 날에 기뻐하시니

당나라 태종의 활 크기가 보통 것보다 갑절이나 되었다. 태종이 싸움에서 돌궐 한 사람을 쏘아 죽였는데, 그 살이 뒤에까지 돌궐에 전해졌다 한다.

이태조의 활은 힘이 갑절이 들었고, 화살도 특별히 길고 무거웠다. 어린 시절에 그 아버지 환조를 따라 사냥갔을 때, 환조가 태조의 화살을 보고 "이것은 사람이 쓸 것이 못된다." 하고 던져버렸다. 이 때 노루 일곱 마리가 잇달아 나오는 것을 태조는 잇달아 쏘아 죽이니, 환조는 크게 기뻐했다 한다.

제28장

員(원)의 지ᄇᆡ 가샤 避仇(피구)홍 소ᄂᆡ 마리 兩漢故事(양한고사)애 엇더ᄒ니잇고
집+의(처소부사격)　　손+ᄋᆡ(관형격)

아바닚 뒤헤 셔샤 赴京(부경)홍 소ᄂᆡ 마리 三韓今日(삼한금일)에 엇더ᄒ니잇고

‖원님의 집에 가셔서, 원수를 피하는 손님의 말이 전후 두 한 나라 옛 일과 어떠합니까? / 아버님 뒤에

서시어서, 서울로 가는 손님의 말이 우리나라 오늘과 어떠합니까?

진나라 때 여공이란 사람이 있어 어떤 원님 집에서 원수를 피하고 있었는데, 그 때 한나라 고조 유방이 그 집으로 갔더니, 여공이, 이런 상은 본 일이 없다 하여 그 딸을 유방에게 주었다. 과연 전한과 후한은 유씨가 세운 것이니, 이 여공의 말은 어긋나지 않았다는 것이다.

환조가 동북에 있을 때, 이달충이란 사람이 서울에서 왔다가 돌아간 일이 있었다. 그 때 이성계는 환조의 뒤에 서 있었는데, 환조가 술을 권하면 서서 받던 이달충은, 이성계가 권하면 꿇어앉아 받았다. 환조가 이상하게 여겨 그 까닭을 물었더니 이달충은 "이 아이는 보통 사람이 아니니, 그대 가업을 크게 이룰 것이다." 하였다. 과연 이성계는 나라를 세웠으니, 이달충의 말은 어긋나지 않았다는 뜻이다.

제29장

漢德(한덕)이 비록 衰(쇠)ㅎ나 帝胄(제주)ㅣ <u>中興(중흥)</u>ㅎ시릴씨 大耳兒(대이아)롤 臥龍
중흥ㅎ+시+리+ㄹ씨(이유)

(와룡)이 돕ᄉ녕니
世亂(세란)을 <u>救(구)</u>호려 나샤 天姿(천자)ㅣ 奇偉(기위)ㅎ실씨 大耳相(대이상)을 詔使(조사)ㅣ
구ㅎ+오려(의도)

일ᄏᆞᄌᆞᄫᅵ니

‖ 한나라의 덕이 비록 쇠퇴하나, 한 나라 임금의 후예가 다시 일어날 것이매, 큰 귀 가진 아이를 와룡이 도와드리니 / 세상 어지러움을 구하려고 나시어서, 하늘에서 주신 그 모습이 뛰어났으므로, 큰 귀 가진 그 상을 조사가 일컬으니

후한 광무제 유수는 전한 고조 유방의 후예이고, 또 촉한의 유비도 그 후예인데 그는 키와 귀가 커서 자기 자신이 그 귀를 돌아볼 수 있었다는 것이다. 와룡은 제갈 공명을 가리킴이니, 그는 유비를 도와 촉한을 중흥시켰다.

명나라 사신 유사길이 우리나라에 와서 태조의 큰 귀를 보고 감탄했다 한다.

제30장

뒤혜는 모딘 도족 알픠는 어드본 길혜 업던 번게를 하눌히 <u>볼기시니</u>
불ㄱ+이(사동)+시+니

뒤혜는 모딘 즁싱 알픠는 기픈 모새 열본 어르믈 하눌히 <u>구티시니</u>
굳+히(사동)+시+니

‖ 뒤에는 모진 도둑, 앞에는 어두운 길에, 없던 번개를 하늘이 밝히시니 / 뒤에는 모진 짐승, 앞에는 깊은
못에 엷은 얼음을 하늘이 굳히시니

후당 태조 이극용이 후량 태조 주전충에게 속아 술에 취해 있을 때에, 전충은 극용을 쳤다. 그러나 그 때 마침 번개 벼락과 함께 비가 내렸으므로 극용은 번개를 이용해 도망할 수 있었다.

이태조가 젊어서 사냥할 때에, 큰 표범이 갈대 속에 숨었다가 뛰어나왔다. 태조는 활을 쏠 겨를도 없이 몸을 피하여 달아났는데, 앞에 깊은 못이 있고 얼음이 엷어서 건널 수 없었으나, 태조는 말을 탄 채 이 못을 건넜으니, 이는 하늘의 도움이란 뜻이다.

제31장

<u>젼ㅁ리</u> 현 버늘 딘둘 三十年(삼십년) 天子(천자)ㅣ어시니, 모딘 꾀롤 일우리잇가
절+ㄴ(관형사형)+말+이, 디(떨어지-)+ㄴ 둘(종속적,양보), 천자+이(서술격)+거(확인)+시+니

石壁(석벽)이 <u>혼잣 사신둘</u> 數萬里(수만리)△ 니미어시니, 百仞虛空(백인허공)애 ㄴ리시
혼+쟈(단위)+ㅅ(관형격), 사ᅀᅵ(사이)+ㄴ 둘

리잇가

‖ 저는 말이 몇 번을 넘어진들 삼십년의 천자이시니 모진 꾀를 이루겠습니까? / 돌 절벽이 한 자 사이인들
수만리 강토의 임금이시니, 백 길이나 되는 허공 절벽에서 내려지겠습니까?

당나라 고조의 아들 세민(世民)이 위덕이 높았으므로 그 형들은 이를 시기하여 그를 해하려 했다. 하루는 사냥을 갔었는데, 형이 세민에게 잘 넘어지는 말을 주어 여러 번 넘어지게 했으나, 세민은 다치지를 않았다.

태조가 젊어서 산기슭에서 사냥을 할 때에, 돼지 한 마리를 쏘려다가 문득 백 길이나 되는 절벽에 다다르게 되매 급히 말 뒤로 뛰어 내리니, 돼지와 말은 함께 떨어지고 말았다. 또

태조가 절벽 위에서 노루를 쫓다가 절벽에 다다라 노루를 쏘고 급히 말을 세우니, 절벽에서 몇 걸음 거리가 있을 뿐이었다.

제32장

‖ 하늘이 나라(송나라)를 세우기 위하여 천명을 (고종에게) 내리우시니, 정자 위의 패액을 세 살을 맞히시니 / 하늘이 백성을 위하시어 천재(태조)를 내리시니, 숲 속의 담비에 화살 스물을 맞히시니

서기 1127년 금나라가 송나라를 치고, 휘종, 흠종 두 임금을 북으로 잡아갔다. 흠종의 아들 고종은 근왕병을 모집하고 비선정 현판을 세 살로 다 맞혀 민심을 움직였다 한다.

태조가 더운 여름에 목욕을 하고 냇가에 가까운 숲속에 앉았는데 담비 한 마리가 튀어 나왔다. 급히 활을 당겨 잡았는데, 뒤이어서 계속 20마리가 나와 한 마리도 놓치지 않고 잇달아 잡았다 한다.

제33장

‖ 행궁(임금이 여행중에 있는 곳)에 도둑이 에워싸 임금이 우시거늘, 구원으로 가서 군사를 과장하여 적을 속이시어 도둑이 돌아가니 / 경도에 도둑이 들어서 임금이 피하시거늘, (태조는) 먼저 달려가 적을 물리치시어서 임금이 돌아오시니

수나라 양제가 순행하는 도중에 돌궐의 습격을 받아 안문(雁門)에 들어갔는데, 그 부근 성들이 대부분 항복하고 안문마저 돌궐이 에워싸서 화살이 임금 가까이까지 날아 왔으므로 양제는 그 아들을 안고 울었다. 그 때 이세민이 어린 나이였음에도 불구하고 구원병에 응모하여, 장군에게 군대의 힘을 과장하여 적을 속이도록 계책을 올려 그대로 시행되니, 과연 적은

포위를 풀고 물러났다.

고려 공민왕 때에 홍건적이 압록강을 건너 침입하여 송도에 들어오매, 왕은 이를 피하여 남으로 가니, 임진 이북이 도둑에게 점령당하고 말았다. 그 때 이성계는 군사를 거느리고 적을 무찔러 임금을 다시 송도로 돌아오게 했다.

제34장

‖ 강물은 깊고 배는 없건마는 하늘이 명하시매, 말 탄 채로 건너신 것입니다 / 성은 높고 사닥다리는 없건마는 하늘이 도우시매 말을 탄채로 [성을] 내리신 것입니다

금나라 태조가 요나라를 치러 가다가 강에 다다라 건너지 못하고 있었는데, 태조는 말을 타고 건너면서 자기를 따르라 했다. 군사가 다 건너고 난 뒤에 물의 깊이를 재게 했더니, 강물은 아주 깊어서 밑에 닿지를 못했다. 이렇게 깊은 물을 말 탄 채로 건넜으니 이것은 하늘이 시킨 일이란 뜻이다.

태조가 홍건적과 싸울 때 이야기이다. 밤중에 적과 성문을 다투어 싸우고 있었는데, 도둑이태조의 뒤에서 창으로 귀를 찔렀다. 태조는 급해서 말을 달려 높은 성을 무사히 뛰어넘어 어려움을 면하니, 사람들이 모두 신기하게 여겼다.

제35장

‖ (돌궐이) 서울의 기별을 알고 (침입하므로) 혼자 나아가시어서 모진 도둑을 물리치신 것입니다 / 시골 군마를 이기매, 혼자 쫓겨 물러나시어, 모진 도둑을 잡으신 것입니다

당나라 태종이 그 형제를 죽이고 즉위하매, 돌궐이 당나라 서울이 내란으로 약해진 줄 알고 쳐들어 왔으나, 태종은 군용을 정비하여 혼자 말을 타고 나아가서 위세를 보이니, 돌궐이 화해할 것을 청해 왔다.

고려 공민왕 때에 원 나라 군사가 우리 북쪽 땅을 침범해 왔으므로, 공민왕은 태조(이성계)로 하여금 가 막게 했다. 태조는 여러번 접전하여 번번이 이겼는데, 한 번은 태조가 혼자서 뛰어가니 적의 장수 세 사람이 쫓아왔다. 태조는 거짓 달아나는 척 하다가 옆으로 비켜 적장을 뒤에서 쏘아 넘어뜨렸다.

제36장

‖ 형이 떨어져 보이니 여러 도둑이 쫓거늘, [태종이] 재를 내려 가 적을 치시어서 두 칼이 다 꺾어지니 / 말을 채찍을 쳐 보이시니 세 도둑이 쫓거늘, 길을 비켜나서 쏘시어 세 살에 다 넘어지니

당나라 고조 이 연이 그 아들 건성, 세민과 같이 수나라 공제를 칠 때에, 건성이 말에서 떨어져서 적에게 쫓기었다. 이것을 본 아우 세민은 급히 재를 내리달려서 수십 명을 죽이니, 두 자루 칼이 다 부러졌다.

제37장

‖ 서울에 적신(조조)이 있고, 한 분(유비)이 천명이시므로 꺼진 말을 하늘이 내시니 / 나라에 충신이 없고, 혼자 지성이시므로 여린 흙을 하늘이 굳히시니

조조가 후한의 끝 임금 헌제를 허현에 옮기고 스스로 대장군이 되니, 천하는 조씨의 손으로 들어가게 되었다. 촉한의 유비가 유표의 속임수에 빠져 죽을 뻔 했는데, 유비는 이를 알아차리고 도망쳐 나오다가 물에 빠졌다. 그 때 말에 채찍을 쳐서 세 길이나 되는 물에서 뛰

어 나오게 되었으니, 이는 유비가 하늘의 명령을 받고 있었기 때문이다.

원나라 기후(奇后)의 오라비 기철(奇轍)이 기후의 세력을 믿고 세도가 대단했으므로 공민왕은 그를 죽였다. 기후는 이 일로 원한을 품고 고려를 치게 되었다. 고려에서는 최영 장군으로 막게 했는데, 그때 태조도 종군하였으나, 말이 힘을 다하여 뛰어 나오니, 이는 하늘이 흙을 굳힌 것이란 뜻이다.

제38장

四征無敵(사정무적)ㅎ샤 오샤 사ᄅ시릴씨 東(동)이 니거시든 西夷(서이) ᄇ라ᅀᆞᄫᅵ니
　　살+ᄋ(사동) → 사ᄅ+시+리(추측)+ㄹ씨(이유)　　　니+거+시+든(조건)

用兵如神(용병여신)ㅎ샤 가샤ᅀ 이기시릴씨 西(서)예 오나시든 東鄙(동비) ᄇ라ᅀᆞᄫᅵ니
　　가+샤+ᅀ(강세보조사)　　　　오+나(확인)+시+든(조건)

‖ 성탕이 사방으로 정벌하심에 적이 없으시어 오셔야 살리실 것이매, 동에 가시면 서쪽 오랑캐가 성탕 오시기를 바라니 / 이태조가 군대를 신처럼 잘 움직이어 가셔야 이기실 것이매, 태조가 서에 오시면 동쪽 변방 사람이 태조 오시기를 바라니

은(殷)나라 임금 성탕(成湯)이 정사를 잘 못하는 나라 열하나를 정벌했는데, 그 나라 백성들이 탕왕이 자기 나라부터 정벌해 주기를 바랐다는 것이다.

이태조의 용병술이 비상해서 일찍 원 나라의 침략을 물리치고, 또 싸워서 이기지 않은 일이 없었다. 태조의 고종 형제는 활 잘 쏘고 힘이 세었는데, 태조가 원나라 기후의 침략을 막으러 간 틈에 여진을 꾀어서 북쪽을 침범하였다. 관군은 이것을 제대로 막지 못하고 태조 오기만 기다렸는데, 태조가 돌아오매, 그 고종 형제는 여진 땅으로 달아나 버렸다.

제39장

楚國(초국)엣 天子氣(천자기)를 行幸(행행)ᄋ로 마ᄀ시니 님긊 ᄆᅀᆞ미 긔 아니 어리시니
　　초국+에(처소부사격)+ㅅ(관형격)–'초국에 있는'의 의미

鴨江(압강)앳 將軍氣(장군기)를 아모 爲(위)ᄒ다 ᄒ시니 님긊 말ᄊᆞ미 긔 아니 올ᄒ시니
　　　　　　　　　　　　　　　　　　　　올ᄒ+시+니

‖ 초나라에 나타난, 천자가 날 기운을 행행으로 막으시니, 임금(진시황)의 마음이 그 아니 어리석으십니까? / 압록강에 나타난 장군의 기운을 아무를 위해서 나타난 것이라 하시니, 임금(고려 공민왕)의 말씀이 그

아니 옳으십니까?

진시황이 늘 말하기를, 동남쪽(초나라 방면)에 천자가 날 기운이 보인다 하여, 자기 자신이 그 쪽으로 행행하여 이를 미리 막으려 했다. 그러나 이 천자의 기운은 이 방면의 사람이니 유방(劉邦=한 나라 고조)이 장차 천자가 될 조짐이었다는 것이다.

고려 공민왕은 태조(이성계)로 하여금 북원을 치게 했는데, 압록강을 건널 무렵 그 방면에서 붉은 빛이 하늘에 뻗쳤다. 이것을 본 임금은, 저것은 이성계 때문이라 했다는 것이다.

제40장

城(성) 아래 닐흔 살 쏘샤 <u>닐흐늬</u> 모미 맛거늘 京觀(경관)올 밍ᄀᄅ시니
    관형사   닐흔(수사)+의(관형격)

城(성) 우희 닐흔 살 쏘샤 닐흐늬 ᄂ치 맛거늘 凱歌(개가)로 도라오시니

‖당나라 고조가 성 아래 일흔 살을 쏘시어 일흔의 몸이 맞으매 경관(적의 시체를 모아 만든 무덤)을 만드시니 / 이태조가 성 위에 일흔 살을 쏘시어 일흔의 낯이 맞으매, 개가로 돌아오시니

당나라 고조가 친히 수십 기병을 거느리고 적과 싸워 적을 물리친 일이 있었다. 그 때에 고조는 일흔 살을 쏘았는데, 그 다음날 적의 시체에서 그 일흔 살을 다 찾아 얻을 수 있었으니, 그의 활 솜씨가 이렇게 신묘했다.

이태조가 북원을 칠 때에 한 성을 에워싸고 일흔 살을 쏘았는데, 낱낱이 적의 얼굴에 맞았다. 이리하여 그 성은 항복하게 되었다.

제41장

東征(동정)에 功이 <u>몯이나</u> 所掠(소략)올 다 노ᄒ샤 歡呼之聲(환호지성)이 道上(도상)애
        몯+일[成]+나(못 이루나)

ᄀ득ᄒ니/
西征(서정)에 功(공)이 <u>일어늘</u> 所獲(소획)올 다 도로 주샤 仁義之兵(인의지병)을 遼左(요
        일+거늘(이유)

좌) ‖ <u>깃ᄉ᷀ᄫ니</u>
    깃+ᄉᆞᆸ+ᄋᆞ니

‖ 당나라 태종이 동쪽을 정벌함에 성공을 거두지는 못했으나, 포로들을 다 놓으시어서 환호하는 소리가 길
　에 가득 차니 / 이태조가 서쪽을 정벌하여 성공을 거두매, 싸움에서 잡은 것들을 다 도로 주시어 태조의
　인의의 군대를 요동 사람들이 다 기뻐하니

　당나라 태종이 고구려를 치려 하다가 안시성(安市城)에서 완전히 패배하였는데, 그 때 사
로잡은 고구려 사람들을 모두 놓아 주니 고구려 사람들이 모두 기뻐했다는 것이다.
　이태조가 북원을 칠 때에 소와 말을 수천 마리 붙잡았으나 모두 그 임자에게 돌려주니,
북방 사람들이 매우 기뻐해서 따르는 사람이 많았다.

제42장

西幸(서행)이 ᄒᆞ마 오라샤 角端(각단)이 말ᄒᆞ야놀 術士(술사)ᄅᆞᆯ 從(종)ᄒᆞ시니
　　　　　　　　　　　　말ᄒᆞ+아놀

東寧(동녕)을 ᄒᆞ마 아ᅀᆞ샤 구루미 비취여늘 日官ᄋᆞᆯ 從ᄒᆞ시니
　　　　　앗+ᄋᆞ+샤+(아)　비취(능격동사)+어늘(이유, 타동사표지 '-어')

‖ 원나라 태조의 서쪽으로 행행함이 이미 오라시어, 각단이란 짐승이 말하매, 술사의 말을 좇으시니 / 이태
　조가 동녕부를 이미 빼앗으시어 구름이 비치매, 일관의 말을 좇으시니

　원나라 태조가 회회국(回回國)을 치고 인도에까지 나아갔는데, 노루처럼 생긴 짐승이 나타
나서 사람의 말로, 돌아가라고 했다. 그 때 술수에 능한 사람이 있어 이 짐승은 '각단'이라는
것인데, 하늘이 살생을 싫어해서 내려 보낸 것이라 하므로, 태조는 그 날로 군사를 돌이켰다.
　원나라가 망하매 기철의 아들이 아비의 원수를 갚기 위해 고려의 북변을 침범했다. 공민
왕의 명을 받은 이태조는 이를 치고, 동녕부를 빼앗고 군사를 성 서쪽에 머무르게 했는데,
이날 밤 붉은 기운이 군영에 비치었다. 일관(서운관)은 군영을 옮기는 것이 좋다 하므로 그
말을 좇았다.

제43장

玄武門(현무문) 두 도티 ᄒᆞᆫ 사래 마ᄌᆞ니 希世之事(희세지사)ᄅᆞᆯ 그려 뵈시니이다
졸애山(산) 두 놀이 ᄒᆞᆫ 사래 ᄢᅦ니 天縱之才(천종지재)ᄅᆞᆯ 그려ᅀᅡ 아ᅀᆞᄫᆞᆯ까
　　　　　　　　　　　　　　　　　　　알+ᅀᆞ+ᄫᆞ(매)+ᄅᆞ까

‖현무문 두 마리 돼지가 한 화살에 맞으니, (당나라 현종은) 세상에 드문 이 신기한 일을 그림으로 그려 (사람에게)보이신 것입니다 / 쫄애산 두 마리 노루가 한 화살에 꿰뚫리니, 하늘이 허락하신 (이태조의)이 재주를 그림으로 그려야만 알까?

당나라 현종이 사냥할 때에 현무 북문에서 두 마리 돼지를 한 살로 맞혔는데, 이 모양을 그리도록 명하였다.

이태조가 쫄애산에서 사냥할 때에, 두 마리 노루를 한 살로 꿰뚫었다.(이 모양을 그리지는 않았으나, 이태조의 재주를 모를 사람이 어디 있겠는가?

제44장

‖놀이에 쓰는 방울(공)이시매 (당 나라 선종은)말 위에서 (공을)이어 치시나 양편의 공치기 선수만이 기뻐한 것입니다 / 임금의 명으로 노는 공치기이매 (태조는)말 곁에 엇막으시니, 사방 팔방으로 통한 거리에 모인 도읍 사람이 다 놀라니.

당나라 선종은 공치기를 매우 잘해서, 공을 던져 수백 번을 잇대어 치니 양 편의 공치는 선수들이 모두 탄복하였다.

고려 때의 젊은 무관과 양반의 자제들은 공치기 연습을 하였다가, 해마다 단오가 되면 임금을 위시하여 서울안의 남녀노소가 모인 가운데서 공치기 시합을 하였다. 공민왕 때의 이태조도 그 선수로 뽑히었는데, 태조는 <치니마기>, <엇마기>의 여러 가지 뛰어난 기술로 사람들을 놀라게 했다.

제45장

‖ 가겠다고 할 사람이 있으나 (초나라 회왕은)덕망이 높은 이를 부리시니, (유방은) 덕망이 높은 분이시매,
진나라 백성을 기쁘게 하시니 / 활 쏠 사람이 많건마는(공민왕은 태조의)무덕을 아시니, (과연 태조는)그
무덕으로 백성을 구하시니

초나라 회왕이 진을 치려하매, 항우가 유방과 함께 나가려 하였다. 그러나 늙은 장수들은
"항우는 잔인하므로 유방을 보내어서 의로써 진민을 효유함이 좋다."하므로, 유방을 보내게
되었다. 유방은 서로 나가는 길마다 이겼으나, 노략을 아니 하였으므로 진나라 백성들이 모
두 기뻐하였다.

고려 공민왕이 사대부에게 활을 쏘게 하고 친히 이를 구경하였는데, 이태조가 백발백중
하므로 왕은 매우 감탄하였다. 활 잘 쏘기로 이름난 사람과도 대적하여 백발백중으로 이기
니, 공민왕은 또한 매우 탄복하여 마지 아니 하였다. 이태조는 이러한 무덕으로 백성을 구
하였다.

제46장

賢君(현군)을 <u>내요리라</u> 하늘히 駙馬(부마) 달애샤 두 <u>孔雀(공작)</u>일 그리시니이다
　　　　　내+오(화자표시)+리+라(의도 연결어미)　　　공작+이(접미사)+ㄹ(목적격)

聖武(성무)를 <u>뵈요리라</u> 하늘히 님금 달애샤 열 銀鏡(은경)을 노ᄒ시니이다
　　　　　보+이(사동)+오+리라

‖ 어진 임금을 내겠다고, 하늘이 부마의 마음을 달래시어 두 공작을 그리신 것입니다 / 성스런 무력을 (다
른 사람에게)보이겠다고, 하늘이 임금(공민왕)을 달래시어, 열 은경을 놓으신 것입니다

부마(북주 무제의 누이 양양장공주에게 장가든 두의)가 딸을 낳으니, 머리카락이 매우 길
었다. 부마는 특별히 재주 있는 사람으로 사위를 삼기 위하여 문에 두 공작을 그려 두고 구
혼하는 사람이 있으면 활을 쏘아 맞추게 하였으나, 구혼하는 여러 사람 중 한 사람도 맞추는
사람이 없었다. 그러나 당 고조가 두 살을 쏘아서 각 한 눈씩을 맞혔다
고려 공민왕이 금으로 만든 거울 열 개를 내어서 팔십보에 두고 맞히는 사람에게 그것을
주기로 하였는데, 이태조가 십발십중하였다.

제47장

> 大箭(대전) ᄒᆞᆫ 나태 突厥(돌궐)이 놀라ᅀᆞᄫᆞ니 어듸 머러 威不及(위불급)ᄒᆞ리잇고
>   날+애(도구 부사격)   어듸(대명사, 어디)+ø(주격)
>
> 片箭(편전) ᄒᆞᆫ 나태 島夷(도이) 놀라ᅀᆞᄫᆞ니 어느 구더 兵不碎(병불쇄)ᄒᆞ리잇고
>   어느(대명사)+ㅣ(주격)

‖ (당나라 태종의)큰 화살 하나에 돌궐이 놀라니 어디가 멀어 그 위세가 미치지 못하겠습니까? / (이태조의) 아기 살 (짧고 작은 화살) 하나에 섬 도적이 놀라니, 어느 것이 굳어 (적의) 군대가 부수어지지 않겠습니까?

당나라 태종의 활 크기가 보통 사람보다 갑절이 되었다. 이에 놀란 돌궐은 태종을 신인이라 일컬었으며, 후에 활 하나와 긴 살 다섯을 얻어서는 가보로 삼았다 한다.

고려 우왕 때 도적이 남쪽 해안에 나타나 노략질을 하므로 이태조가 치러가 지리산에서 마주쳤다. 그때 이백보쯤 되는 곳에서 한 도적이 손으로 볼기를 두드리며 조롱하는 모양새를 보이자, 태조는 아기살로 쏘아 한 살에 넘어 뜨리니 도적이 놀라 산으로 올라갔다.

제48장

> 굴허에 ᄆᆞᄅᆞᆯ 디내샤 도ᄌᆞ기 다 도라가니 ᄲᅩ길 노ᄑᆡᆫ돌 넌기 디나리잇가
>   디나+이(사동)+샤+(아)   노ᄑᆡ+ø(서술격)+ㄴ 돌(양보)
>
> 石壁(석벽)에 ᄆᆞᄅᆞᆯ 올이샤 도ᄌᆞ기 다 자ᄇᆞ시니 현번 ᄢᅴ운돌 ᄂᆞ미 오ᄅᆞ리잇가
>   오ᄅᆞ+이(사동)+샤+(아)

‖ (금 나라 태조가) 구렁에 말을 지나게 하시어 도둑이 다 돌아가니, (한길 아니라) 반길 높이인들 다른 사람이 지나겠습니까? / (이태조가)돌 절벽에 말을 올리시어 도적을 다 잡으시니, (한번 아니라) 몇 번을 뛰어오르게 한들 남이 오르겠습니까?

금나라 태조가 한번은 싸움에 나가 도적을 죽이고 돌아올 때 도적이 쫓아오는데 혼자 좁은 구렁에서 길을 잃어 버렸다. 이때 앞에 한 길이나 되는 언덕이 있었다. 태조의 탄 말은 한번 뛰어 이 언덕을 넘어가니, 도적은 다시 쫓지 못하고 돌아갔다.

도적이 이태조에게 쫓기어 산으로 올라가 절벽위에서 칼을 뽑고 창을 세우니, 그 모양이 고슴도치 같았다. 태조는 비장과 태종을 보내어 보았으나 도무지 올라갈 수 없다 하므로 자

신이 칼등으로 말을 쳐서 한 달음으로 오르니, 군사들이 좇아 도적을 다 잡았다.

제49장

셔볼 도즈기 드러 님그미 **나갯더시니** 諸將之功(제장지공)애 獨眼(독안)이 노프시니
나가+잇+더+시+니

님그미 나가려 ᄒᆞ샤 도즈기 셔볼 <u>드러니</u> 二將之功(이장지공)올 一人(일인)이 <u>일우시니</u>
들+거(확인)+니 　　　　　　　　　　　　　　　　　일+우(사동)+니

‖ 서울(당나라 장안)에 도둑이 들어 임금(당나라 희종)이 나가 있으시더니, 여러 장군들이 공을 세운 중에 애꾸눈이(이극용) (가장) 높으시니 / 임금(고려 우왕)이 (왜적을 피하여 서울을) 나가려 하시어 도적이 서울에 들어오더니, 두 장군의 공을 한 사람(이태조)이 이루시니

당나라 희종 때에 황소가 장안을 짐령하여 희종이 피난했었는데, 그 때 한 눈이 작은 이극용이 장안을 수복하는 데 가장 큰 공을 세웠다.

고려 우왕 때에 왜적이 강화를 노략하고 해풍군으로 나아와 최영과 대결했는데, 최영도 한 때 물러났다. 이 소식을 듣고 우왕은 몽진하려 했으나, 이태조가 기병을 거느리고 나아가서 적을 크게 무찔렀다.

제50장

내 님금 그리샤 後宮(후궁)에 드르싫제 하놇벼리 눈 ᄀᆞᆮ 디니이다
　　　　　　　　　　　　　　　　　　　　　　같이(부사)

내 百姓(백성) 어엿비 너기샤 長湍(장단)올 건너싫제 힌 므지게 ᄒᆡ예 ᄣᅦ니이다

‖ (당나라 현종은) 내 임금(당나라 중종)을 그리워하시어 후궁에 드실 때에, 하늘의 별이 눈과 같이 떨어질 것입니다 / (이태조는) 내 백성을 가련하게 생각하시어 장단을 건너실 때에, 흰 무지개가 해를 꿰뚫은 (해에 박힌) 것입니다

당나라 중종의 왕후 기씨가 중종을 독살하고 위씨 일문을 요직에 앉혔다. 현종은 위씨를 치려고 궁으로 들어갈 때에 하늘의 별이 눈과 같이 떨어지니 모두 용기백배하여 뛰어들어 위씨를 무찔렀다.

고려 우왕 때에 왜적 오백 척이 쳐들어와서 그 노략질의 참혹함이 말할 수 없었다. 그 때

이태조가 이를 막으러 나갔는데, 군사가 장단에 이르매 흰 무지개가 해에 박히니, 모두 이길 징조라 하였다. 그 때 이태조는 나아가며 백성의 시체가 산과 들에 가득 차 있음을 보고 가엾게 여겨 침식을 잊을 지경이었다 한다.

제51장

軍容(군용)이 녜와 다른샤 아숩고 믈러가니, <u>나삭오던덴</u> 목숨 기트리잇가
나삭오+더+ㄴ덴(가정)

置陳(치진)이 눔과 다른샤 아슥붓터 나삭오니 믈러가던덴 목숨 ᄆ추리잇가

‖ (원나라 태조의)군사 진용이 옛날과 다르시어 (적은 그것을) 알고 물러가니, (만일) 나아왔다면 목숨이 남았겠습니까? / (이태조의) 진을 치는 방법이 남과 다르시어 (적은 그것을) 알면서도 나아오니, (만일) 물러갔다면 목숨을 마쳤겠습니까?

원나라 태조가 내만부장(乃蠻部長) 태양한(太陽罕)을 칠 때에, 태양한의 부하는 태조의 군사 진용이 옛날과 달리 정연함을 보고 달아나 버렸다.

이태조가 왜적을 막으러 나아가서 왜적 중의 가장 용맹한 놈을 쏘아 넘어뜨렸는데, 이 놈은 이태조의 진 치는 방법이 다른 사람과는 달라서 각별히 조심을 하면서도 나아왔다는 것이다.

제52장

請(청) 드른 다대와 노니샤 바놀 아니 마치시면 어비아드리 <u>사른시리잇가</u>
다대(달단)+와(부사격,공동)   살+ 으(매)+시+리+잇+가

請(청)으로 온 예와 싸호샤 투구 아니 밧기시면 나랏 小民(소민)을 <u>사른시리잇가</u>
예(倭)   사른+시+리+잇+가

‖ (후당 태조가) 청을 들은(받은) 다대(오랑캐)와 놀아나시어, 바늘을 맞히지 아니하시면, 어비아들이 살아나시겠습니까? / (이태조가) 청을 받고 온 왜와 싸우시어 (그 왜놈의) 투구를 아니 벗기시면, 나라의 백성들을 살리시겠습니까?

후당의 헌조가 추장과의 싸움에 져서 그 아들과 더불어 달단으로 들어갔는데, 그 추장은 달단에게 뇌물을 주고 그 아버지와 아들을 죽이도록 했다. 그것을 안 아들 태조는 일부러 자

기의 무력을 과시하여 달단족이 감히 해칠 생각을 하지 못하게 했다.

태조가 왜적을 막아 싸울 때에, 그 중의 가장 용맹한 장수를 죽였는데, 태조는 처음에 이를 사로잡으려 했으나 되지 않으므로 먼저 투구를 쏘아 벗기고 난 뒤에 그를 죽였다. 이 자는 제 나라에서 오기 싫어했는데, 그 용맹을 사서 왜적들이 굳이 청해서 데려온 놈이었다 한다.

제53장

‖ (당나라 태종은) 온 천하를 평정하시어, (다니는 사람이) 길 위에 양식을 잊으니, 변방 밖의 북쪽 오랑캐(돌궐)인들 (어찌) 아니 오겠습니까? / (태조가) 나라의 사방을 개척하시어, 섬 안에 (사는 사람들이) 도적을 잊으니, 변방 밖의 남쪽 오랑캐(유구, 섬라)인들 (어찌) 아니 오겠습니까?

당나라 태종이 천하를 평정하매, 풍년이 또한 들어서, 길가는 사람들이 양식을 싸가지고 다니지 않아도 좋게 되었다. 이와 같이 천하가 태평하므로, 돌궐이 와서 평화를 청했다.

삼국 말년 이래 오랫동안 평양 이북은 여진족이, 남쪽은 왜적이 항상 침범했다. 태조가 왕인 된 이후 교화가 멀리 미쳐서 서북의 백성이 편안하게 살게 되고, 왜(日本)도 통상을 청하여 남쪽 백성이 또한 마음 놓고 살게 되어서, 섬 안에까지 밭을 일구어서 생활이 자리잡혔다. 또 여진 사람들과, 유구, 섬라 사람까지 와서 교역하기를 원했다.

제54장

‖ (노나라가) 예의 있음을 (한나라 고조가) 아끼시어 병마를 멈추시니, 변방 밖의 남쪽 오랑캐인들 (어찌) 아니 오겠습니까? / (조무의) 재주와 용기를 (이태조가) 아끼시어, 쇠붙이 무기를 버리니, 변방 밖의 북쪽

오랑캐인들 (어찌) 아니 오겠습니까?

한나라의 고조 유방은 항우를 베고 초 땅을 평정하였으나, 노 나라만이 항복하지 않으므로 고조는 군대를 거느리고 노나라의 성 밑에 이르니, 음악 소리가 들렸다. 고조는 노나라가 예의를 지키는 줄을 알고 바로 무찌르지 않고 항우의 머리를 보였더니 항복하였다. 유방이 한나라를 세우매 남월(南越)의 무왕(武王)이 신(臣)이라 자칭하였다.

조무(趙武)는 원나라 장수인데, 원이 망하매 부하를 거느리고 공주에 머무르게 되었다. 그 때 이태조가 동북면에 있었는데, 조무가 난을 일으키리라 판단하고 미리 이를 쳤다. 그러나 그의 용맹을 아껴서 쇠로 만든 화살을 쓰지 않고 박두(樸頭, 촉이 나무로 된 화살의 한가지)로 쏘아서 수십번을 맞히니 조무가 항복하였다. 그리하여 조무는 태조의 심복 부하가 되었다.

제55장

逐鹿未挤(축록미기)예 燕人(연인)이 向慕(향모)ᄒᆞᅀᄫᅡ 梟騎(효기) 보내야 戰陣(전진)을
　　　　부사격

돕ᄉᆞᄫᅵ니

潛龍未飛(잠룡미비)예 北人(북인)이 服事(복사)ᄒᆞᅀᄫᅡ 弓劍(궁검) ᄎᆞᆺ습고 左右(좌우)에

좇ᄌᆞᄫᅵ니
좇+줗+ᄋᆞ+니

‖ 사슴(임금의 자리를 비유함)을 쫓아 아직 한 다리를 끌어 당기지 못하매, 연인들이 (한나라 유방을) 사모하여 용맹한 기마병을 보내어 전진을 도와드리니 / 물에 잠긴 용(이태조를 비유함)이 아직 날지 않으매, 북쪽 사람들이 심복하여 칼과 활을 차고 (태조의) 곁을 따르니

한나라를 세운 유방이 광무에 친을 치고 있을 때, 북맥, 연인들이 용맹한 기병을 보내어 유방을 도왔다.

이태조의 교화가 동북면에 멀리 미쳤는데(53장), 야인의 추장 중에는 와 섬기는 사람이 많았으니, 혹은 집을 지키며, 혹은 가까이 모시고 싸움에 늘 따라 다녔다.

제56장

‖ (당나라 태종의) 명성과 교화가 넓으시매, 불모의 땅까지도 호적에 편입되더니, 혁명한 뒤에 (태종의) 두터운 은혜를 그리워하니 / (이태조의) 위엄과 은혜가 넓으시매, 머리 흐트러진 야만인(야인)까지도 관대를 입더니, 오늘 날에 (태조의) 높은 덕에 (느껴)우니

당나라 태종 때에 그 위세가 사방에 미쳐서 여러 추장들이 당나라에 사신을 보내고, 정초의 하례 때에는 그 수가 수천에 이르렀다.

야인의 추장과 여진들이 태조의 덕망에 감동하여 따르는 사람이 많았으므로 태조는 즉위한 뒤에 이들에게 벼슬을 주었다. 이들에게 미개의 풍속을 고쳐서 의관을 갖추게 하고 예의를 지키게 하니, 모두 이 나라 백성 되기를 원했다.

제57장

‖ (금나라 태조가) 세 살로 세 새를 쏘시니, 마을 안에 있던 요 나라 사신이 그 신기한 재주를 칭찬하니 / (이태조가) 한 살로 두 새를 쏘시니, 길가에 있던 백성이 (태조를 쫓아 뒤에) 큰 공을 세우니

금나라 태조가 열 다섯 살 되었을 때에, 요나라 사신이 마을 안에 앉았다가 태조를 보고 새를 쏘아 보라고 했다. 태조는 세 살로 세 새를 다 맞히니 요나라 사신은 매우 감탄했다.

이태조가 우리나라 북쪽에 침입한 여진을 물리치고 돌아올 때에, 비둘기 두 마리가 나무에 앉은 것을 보고 화살 둘로써 다 떨어뜨리니 길가에서 김 매던 두 백성(한 충, 김인찬)이 감탄하여 태조를 따라다녔는데, 이 두 사람은 뒤에 개국공신이 되었다.

제58장

> 말이숩거늘 가샤 긼ㄱ새 軍馬(군마) 두시고 네 사롬 두리샤 <u>셕슬 치자ㅸ시니</u>
>   셗(말고삐)+을, 치(접두사,위로)+잡+ㅸ+시+니
>
> 내 니거지이다 가샤 山(산)미틔 軍馬(군마) 두시고 온 사롬 두리샤 기른말 밧기시니

‖(부하들이) 말리는데 (당나라 태종은) 가시어, 길가에 군마를 두시고서 네 사람을 데리시어 말고삐를 힘주어 잡으시니. / (이태조가) 내가 가고 싶습니다 (하고) 가시어, 산 밑에 군마를 두시고 백 사람을 데리시어 안장을 벗기시니

왕세충이 낙양에서 황제를 일컫고 나라를 정이라 하매, 당나라 고조는 태종을 시켜 이를 치게 했다. 태종은 가는 도중에 곳곳에 복병을 시켜 놓고(길가에 군마를 두었다함은 이를 비유함), 자기는 네 기병을 거느리고 가서 적을 복병 있는 데까지 유인해 와서 적을 무찔렀다.

고려 우왕 때에 왜적의 배 일백 오십 척이 함경도에 침범했는데, 여러 장군이 물리치지를 못했다. 이에 이태조는 자청하여 나아가서 좌우에 군사를 숨겨두고 부하 일백여 기병을 거느리고 적 있는 곳 가까이 가서 말의 안장을 벗기고 말을 쉬게 했다. 그러나 적은 감히 나아오지 못 하므로 태조는 부하 몇 사람으로 하여 적을 유인하여 이들을 크게 무찔렀다.

제59장

> 東都(동도)앳 도ㅈ기 威武(위무)를 <u>니기</u> 아ᅀᆞ바 二隊玄甲(이대현갑)을 보숩고 저ᄒᆞ니
>   익히(부사), 닉+이(부사파생접사)
>
> 東海(동해)옛 도ㅈ기 智勇(지용)을 니기 아ᅀᆞ바 一聲白螺(일성백라)롤 듣줍고 놀라니

‖동도에 (일어난) 도둑이 (당나라 태종의) 위엄과 무력을 익히 알아서, 두 대의 검은 갑옷을 보고 두려워하니 / 동해에 (침입한) 도적이 (이태조의) 지혜와 용기를 익히 알아서, 한번 울리는 소라 소리를 듣고 놀라니

당나라 태종이 왕세충을 치러 갈 때, 정병을 골라, 모두 검은 갑옷을 입히고 투구를 씌워서 좌우 두 대로 나누고, 자기도 검은 갑옷을 입고 앞장서서 나아가니, 적이 모두 두려워했다.

이태조가 함경도에 침입한 왜적을 치러 갔을 때에, 적은 싸우기도 전에 그 소라 소리를 듣고 기가 질렸다고 한다.

제60장

出奇無端(출기무단)ᄒᆞ실ᄊᆡ 도ᄌᆞ기 알ᄑᆞᆯ 디나샤 도ᄌᆞ기 ᄠᅳᆮ 몰라 몯 나니
　　　　　　　　　　　　도족+이(관형격)　　　　　　　　　　　　　　　　　　나[出]+니

變化(변화)ㅣ 無窮(무궁)ᄒᆞ실ᄊᆡ 도ᄌᆞ기 ᄉᆞ싀 디나샤 도ᄌᆞ기 ᄠᅳᆮ 몰라 모ᄃᆞ니
　　　　　　　　　　　　　　　　　　　　　　　　　　　　　　　몯+ᄋᆞ+니

‖ (당나라 태종은) 신기한 계략을 냄이 끝이 없으시매, 도둑의 앞을 지나시어(도) 도둑이 그 뜻을 몰라서 나오지 못하니 / (이태조의 전략은) 변화가 무궁하시매, 도적의 사이를 지나시어(도) 도적이 그 뜻을 몰라서 모이니

당나라 태종이 왕세충을 치러 갈 때, 태종의 군대가 적의 앞을 지나갔는데도, 적은 성 위에서 이것을 바라만 보고, 그 까닭을 몰라서 감히 나오지 못했다.

이태조가 왜적을 치러 가서(58장) 부하 백여 기병을 거느리고 천천히 적의 사이로 지나가니, 적이 이를 바라보고도 저렇게 적은 군사가 저렇게 천천히 가는 이유를 알지 못하여 동산에 있던 적이 서산 있는 적과 한데 모였다.

제61장

일후믈 놀라ᅀᆞᄫᅡᄂᆞᆯ ᄒᆞᄫᆞᅀᅡ 뒤헤 셔샤 手射數人(수사수인)ᄒᆞ샤 五天賊(오천적) 이기시니

일후믈 저ᄊᆞᄫᅡᄂᆞᆯ ᄒᆞᄫᆞᅀᅡ 뒤헤 나샤 手斃無筭(수폐무산)ᄒᆞ샤 百艘賊(백소적) 자ᄇᆞ시니
　　　젛+ᄉᆞᆯ+아ᄂᆞᆯ(이유)

‖ (적이 당나라 태종의) 이름을 (듣고) 놀라거늘, (태종은) 혼자 뒤에 서시어 손수 수인을 맞히시어, 오천의 도둑을 이기시니 / (적이 이태조의) 이름을 두려워하거늘, (태조는) 혼자 뒤에 나시어, 손수 죽이심이 수 없으시어, 백척의 도적을 잡으시니

당나라 태종이 왕 세충과 싸울 때에, 먼저 적병을 만나 자기 이름을 알리고 손수 쏘아 죽이고서 드디어 승리를 거두었다.

왜적이 일백 오십 척으로 함경도를 침범했을 때 왜말 아는 사람을 시켜, 장수가 태조임을 알리고, 손수 많은 도적을 잡고 드디어 백 오십 척의 도적을 다 무찔렀다.

제62장

‖(당 나라 태종은) 도둑을 나아가 보시어 (자기의) 이름을 알리시니, (태종은) 성스런 무력을 지닌 분이시니 (도둑이 감히) 나오겠습니까? / 도적이 (이태조) 계신 곳을 물어, (그) 이름을 두려워하시니, (태조는) 하늘에서 타고 난 위엄이시니 (도적이 감히) 들어오겠습니까?

돌궐이 당을 침입해 왔으므로 당 나라 고조는 태종으로 하여 가 막게 했다. 태종은 자기의 이름을 알리고 나아가니 돌궐은 크게 놀라서 화친을 청하게 되었다.

왜적이 우리나라 사람을 사로잡으면 반드시 이태조 있는 곳을 묻고 그 곳에는 가까이 가지 않았다.

제63장

‖(후당의 태조가) 백보에 (있는) 말채를 쏘시어, 여러 호걸들에게 보이시매, (그들이) 음모를 잊은 것입니다 / (이태조가) 백보에 (있는) 열매를 쏘시어, 여러 손님에게 보이시매, 경하하는 술잔을 올린 것입니다

후당 태조가 달단족에게 자기의 무력을 과시하기 위해서, 그들과 사냥하다가 나무에 바늘을 걸어 놓고 맞히고, 혹은 말채를 세워 놓고 백보 밖에서 쏘아 맞히니 여러 호걸들이 감복하여 감히 해칠 생각을 하지 못했다.

이태조가 아직 임금이 되기 전에 동료들과 활쏘기를 했는데, 태조는 한 배나무에 열린 수십 개의 열매를 백보 거리에서 한살로 쏘아 떨어뜨리니, 여러 사람들이 탄복하여 술을 들어 치하했다.

제64장

‖ 천하의 영웅이 (금나라 태조의) 도량에 다 들므로, (태조는) 반역하는 놈을 부러 놓아 주시니 / 세상의 호걸이 (이태조의) 범위 밖에 나지 못하므로, (태조는) 이기실 수를 짐짓 없게 하시니

금나라 태조가, 그의 부하가 반역을 꾸미고 있다는 말을 듣고, 그들에게 말하기를 "너희들이 반역하려 한다 하니, 진실로 그렇다면 너희들에게 무기를 주마. 만일 너희들이 다시 내 손에 들 때는 죽이겠다. 그러나 이대로 머물러서 나를 섬긴다면 나는 너희들을 의심하지 않겠다." 하니 그들은 떨면서 대답하지 못했다. 이에 태조는 이들을 모두 용서했다.

이태조는 겸손하여 남의 위에 나서는 것을 좋아하지 않았다. 활 쏠 때에 맞은편과 언제든지 맞히는 수를 같게 하고, 굳이 권하는 경우에는 화살 하나쯤 많게 할 뿐이었다.

제65장

‖ (당나라 태종이) 나라 동산의 돼지를 치시어, (태종이 장사에게 말했는데) 장사가 들은 (그) 말이, 세상에 빼어난 기상이 어떠하시니. / (이태조는) 가파른 고갯길에서 노루를 쏘시어 (태조가 부하에게 말했는데) 부하가 들은 (그) 말이, 일세를 뒤덮을만 한 그 기상이 어떠하시니.

당나라 태종이 사냥할 때에 돼지 여러 마리를 잡았는데, 또 한 마리가 숲속에서 나와 등자를 향해서 달려들었다. 그때 같이 있던 장사(長史=벼슬 이름)는 놀랐으나 태종은 칼로 돼지를 베고 난 뒤 장사에게, 「어찌 그리 두려워하느냐?」하였다.

이태조가 부하들과 사냥할 때에, 한 마리 노루가 높은 산마루에서 달려 내렸는데, 너무 가팔라서 다른 사람들은 내려가지 못했으나 태조는 바로 달려 내려서 노루를 쏘아 맞히고 말을 멈추어서 웃으며 「이것이 내 솜씨야!」고 했다.

제66장

大義(대의)를 <u>불기실씨</u> 侯國(후국)이 오ᅌᅳ더니 輕士善罵(경사선매)ᄒᆞ샤 侯國(후국)이 背
　　　　　붉+이(사동)+시+ㄹ씨(이유)

叛(배반)ᄒᆞ니

大勳(대훈)이 <u>이ᄅᆞ시릴씨</u> 人心(인심)이 몯줍더니 禮士溫言(예사온언)ᄒᆞ샤 人心(인심)이
　　　　　일+ᄋᆞ(매)+시+리+ㄹ씨

굳ᄌᆞᄫᅳ니

‖ (한나라 고조가) 대의를 밝히시매 제후의 나라들이 (고조에게로) 오더니, (고조는) 선비를 경멸하고 꾸짖기
　를 잘해서 제후의 나라들이 배반하니 / 큰 공이 이루어지실 것이매 인심이 (이태조에게로) 모이더니, 선
　비를 대접하고 말씀을 부드럽게 하시어 인심이 (더욱) 굳으니

　항우가 의제를 죽이매, 한나라 고조가 의제를 위하여 항우를 치려 하니, 천하 제후가 고조
에게로 모였으나, 고조는 선비를 경멸하고 또 꾸짖기를 잘하는 버릇이 있어 제후가 배반했
다.

　이태조는 부하를 성심으로 사랑하였으므로 여러 다른 장수의 부하들이 모두 태조를 따르
려했다.

제67장

ᄀᆞ룺 ᄀᆞ새 자거늘 밀므리 사ᄋᆞ리로ᄃᆡ <u>나거ᅀᅡ</u> ᄌᆞᄆᆞ니이다
　　　　　나[출(出)]+거(확인)+ᅀᅡ(강세보조사), 좀+ᄋᆞ(매)+니(원칙)+이+다

셤 안해 자싫 제 한비 사ᄋᆞ리로ᄃᆡ <u>뷔어ᅀᅡ</u> ᄌᆞᄆᆞ니이다
　　　　　사올+이+오ᄃᆡ, 뷔+거(확인)+ᅀᅡ

‖ (백안이) 강가에 자거늘 밀물이 사흘이로되 (물이 들지 않더니), (백안이) 나가고 난 뒤에야 비로소 잠긴
　것입니다 / (이태조의 군사가) 섬 안에 자실 때 큰 비가 사흘이로되 (섬에 물이 들지 않더니), (섬이) 비고
　난 뒤에야 비로소 잠긴 것입니다

　원 세조의 백안이 송나라를 치려고 군사를 전당강 기슭에 머무르게 하매, 항주 사람들이
이를 다행히 여기더니 밀물이 사흘 동안 들지 않았다.

　이성계가 위화도에 진군하매 장마가 여러 날 동안 내렸으나, 물이 붇지 않다가 회군하니

까 섬이 잠겼다.

제68장

‖ (하늘이) 강가에 (자는 것을) 말리지 아니하시어 밀물을 막으시니, 하늘이 부러 남에게 보이시니 / 큰 비를 (하늘이) 그치지 아니하시어 나는 물을 에워가게 하시니, 하늘이 부러 우리들에게 보이시니

백안이 밀물이 들어올 강가에 진 치는 것을 하늘이 금하지 않고 도리어 밀물을 막은 것은 하늘의 뜻을 남들에게 보이기 위한 것이다.

이태조가 위화도에 나아갔을 때에 비를 내리지 않아야 위험이 없을텐데, 하늘이 큰 비를 내려 홍수를 돌이킨 것은 하늘의 뜻을 우리에게 보이기 위한 것이라 함이다.

제69장

‖ 들에 용(여러 장수들)이 싸워서 四七(사칠) 장수가 이루어 낼 것이니, 오라한들 오시겠습니까? / 성 밖에 불이 비치어 十八子(李)가 구하실 것이니 가라한들 가시겠습니까?

후한 광무제가 경시 장군의 부하로 있어 한단을 공격하매 경시는 군사를 거두라고 명령하였다. 그러나 광무는 이에 응하지 않고 제위에 오르려하니, 그때 유생이 적복부란 도참(예언서)을 드리니 거기에 '용이 들에 싸우니 四七 즈음에 火가 主가 되리라'하는 말이 있었다. 火는 漢을 가리키는 말이다.

이태조가 위화도에서 회군하여 돌아올 즈음에, '서경 성밖에 불빛이요, 안주 성밖에 연기와 빛이라'하는 동요가 떠돌아다니고, 또 '十八子(李)가 삼한을 바로잡는다'는 도참(예언서)가

있었다.

제70장

‖ 하늘이 (당나라 태종과 같은) 영기한 재주를 내시어 백성을 편안하게 하도록 하시매, 여섯 준마가 시기를 맞추어 나니 / 하늘이 (이태조와 같은) 용기와 지혜 가진 분을 주시어 나라의 편안을 위하시니, 여덟 준마가 때를 맞추어 나니

당 태종은 여섯 마리 준마를 가졌었고, 이태조가 타던 말은 여덟 마리였다.

제71장

‖ 원량(태자)을 흔들려고 수상으로 참소하니 (당나라 예종은) 평범한 임금이시지만 천성은 밝으시니 / 거짓 성을 굳히려고 천자 뵙기를 청하니 (명나라 임금은) 성군이시매 하늘의 명을 알으시니

당 현종이 태자가 되매 태평공주가 그 영민함을 싫어하여 약한 자를 세워 자신의 권세를 보전하려 하여 여러번 예종에게 참소하여 그 자리를 떨어뜨리려 하였다. 예종은 용군이었으나, 천성은 밝으신 분이므로 하늘의 뜻을 알아 현종에게 禪位(선위)하였다.

고려 창왕이 즉위했을 때 이색이 창왕으로 하여금 왕권을 굳게 하려고 친히 명나라에 入朝(입조)하였다. 그러나 그 뒤에 이태조가 등극하여 명나라에 사신을 보내어 천자에게 건국의 이유를 말하니 명나라 태조는 사신에게 자기가 나라를 얻은 내력을 이야기하고 "너희 임금이 나라를 얻음도 이와 같을 것이다. 하늘이 준 것이니 어찌 막을 수 있겠는가?" 하였다.

제72장

獨夫(독부)를 하늘히 니ᄌᆞ샤 功德(공덕)을 國人(국인)도 솗거니 漢人(한인) ᄆᆞᅀᆞ미 엇더
ᄒᆞ리잇고
獨夫(독부)를 하늘히 ᄇᆞ리샤 功德(공덕)을 漢人(한인)도 솗거니 國人(국인) ᄆᆞᅀᆞ미 엇더
ᄒᆞ리잇고

‖ 독부(수양제)를 하늘이 잊으시어 (당태종의) 공덕을 우리나라 사람도 말하니 하물며 한나라 사람의 마음이
야 어떠하겠습니까? / 하늘이 독부(신창)을 버리시어 (이태조의) 공덕을 한나라 사람도 말하니 하물며 우
리나라 사람의 마음이야 어떠하겠습니까?

독부는 수양제를 가리키고 공덕은 당 태종의 공덕을 말함. 17, 41장
독부는 辛昌을 가리키고 공덕은 이태조의 공덕을 말함. 9, 71장

제73장

生靈(생령)이 凋喪(조상)ᄒᆞᆯᄊᆞ 田租(전조)를 고티시니 七姓亂後(칠성난후)에 致治(치치)를
爲(위)ᄒᆞ시니/
寇攘(구양)이 毒病(독병)ᅵ어늘 田制(전제)를 고티시니 僞氏黜後(위씨출후)에 中興(중흥)
　　　　　　독병+ᅵ(서술격)+거늘(이유)
을 爲(위)ᄒᆞ시니

‖ 백성이 쇠퇴하매(가난하매) (주 나라 세종은) 땅 세금 제도를 고치시니, 일곱 성의 난이 있은 뒤에 태평의
정치가 되기를 바라시니 / 약탈이 나라를 병들게 하매(망치매), (이태조는) 토지 제도를 고치시니, 거짓 성
을 내친 뒤에 (고려의) 중흥을 위하시니

　서기 10세기 경, 일곱 성씨를 가진 자들이 모두 임금을 일컬어 천하가 어지럽고 백성이
도탄에 빠졌는데, 후주(後周)의 세종은 토지 제도와 세금은 나라 다스리는 근본이라 하고 천
하의 토지 제도를 바로 잡았다.
　고려 말에 호족의 약탈이 심했는데, 이태조는 왕 씨 아닌 신창을 내치고, 왕 씨의 후예인
공양왕을 세워 고려 왕조를 중흥하려 했다. 그리고는 토지 제도를 바로잡는 데 힘썼다.

제74장

天倫(천륜)을 姦臣(간신)이 하ᅀᆞᄫᅡ 中土心得(중토심득)다 ᄒᆞᆫ들 賢弟(현제)를 <u>매</u> 니ᄌᆞ시리
　　　　　　　　할+ᅀᆞᇦ+아　　　　　　　　　　　　　　　　　　어찌(부사)

天意(천의)를 小人(소인)이 거스러 親王兵(친왕병)을 請(청)ᄒᆞᆫ들 忠臣(충신)을 <u>매</u> 모ᄅᆞ시리

‖ 원나라 헌종 때 간신이 형제 사이를 이간하려고 참소하여, (헌종의 동생 세조가) 중국의 인심을 얻었다 한들 현제를 어찌 잊으시리? / 하늘의 뜻을 소인이 거역하여 (명 나라에 가서) 친왕병을 청한들, (명 나라에서는 이태조가) 충신임을 어찌 모르시리?

　원나라 헌종(憲宗) 때에 어떤 간신이, 그 아우 세조(세조)가 인심을 얻어 왕위를 엿본다고 참소하였으므로, 헌종은 이것을 믿고 그 아우를 파직 시켰는데, 세조는 헌종을 뵙고 우니 형제가 다시 화목하게 되었다.

　고려 공양왕 때에 어떤이가 명 나라에 가서, 이성계가 임금을 세워 명 나라를 치려고 하고 있으니, 친왕병을 보내어 토벌하는 것이 좋다고 했다. 그러나 명 나라에서는 이태조의 인물을 알고 있었으므로 이 말을 믿지 않았다.

제75장

突厥(돌궐)이 入寇(입구)ᄒᆞ나 威名(위명)을 저싸ᄫᅡ 戰鬪之計(전투지계)를 아니 드르니
　　　　　　　　　　　　　　절+ᅀᆞᇦ+아

威靈(위령)이 머르실ᄊᆡ <u>女直(여직)</u>이 來庭(내정)ᄒᆞ야 爭長之言(쟁장지언)을 아니 <u>거스니</u>
　　　　　　　　　　　여진이　　　　　　　　　　　　　　　　　　　거슬+니

‖ 돌궐이 침입하나 (당나라 태종의) 위명을 두려워하여 싸우자는 계책을 듣지 아니하니 / (이태조의)위엄 있는 덕이 멀리까지 미치매, 여진이 내조하여, 서로 존장됨을 다투는 말을 아니하니

　돌궐이 당을 침입해 왔으므로 당 나라 고조는 태종으로 하여 가 막게 했다. 태종은 자기의 이름을 알리고 나아가니 돌궐은 크게 놀라서 화친을 청하게 되었다.

　고려 공양왕 때에 야인 두 사람이 내조하여 서로 존장임을 다투었다. 그러다가 그 중 한 사람이, 자기들은 자리를 다투러온 것이 아니요, 이성계의 위신을 사모하여 온 것이라 하고 서로 다투지 않게 되었다.

제76장

‖ (한나라의 고조는) 종실에 큰 은혜를 베푸시며, (그 조카의) 모진 상을 잊으시매, (그로부터) 천년 뒤에 (고조의)높은 덕을 말씀하니 / (이태조는) 형제에 지정이시며, (그 종형의)모진 꾀를 잊으시매, 오늘날 어진 풍속을 이루니

한나라의 고조는 자기 친척을 각지에 봉하여 천하를 안정되게 하려 했다. 그 형의 아들이 지방에 봉해졌는데, 고조는 그 조카를 불러서 "네 얼굴에 반역할 상이 있으나, 아예 딴 마음을 먹어서는 안 된다."고 타일렀다. 그로부터 일천년이 지난 뒤에, 송나라의 소식(蘇軾)은 고조가 그 조카를 죽이지 않은 것은 그의 큰 덕이라 평했다.

이태조는 천성이 어질어 그 형제들에게 우애가 지극했다. 그 아버지 환조(桓祖)가 돌아가시매 그 종형 원계가 이성계를 미워하였다. 그러나 태조는 조금도 개의치 않고 그 아들들을 잘 돌보아서 등극한 뒤에 높은 벼슬을 주었다.

제77장

‖ 남들은 (모두) (위징을) 원수라고 하거늘 (당 태종은) 해, 달과 같이 밝으신 분이시매 (위 징을) 다시 쓰시어 부서(풍부하고 백성이 많음)를 보시니 / 남들은 (모두 이색 등을) 죽이려고 하거늘 (이태조는) 천지처럼 넓은 도량이시매, (그들을) 다시 살리시어 벼슬과 녹을 주시니

당나라 위징이 태종의 형 건성에게 태종을 죽이라 했다. 그 뒤 건성은 패하여 죽고 태종이 정권을 잡으매 주위에서 모두 위징을 쓰지 말라 했다. 그러나 태종은 위징의 재주를 아껴 벼슬을 시켰다.

이태조가 즉위하매, 정도전이 이색(李穡) 등을 죽이자 했으나, 태조는 도량이 넓어서, 그들에게 모두 벼슬을 도로 주었다.

제78장

> 嚴威(엄위)로 처섬 보샤 逎終(내종)애 殊恩(수은)이시니 뉘 아니 좇줍고져 ᄒ리
>
> 赤心(적심)으로 처섬 보샤 逎終(내종)내 赤心(적심)이시니 뉘 아니 ᄉ랑ᄒᅀᄫ리

‖ (한나라 고조는 그 신하를) 엄한 위엄으로 처음 보시어, 나중에는 특별한 은혜를 베푸시니, 누구가 따르고자 아니하리? / (이태조는 옛 친구들을) 적심으로 처음 보시어, 나중까지 적심이시니, 그 누구가 사모하지 아니하리?

한나라 고조를 도와 천하를 평정한 공로가 큰 경포가 한나라에 이르니, 고조는 발을 씻으며 대하매, 경포는 크게 노하여 찾아간 것을 후회하더니, 숙사에 이르니, 음식과 시중드는 일들이 고조의 거처와 같으므로 경포는 매우 기뻐했다.

이태조가 등극한 뒤에 평주 온천에 행행하는 도중에 옛날 친구를 만나 정답게 옛정을 나누며 술을 마시니, 옛날과 조금도 다름이 없었다 한다.

제79장

> 始終(시종)이 다ᄅᆞ실ᄊᆡ 功臣(공신)이 疑心(의심)ᄒ니 定鼎無機(정정무기)예 功(공)이
>
> <u>그츠니이다</u>
> 긏+으+니+이+다
>
> 始終(시종)이 ᄀᆞᄐᆞ실ᄊᆡ 功臣(공신)이 忠心(충심)이니 傳祚萬世(전조만세)예 功(공)이 그츠리잇가

‖ 한 고조는 처음과 나중이 다르시매 공신이 의심하니, 도읍을 정한 지 얼마 되지 못하여 공이 끊어진 것입니다 / 이태조는 시종이 같으시매 공신이 충심이니, 임금 자리를 만세에 전함에 공이 끊어지겠습니까?

한나라 고조가 여러 공신을 죽이매, 경포도 명을 거역하여 토벌되었는데, 도읍을 정한 지 이십 년에 또 다시 여후(呂后)의 난리를 만나게 되었다.

이태조는 신하를 끝까지 사랑했으므로 공신들이 모두 충심을 다했다.

제80장

武功(무공)뿐 아니 爲ᄒᆞ샤 션비롤 아ᄅᆞ실ᄊᆡ 鼎峙之業(정치지업)을 <u>셰시니이다</u>
셔+이(사동)+시+니+이+다

討賊(토적)이 겨를 업스샤더 션비롤 <u>ᄃᆞᄉᆞ실ᄊᆡ</u> 太平之業(태평지업)이 빛나시니이다
ᄃᆞᆺ+ᄋᆞ(매)+시+ㄹᄊᆡ(이유)

‖ 촉한의 유비가 무공만을 아니 위하시어 선비를 아시매, 세 나라가 마주 서는 일을 세우신 것입니다 / 이태조는 도둑 무찌르는 데 겨를이 없으시되 선비를 사랑하시매 나라를 태평하게 하는 일이 빛나신 것입니다

촉한의 유비가 매양 자기는 한 나라 학자의 계시를 받고 치란의 도리를 알 수 있었다고 했다. 정치(鼎峙)는 한(漢), 위(魏), 오(吳)가 솥의 세 발처럼 대립해 있었음을 말한다.

이태조가 본시 유학을 중히 여기어 군사의 일을 보는 중에라도 틈을 타서 학자를 불러 학문을 논의하고, 혹은 밤중이 지나도록 책을 보았다고 한다.

제81장

千金(천금)을 아니 앗기샤 글 冊(책)올 求(구)ᄒᆞ시니 經世度量(경세도량)이 크시니이다
聖性(성성)을 아니 미드샤 學問(학문)이 기프시니 創業規模(창업규모)ㅣ <u>머르시니이다</u>
멀+으(매)+시+니+이+다

‖ 송나라 조광윤은 천금을 아끼지 아니하시어 글 책을 구하시니, 세상을 다스리는 도량이 크신 것입니다 / 이태조는 자기의 성스런 본성을 믿지 아니하시어 학문이 깊으시니, 그 나라를 세운 규모가 머신 것입니다

송나라의 조광윤은 성품이 엄중하고 말수가 적으며 책 보기를 좋아해서 군사 일을 볼 때에도 책을 손에서 놓지 않고 좋은 책이 있으면 천금을 아끼지 않고 사들였다.

이태조는 높아질수록 더욱 온후하게 되었다. 또 본시 유학을 좋아하여 항상 유신들과 학문을 논의하여 피로를 몰랐다 한다.

제82장

> 혀근 션비를 보시고 御座(어좌)애 <u>니르시니</u> 敬儒之心(경유지심)이 엇더ᄒ시니
> 닐(일어나-)+으+시+니
>
> 늘근 션비를 보시고 禮貌(예모)로 <u>ᄭ르시니</u> 右文之德(우문지덕)이 엇더ᄒ시니
> ᄭ를(꿇)+으(매)+시+니

‖ 원나라 세조는 작은 선비를 보시고 자리에서 일어나시니, 그 선비를 공경하는 마음이 어떠하십니까? / 이태조는 늙은 선비를 보시고 예의 갖춘 태도로 꿇어 앉으시니, 그 학문을 높이는 덕이 어떠하십니까?

고려 충렬왕 때에 세자를 원나라에 보냈는데, 정가신(鄭可臣) 등이 따라갔다. 하루는 원나라 세조가 고려 세자를 불러 보았는데(고려 세자는 원나라 세조의 외손이다)세조는 책상에 기대어 누웠더니, 정 가신 등을 인견할 때는 일어나서 대했다 한다.

고려 공양왕 때에 이색이 귀양살이에서 풀려 서울에 돌아와서 이태조를 만났는데, 태조는 크게 반기고 그를 상좌에 앉혀 무릎을 꿇어 술을 받들어 권했다.

제83장

> 君位(군위)를 보비라 홀씨 큰 命(명)을 <u>아뢰요리라</u> 바ᄅᆞᆯ 우희 金塔(금탑)이 소ᄉ니
> 알+외(사동)+오(화자표시, 의도)+리+라
>
> <u>자ᄒ로</u> 制度(제도)ㅣ 날씨 仁政(인정)을 <u>맛됴리라</u> 하ᄂᆞᆯ 우흿 金尺(금척)이 ᄂᆞ리시니
> 자ᄒᆞ+으로   맏+이(사동)+오+리+라

‖ 임금 자리를 보배라 하므로 하늘은 고려 태조에게 큰 명을 알리라고 하여 바다 위에 급탑이 솟으니 / 자로써 제도가 나므로 하늘은 이태조에게 인정을 맡기리라 하여 하늘 위에 있는 금자가 나리시니

고려 태조가 아직 임금이 되기 전에, 아홉 층 금탑이 바다 가운데 솟아 있는데, 자기가 그 위에 올라 있는 꿈을 꾸었다.

이태조가 아직 임금이 되기 전에, 꿈에 신이 나타나서 금으로 만든 자를 주며 이것으로 나라를 바로잡으라 했다.

제84장

님그미 賢(현)커신마론 太子(태자)롤 몯 어드실씨 누본 남기 니러셔니이다
현흥+거+시+ㄴ마론(양보)/현흥+시+건마론   눕+으+ㄴ(ㅂ불규칙)

나라히 오라건마론 天命(천명)이 다아갈씨 이본 남기 새 닢 나니이다
오라+건마론   이볼(시들다)+ㄴ

‖ 임금(한 나라 소제)이 어지시건마는 태자를 못 얻으시매 누운 나무가 일어선 것입니다 / 나라가 오래건마
는 하늘의 명이 다해가매 시든 나무에 새 잎이 난 것입니다

　한나라 소제 때에 돌이 일어서고, 말라 죽었던 버드나무가 다시 살아났다. 돌과 버들은 백
성을 상징하는 것이므로 이것은 백성 가운데서 임금이 날 것이란 조짐이다. 과연 소제 죽은
뒤에 아들이 없어 민간에서 임금을 맞아들이니 이이가 선제(宣帝)이다.
　덕원(德源)에 큰 나무 한 그루가 있었는데, 말라 죽은 지 여러 해 만에 다시 잎이 피어나
니, 이때 사람들이 모두 이것은 새 나라가 생길 전조라 했다.

제85장

方面(방면)을 몰라 보시고 벼스를 도도시니 하늜 ᄆᅀᆞ몰 뉘 고티ᅀᆞᇦ리
도도시니   돋+오(사동)+시+니

讖文(참문)을 몰라 보거늘 나랏일훔 ᄀᆞ라시니 天子△ ᄆᅀᆞ몰 뉘 달애ᅀᆞᇦ리
ᄀᆞ라시니   골+ᄋᆞ(매)+시+니

‖ 모난 얼굴을 몰라 보시고 벼슬을 돋우시니, 하늘의 마음을 누구가 고치시리 / 비기의 글을 몰라 보거늘
나라의 이름을 바꾸시니. 천자의 마음을 누구가 달래시리

　주나라 세종은 신하 중에서 얼굴이 모나고 귀가 큰 사람이 있으면 그런 사람은 앞으로 임
금이 될 우려가 있다고 하여 죽였다. 그런데 조광윤은 그런 상이었는데도 세종은 그에게 벼
슬을 주었다. 이것은 하늘이 조광윤으로 송나라 태조를 삼으려 했기 때문이란 뜻이다.
　비기에 「卯明之文」이란 말이 있었는데 아무도 그 뜻을 알지 못했다. 뒤에 명 나라 태조는
우리나라 이름을 「朝鮮」이라 함이 좋다고 했다는 것인데, 「조선」은 아침해가 선명하다는 뜻
이니 이는 「卯明」과도 그 뜻이 통한다.

제86장

여슷 놀이 디며 다슷 가마괴 디고 빗근 남귤 ᄂ라 나마시니
노ᄅ → 놀ㅇ+이　　　가마괴+ø(주격)　빗+은(관형사형)　남+애(보조적연결)+시('잇'의 이형태)+니

石壁에 수멧던 녜넷글 아니라도 하ᄂᆶ 뜨들 뉘 모ᄅ슨ᄫ리
숨+어(보조적연결)+잇+던, 녜+뉘(누리)+ㅅ+글

‖ 여섯 노루가 떨어지며, 다섯 까마귀가 떨어지고, 비스듬한 나무를 날아 넘으시니 / 석벽에 숨었던 옛 시대의 글이 아니더라도 하늘 뜻을 누구가 모르리

이태조가 일찍 여섯 살로써 여섯 마리 노루를 쏘아 잡고, 어렸을 때 다섯 까마귀를 한 살로 떨어뜨린 일이 있었다. 하루는 사슴을 쫓다가 비스듬한 나무 밑으로 사슴이 지나가므로 태조는 말에서 뛰어 그 나무를 넘고 나무 밑으로 달려 나오는 말을 다시 타고서는 그 사슴을 잡았다.

태조가 즉위하기 전에 한 중이 와서 지리산 바위 사이에서 얻었다는 글을 바쳤는데, 그 글에는 「나무 아들이 돼지를 탄 아래 다시 삼한의 경계를 바로 잡는다」라고 씌어 있었다. [나무 아들은 李, 그리고 이태조는 돼지띠였다.]

제87장

몰 우흿 대버믈 ᄒᆞᆫ 소ᄂ로 티시며 싸호ᄂ 한쇼롤 두 소내 자ᄇ시며
대범+을　　　　　　　싸호+ᄂ(직설법)+ㄴ

ᄃᆞ리예 ᄠᅥ딜 ᄆᆞᆯ 넌즈시 치혀시니 聖人神力(성인신력)을 어ᄂ 다 ᄉᆞᆯᄫ리
ᄠᅥ디+ㄹ　　　　　　　　　　　　　　　　어찌(부사)

‖ 말 위에 오른 큰 범을 한손으로 치시며, 싸우는 큰 소를 두손에 잡으시며 / 다리에 떨어지는 말을 넌지시 잡아당기시니, 성인의 신력을 어찌 다 말씀할 수 있으리?

이태조가 함경도에 있을 때 하루는 범을 잡는데, 범이 너무 가까이 있으므로 말을 돌려 피하려 하니 범은 말에 뛰어 올랐다. 태조는 오른 손으로 뿌리치니 범은 다시 일어나지 못하므로 활을 쏘아 죽였다. 고려 공양왕 때에 태조는 함주(咸州)에 있었는데, 큰 소가 싸운 일이 있었다. 태조는 두 손으로 한 마리씩 잡아떼니 소는 다시 싸우지 못했다.

태조가 말을 타고 다리를 지나다가 말이 다리에서 떨어진 일이 있었다. 그 때 태조는 곧 내려서 두 손으로 말의 귀와 갈기를 잡으니 말은 공중에 떴다. 옆 사람이 칼로 말의 안장을 베어 버리고 말을 놓으니 말은 물에서 헤어 나왔다.

제88장

> 마ᄉᆞᆫ 사ᄉᆞᄆᆡ 등과 도ᄌᆞ기 입과 눈과 遮陽(차양)ㄱ 세 쥐 녜도 잇더신가
> 마흔 사잇소리
>
> 굿븐 ᄭᅯᆼ을 모ᄃᆡ ᄂᆞᆯ이시니 聖人神武(성인신무)ㅣ 엇더ᄒᆞ시니
> 굿블+ㄴ 반드시 날+이(사동)+시+니

‖마흔 사슴의 등과, 도둑의 입과 눈과, 차양의 새 마리 쥐, 옛날에도 있으시던가? / 엎드려 있는 꿩을 반드시 날리시니 성인의 신무가 어떠하시니?

이태조가 사냥할 때 사슴 마흔 마리를 쏘았는데, 모두 등을 맞혔다. 태조가 적과 싸울 때 적의 입을 쏜 일도 있고 눈을 쏜 일도 있어 활 쏘는 재주가 신기했다. 또 태조가 등극하기 전에 차양에 있는 세 마리 쥐를 쏘아서 죽이지 않고 다 떨어뜨렸다.

태조는 엎드려 있는 꿩을 보면, 반드시 날려 하늘에 뜨면 그것을 쏘았다.

제89장

> 솘바올 닐굽과 이ᄫᅳᆫ 나모와 투구 세 사리 녜도 ᄯᅩ 잇더신가
> 솔+ㅅ+바올, 바올>방올>방울
>
> 東門(동문) 밧긔 독ᄉᆞ리 것그니 聖人神功(성인신공)이 ᄯᅩ 엇더ᄒᆞ시니
> 밝+의(처소부사격), 독솔+이, 겄(능격)+으+니

‖솔방울 일곱과, 투구 세 살이 옛날에도 또 있으시던가? / 동문 밖의 보득솔(난장이솔)이 꺾어지니 성인의 신기한 공이 또 어떠하시니?

고려 왕 신우 때 왜적과 싸우러 갈 무렵, 태조는 군영 안에 있는 솔을 칠십 보 밖에서 쏘아서 일곱 화살에 일곱 솔방울을 떨어뜨렸고, 또 백보나 되는 곳에 있는 마른 나무를 잇대어 세 번을 맞혔다. 또 왜적과 싸우러 나갈 때에 태조는 투구를 백 수십 보 밖에 두고 쏘아서 승부를 점쳤는데 세 번 쏘아 다 뚫었다.

태조가 위화도에서 회군하여 도성문 밖에 이르렀을 때 보득솔 한 그루가 백보 밖에 있었다. 태조는 모든 마음을 모으기 위해 이를 쏘았더니 솔은 한 살에 꺾였다.

제90장

‖ 두 형제가 꾀가 많건마는 약이 하늘의 뜻을 이길 수는 없으니, 아버님이 붙이신 이름이 어떠하시니? / 두 벗이 배가 엎어지건마는 바람이 하늘을 이기지 못하니, 어머님이 들으신 말이 어떠하시니?

당나라 태종의 형과 아우는 태종을 죽이려고 독약을 먹였으나, 태종은 죽지 않았다. 이것은 독약도 하늘에서 정해 놓은 사람은 해치지 못하기 때문이다. 당 태종의 이름은 세민(世民)인데, 그 뜻은 세상을 구제하고 백성을 편안케한다(＝濟世安民)는 것이다.

조선의 태종이 남경에 갔다가 돌아올 때에 황해에서 풍파를 만났는데, 다른 두 배는 엎어졌으나 태종의 배는 무사하였다. 태종이 아직 어릴 때에 어떤 이가 그 어머니에게, 이 아이는 천명이 있으니 다른 사람에게 말하지 말라고 했다.

제91장

‖ 당 태종이 아버님을 위하여 잔치를 할 때에, 어머님 여의고 우시는 눈물을 곁의 사람이 참소하여 아버님이 노하시니 / 아버님을 뵈오실 때에, 그 어머님을 여의고 우시는 눈물을 곁의 사람들이 슬퍼하여, 그 아버님이 (그 효성을) 일컬으니(칭찬하시니)

당나라 태종이 궁중 잔치에서, 죽은 그 어머님을 생각하여 눈물을 훔쳤는데, 그 아버지 고조의 사랑하는 계집들이, 이것은 저희들을 미워하여 우는 것이라고 모함하니, 고조가 그 아들에게 매우 노했다.

태종이 그 어머님의 시묘를 하고 태조를 만나 우니, 곁의 사람들이 다 슬퍼하고, 태조도
그 아들의 효성을 칭찬했다.

제92장

至孝(지효)ㅣ 뎌러ᄒᆞ실ᄊᆡ 나ᄆᆞᆫ 즐기는 나ᄅᆞᆯ 아니 즐겨 聖經(성경)을 니르시니
　　　　　　　　　　　　남+은(보조사), 날+ᄋᆞᆯ　　　　　　　　　　　니르+시+니

大孝(대효)ㅣ 이러ᄒᆞ실ᄊᆡ ᄂᆞᆷ 밧ᄂᆞᆫ 오ᄉᆞᆯ 아니 바사 禮經(예경)을 從(종)ᄒᆞ시니
　　　　　　　　　　　　밧+ᄂᆞ+ㄴ

‖(당 태종의) 지극한 효성이 저러하시매, 남들은 다 즐기는 날을 아니 즐기어, 성인의 말씀을 이르시니 /
(태종의) 큰 효성이 이러하시매, 남들은 벗는 (상)옷을 아니 벗어, 예경을 좇으시니

당나라 태종이 생일을 당하여 기뻐하지를 않고 부모님이 고생하던 날을 생각하면서, "시
경에도 '슬프다! 부모님이 나를 낳아 고생하셨도다.'란 말이 있으니, 내가 어찌 즐길 수 있겠
는가" 하였다.

삼국 이래로 임금이 죽으면 다음 임금이 삼년상을 지키지 않았다. 이태조가 돌아가시매,
신하들이 모두 상을 짧게 하기를 청했으나 태종은 듣지 않고 예경의 규정대로 삼년상을 지
켰다.

제93장

아바ᇝ 梓宮(재궁)을 ᄃᆞᅀᆞ샤 高平(고평)에 아니 가시면 配天之業(배천지업)이 구드시리잇가
　　　　　　임금의 관

어마ᇝ 山陵(산릉)을 ᄃᆞᅀᆞ샤 粟村(속촌)애 도라오시면 建國之功(건국지공)을 일우시리잇가

‖그 아버님의 널을 사랑하시어 고평에 아니 가시면 하늘에 짝할 만한 큰 일이 굳으시겠습니까? / 어머님
의 산릉을 잊지 못하시어 속촌에 돌아오시면, 나라 세우는 공을 이루시겠습니까?

후주 세종이 그 아버지 태조의 관을 산릉에 모시고, 고평 진지로 출정하여 왕업을 굳건히
지켰다.

태종이 속촌에 있는 제릉(齊陵)에 시묘하고 있을 때에, 태조가 해주에서 사냥하다가 말에

서 떨어져 상했단 말을 듣고 곧 제릉을 떠나 태조를 가 뵙고, 정몽주를 암살하여 건국의 공
을 세웠다.

제94장

‖ (송나라 이강이) 내가 (금나라로) 가겠습니다 (하고 친왕(황제의 아들이나 동생)을 볼모 보낼 것을) 말리나,
(고종이)종묘를 위하여 가시니, 소흥연대의 천자가 될 명을 받고 있었음을 금나라 사람은 모르니 / 네가
가야 할 것이라 하시거늘, 사직을 위하여 가시니, 그 나라에 대한 충성심을 천자가 아시니

송나라가 금나라에 패하매, 휘종(徽宗)은 흠종(欽宗)에게 선위하였다. 그 때 금나라는 친왕
(親王)을 볼모로 보낼 것을 요구했는데, 이강(李綱)은 볼모 보낼 것을 반대하고 자기가 금나
라로 가서 대책을 강구하려 했다. 그러나 결국 흠종의 아우 고종(高宗)이 친히 볼모로 갔었
는데, 고종은 금나라 군영에 머무르면서 활을 잘 쏘았기 때문에 금나라에서는 그를 친왕으
로 믿지 않고 돌려보냈다.

이태조 때에 여진에 사신을 보낸 문제로 명나라에서 그 책임을 묻고 왕자를 내놓으라 하
므로, 태종이 나라를 위하여 명나라로 간 일이 있었다.

제95장

‖ 처음 와서 교만한 빛이 있더니, 세상을 구제할 영주이시매 맞아뵈옴에 마음을 놀라니 / 간 곳에 무례하더
니 세상을 덮을만한 뛰어난 기상이시매, 잔치 자리에서 머리를 조아리니

이 밀이 당나라 고조를 보고 오만한 기색이 있더니, 뒤에 그 아들 태종을 보고 마음속으

로 놀라 가로되, 이분이야 말로 참 영주라 하였다.

명나라 사신 우우(牛牛)란 자가 우리 나라에 와서 간 곳마다 무례한 짓을 하더니, 잔치 자리에서 태종을 보고 자리에서 머리를 조아렸다.

제96장

‖ 효성 있는 딸의 글을 가련하게 여겨 보시어, 한나라의 어진 풍속을 이루신 것입니다 / 효성 있는 아들 울음을 슬피 여겨 들으시어, 성스런 태조의 어진 정사를 도우신 것입니다

한나라 문제(文帝) 때에 어떤 사람이 죄를 지어 형을 받게 되었는데, 그 딸이, 관비가 되어서 아비의 죄를 대신하겠다고 애원했다. 문제는 그 정상을 가엾게 여겨 그 아비를 특사하였다.

이태조 때에 박자안이란 사람이 왜놈에게 군기를 누설한 죄로 사형을 당하게 되었는데, 그 아들이 태종에게 그 아비의 목숨을 구해 달라고 애걸하므로 태종이 가엾게 여겨 태조에게 여쭙고 자안을 사형장에서 구해 내었다.

제97장

‖ 장군도 많건마는 한나라의 고조는 도량이 넓고 큰 계략이 있으신 분이시매, 광생이 듣고 한 마을 사람을 인연하여 오니 / 종친도 많건마는 태종은 콧마루가 높고 용의 얼굴이시매, 서생이 보고 동지를 인연하여 (동지의 소개로) 오니.

한나라 고조는 도량이 넓고 큰 계략을 가지고 있었는데, 광생이란 사람이 그것을 듣고, 한 마을 사람의 소개로 고조를 만나게 되었다. 그 뒤 광생은 고조를 도와 큰 공을 세웠다.

이태조는 콧마루가 높고 용의 얼굴이었는데, 아들 중에 태조의 얼굴을 닮은 분은 태종이었다. 하륜(河崙)은 태종의 장인과 친구이었는데, 하륜이 태종의 얼굴을 보고 태종에게 소개하기를 청했다. 하륜은 뒤에 태종을 도와 공신이 되었다.

제98장

臣下(신하)ㅣ 말 아니 드러 正統(정통)애 有心(유심)홀씨 山(산)인 草木(초목)이 軍馬(군마)ㅣ
신하+ㅣ(관형격으로 쓰임)　　　정통+애(처소부사격)　　　　　　　　　　　　　　軍馬+이(보격)

드빙니이다
님긊 말 아니 듣ᄌᆞᄫᅡ 嫡子(적자)ㅅ긔 無禮(무례)홀씨 셔볼 뷘 길헤 軍馬(군마)ㅣ 뵈니이다
　　　　　　　　　　　　　　　　　　　　　　　　　　　　　　　　보+이(피동)+니+이+다

‖진왕 부견이 신하의 말을 아니 들어 중화 정통에 뜻이 있으매 산의 초목이 군마가 된 것입니다.(군마로 보인 것입니다.) / 정도전 등이 임금(태조)의 말을 아니 들어 적자(태종)께 무례하매 서울 빈 길에 군마가 가득차 있는 것처럼 보인 것입니다

진왕 부견이 중국의 정통적인 천자가 될 뜻을 두고 모든 사람의 반대를 물리치고 백만 군사를 거느리고 동진과 싸우다가 크게 패했는데, 그 때 산의 초목을 보고도 동진 군사로 오인할 정도로 놀랐다 한다.

이태조가 방석으로 세자 삼을 뜻을 두매, 정도전 등이 다른 모든 왕자를 없애려 하여, 태조의 말림을 듣지 않고 왕자들을 궁중에 불러 들여 죽이려 하다가, 비밀이 새어서 태종에게 모두 살해당하고 말았다. 그 싸움에 방석 등의 눈에는 광화문에서 남산까지 철마가 가득 찬 것같이 보였다 한다.

제99장

아즈미를 저ᄒᆞ샤 讓兄(양형)ㄱ 뜨들 내신들 討賊之功(토적지공)올 눌 미르시리
아즈미(아주머니)+를　　　　　　　　　　　　　　　　　　　누+ㄹ(목적격, 의미상 부사격)

朝臣(조신)을 거스르샤 讓兄(양형)ㄱ 뜯 일우신들 定社之聖(정사지성)ㅅ긔 뉘 아니 오ᅀᆞᄫᆞ리
　　　　거슬+으+샤+(아)

‖당나라 현종이 아주머니를 두려워하여 형에게 태자자리를 양보할 뜻을 내신들 적을 친 그 공을 누구에게 밀으시리? / 태종은 조정 신하의 뜻을 거스르시어 형에게 양보할 뜻을 이루신들 사직을 지킨 성인께 누구가 오지 않으리?

당나라 현종이 태자로 있을 때, 태평공주의 참소를 두려워하여 그 형에게 태자 자리를 양보하려 했으나, 예종은 그 말을 듣지 않고 태자가 반란군을 토벌한 공을 생각하여 도리어 그에게 양위하였다.

태종이 정도전의 난리를 평정하고 난 뒤에 모든 사람들이 그를 세자삼을 것을 태조에게 간청했다. 그러나 태종은 사양하고, 그 형으로 왕위에 오르게 하니 이이가 정종이다. 그러나 정종은 아들이 없었으므로 태종을 세자로 삼게 되었다.

제100장

물 우횟 龍(용)이 江亭(강정)을 向(향)ᄒᆞᅀᆞᆸ니 天下(천하)ㅣ 定(정)홀 느지르샷다
웋+의(처격)+ㅿ(사잇소리)-위에 있는　　　　　　　　늦(징조)+이(서술격)+으(르)+샤+옷(감동)+다

집 우횟 龍(용)이 御床(어상)을 向(향)ᄒᆞᅀᆞᆸ니 寶位(보위) 트실 느지르샷다

‖물 위의 용이 (송나라 태조가 있는)강가의 정자를 향하니 천하가 정해질 조짐이시더라 / 집위의 용이 (태종의) 평상을 향하니 (이것은 태종이)임금의 자리에 오르실 조짐이시더라

송나라 태조 조광윤이 강가 정자에서 싸울 때에 용이 물 안에서 조광윤을 향해서 뛰니, 모두 놀라 이것은 그가 임금이 될 조짐이라 했다.

태종이 아직 임금이 되기 전에 흰 용이 나타나 그의 거처하는 곳을 바로 향했다 한다.

제101장

天下(천하)애 功(공)이 크샤디 太子(태자)ㅿ位(위) 다ᄅᆞ거시늘 새벼리 나지 도ᄃᆞ니
크+샤+오디　　　　　　　　　다ᄅᆞ+거(확인)+시+늘

宗社(종사)애 功(공)이 크샤디 世子(세자)ㅿ 位(위) 뷔어시늘 赤祲(적침)이 바미 비취니
뷔+거+시+늘

‖(당나라 태종은) 천하에 (천하를 다스림에) 공이 크시되 태자의 자리가 다르시매 샛별이 낮에 돋으니 / 태종은 종묘사직에 (종묘사직을 지킴에) 공이 크시되 세자 자리가 비시매 붉은 햇무리가 밤에 비치니

당나라 건국에는 태종의 힘이 컸다. 그러나 태자 자리에는 그 형이 앉아 있었고, 또 그형은 태종을 없애려고도 했다. 그러매 하늘에는 낮에 샛별이 나타나는 변이 일어나기도 했다.

조선 건국에는 태종의 공이 컸었는데, 세자의 자리가 아직 정해지지 못하고 있었으므로 붉은 햇무리가 밤에 나타났다.

제102장

시름 무슴 <u>업스샤디</u> 이 지븨 자려 ㅎ시니 하늘히 무슨물 <u>뮈우시니</u>
　　　　없+으+샤+오디　　　　　　　　　　　　　　　　　　뮈+우(사동)+시+니

모맷 病(병) 업스샤디 뎌 지븨 가려 ㅎ시니 하늘히 病(병)을 <u>느리오시니</u>
　　　　　　　　　　　　　　　　　　　　　　　　　　　느리+오(사동)+시+니

‖ (당나라 고조는) 시름하는 마음이 없으시되 이 집에 자려 하시니 하늘이 고조의 마음을 움직이게 하시니 / (태종은) 몸에 병이 없으시되 저 집에 가려 하시니 하늘이 태종에게 병을 내리시니

한나라 고조가 싸움터에서 어떤 곳에 자려 하다가, 그 땅이름이 좋지 않게 느껴져 다른 곳으로 옮겼는데. 그 때문에 적의 기습을 면했으니, 이것은 하늘이 고조의 마음을 움직였다는 것이다.

태종의 형 방간이 태종을 해하려고 청했으나 태종은 갑자기 병이 나서 가지 못했다. 하늘이 태종에게 병을 주어서 그 화를 면하게 했다는 것이다.

제103장

<u>앗이</u> <u>모딜오도</u> 無相猶矣(무상유의)실씨 二百年基業(이백년 기업)을 여르시니이다
아ᅀᆞ+이, 모딜+고도

兄(형)이 모딜오도 不宿怨焉(불숙원언)이실씨 千萬年厚俗(천만세 후속)을 일우시니이다

‖ 아우가 모질어도 서로 맞서지를 않으시매 이백년의 나라 기반을 여신 것입니다 / 형이 모질어도 원한을 마음에 두지 않으시매, 천만세의 아름다운 풍속을 이루신 것입니다

요나라 태조의 아우 다섯이 여러 번 반란을 일으켰으나 태조는 모두 용서해 주었다.

태조의 형 방간이 태종을 죽이려 했으나 태종은 등극하고 난 뒤에도 방간을 죽이지 않았다.

제104장

建義臣(건의신)을 할어늘 救(구)호디 몯 사르시니 모매 브튼 일로 仁心(인심) 몯 일우시니
　　　　　　　할+거늘　　　　　　　　살+ᄋᆞ(사접)+시+니

開國臣(개국신)을 할어늘 救(구)ᄒᆞ야 사르시니 社稷功(사직공)올 혜샤 聖心(성심)을 일
　　　　　　　　　　　　　　　살+ᄋᆞ+시+니　　　　　　　　혜+샤+(아)

우시니

‖ 옳은 일을 건의하는 신하를 참소하거늘 그를 구하되 살리지 못하시니, 몸에 붙은 일로 어진 마음을 못
　이루시니 / 개국신을 참소하거늘 구하여 살리시니, 사직을 지킨 공을 헤아리시어 성스런 마음을 이루
　시니

당나라 고조는 유문정의 건의로 천하를 얻었는데도 문정은 배적보다 벼슬이 낮았다. 그러므로 이 두 사람은 사이가 좋지 않았다. 그 때 문정의 사랑을 잃은 첩이, 문정이 반란을 일으키려 한다고 참소하여 고조는 문정을 옥에 가두었다. 태종은 힘써 구해내려 했으나 배적 때문에 문정은 드디어 사형을 당하고 말았다.

정종 때에 개국신 조준이 참소를 입어 옥에 갇혔는데 태종은 힘써 구해냈다.

제105장

제 님금 背叛(배반)ᄒᆞ야 내 모믈 救(구)ᄒᆞᅀᆞᄫᅡ눌 不賞私勞(불상사로)ᄒᆞ샤 後世(후세)ㄹ
ᄀᆞᄅᆞ치시니
제 님금 아니 니저 내 命(명)을 거스ᅀᆞᄫᅡ눌 不忘公義(불망공의)ᄒᆞ샤 嗣王(사왕)을 알외시니
　　　　　　　　　거슬+ᅀᆞᆸ+아눌　　　　　　　　　　　알+외(사동)+시+니

‖ 제 임금을 배반하여 내 몸을 구하거늘, 사사로운 수고를 상 주지 않으시어 후세를 가르치시니 / 제 임금
　을 잊지 않고 내 명을 거스르거늘, 공의를 잊지 않으시어 뒷 임금에게 알리시니

항우의 장사 정고가 한 나라 고조를 공격했는데, 고조는 매우 위급하여 정고에게 생명을 비니, 정고는 물러났다. 그뒤 항우가 망하고 정고는 고조에게로 돌아왔는데, 고조는 자기의 임금에게 불충한 자라 하여 정고를 죽였다.

정종 때에 태종이 길재를 불렀는데, 길재는 두 임금을 섬길 수 없다 하여 사퇴했다. 태종은 세종에게 양위한 뒤에 길재의 아들에게 벼슬을 내리도록 했다.

제106장

忠臣(충신)을 <u>외오</u> 주겨늘 惡惡(오악) ᄆᆞᅀᆞ미 크샤 節鉞(절월)을 아니 주시니
　　　부사, 외+오(부사파생접사)-그릇, 잘못

義士(의사)ᄅᆞᆯ 올타 과ᄒᆞ샤 好賢(호현) ᄆᆞᅀᆞ미 크샤 官爵(관작)ᄋᆞᆯ 아니 앗기시니
　　　옳+다(고)

‖ 충신을 그릇 죽이거늘 악을 미워하는 마음이 크시어 절월을 주지 아니하시니 / 의사를 옳다고 칭찬하시어 어진 사람을 좋아하는 마음이 크시어 벼슬을 아끼지 아니하시니

송나라 태조 조광윤이 임금이 되려고 돌아올 때에 한통이 막았으므로 왕언승이 한통과 그 처자를 죽였다. 임금이 된 뒤 태조는 한통을 충신으로 표창하고 왕언승에게 죽을 때까지 절월을 주지 않았다.

정도전 반란 뒤에 태종은 방석에게 충성을 다하던 사람들을 죽이지 않고 도리어 벼슬을 주었다.

제107장

滿朝(만조)히 두쇼셔커늘 正臣(정신)을 올타 ᄒᆞ시니 十萬僧徒(십만승도)ᄅᆞᆯ 一擧(일거)에
만조ᄒᆞ+이

罷(파)ᄒᆞ시니

萬國(만국)히 즐기거늘 聖性(성성)에 <u>외다터시니</u> 百千佛刹(백천불찰)ᄋᆞᆯ 一朝(일조)애 革
만국ᄒᆞ+이　　　　　　　　　　　　　　　외+다+ᄒᆞ+더+시+니

(혁)ᄒᆞ시니

‖ 만조(조정)가 두소서 하거늘 바른 신하를 옳다하시니, 십만 중 무리를 한꺼번에 없애시니 / 나라 가득히 즐기거늘 성성에 옳지 않다 하시더니, 백천 절을 하루 아침에 고치시니

당나라 고조 때에 태사령 부혁이 불교를 배척할 것을 주장하니, 고조는 정부 요인들의 반대를 물리치고 부혁의 말을 좇아 절을 많이 없앴다.

고려 때에 불교가 매우 성행했는데, 태종은 학문에 해롭다하여 절 제도를 크게 고쳤다.

제108장

‖(왕건의 부인이) 숨어서 들으시고 백성의 바람을 이루리라 군복을 입히신 것입니다 / (태종의 부인이) 병
으로 청하시고 하늘 마음을 이루리라 병장기로 도우신 것입니다

태봉 왕 궁예가 실정하매 장군들이 모두 왕건을 추대할 것을 모의했는데, 왕건은 사양했
다. 그 때 왕건의 부인이 이를 엿듣고 있다가 나와서 왕건에게 군복을 입혔다. 그리하여 왕
건은 즉위식을 거행했던 것이다.

정도전이 방석으로 세자를 삼기 위하여 태종을 해하려 했을 때에 태종의 부인은 병을 핑
계하여 태종을 불러 대책을 정하고 병장기를 정비하여 정도전 무리를 무찔렀다.

제109장

‖말이 병이 깊어 산 마루에 못 오르거늘 군자(주 문왕)를 그리워 하여 (주 문왕의 후비가)금잔을 부으려 하
시니 / 말이 화살을 맞아 마구간에 들어오거늘 성종을 모시고 저승에 가려 하시니

주나라 문왕의 왕후가 문왕을 그려 다음과 같은 노래를 지었다 한다.

저 산 언덕에 올라 보려나 / 내 말이 이미 병들었도다. / 금잔에 술이나 가득 기울여 / 길
이 이 시름 잊어 볼거나.

방간의 난리에 군사가 타고 나갔던 말이 살을 맞아 태종의 집으로 들어오므로 태종의 부
인은 태종이 싸움에 진 줄로 알고 싸움터에 가서 태종과 같이 죽으려 했다. 여러 사람이 말
렸으나 듣지 않다가 이겼다는 보고를 받고 비로소 돌아왔다.

제110장

> 四祖(사조)ㅣ 便安(편안)히 몯 겨샤 현 고돌 올마시뇨 몃 間(간)ㄷ 지븨 사른시리잇고
>   몇   간+ㄷ(사잇소리)
>
> 九重(구중)에 드르샤 太平(태평)을 누리싫제 이 뜨들 닛디 마른쇼셔
>   닛+디(보조적연결어미)

‖ 네 분의 한아버지가 편안히 못 계시어 몇 곳을 옮으시뇨? 몇 간 집에 사셨겠습니까? / 구중궁궐에 드시어서 태평을 누리실 적에 이 뜻을 잊지 마소서

네 할아버지는 목조, 익조, 도조, 환조를 가리킴인데, 이 네 분이 한 곳에 살지 못하고 떠돌아 다니며 고생한 일에 대한 것

제111장

> 豺狼(시랑)이 構禍(구화)ㅣ 어늘 一間茅屋(일간모옥)도 업사 움 무더 사른시니이다
>   구화+ㅣ(서술격)+거늘   없+애(이유)   살+ㅇ(매개모음)+시+니+이+다
>
> 廣厦(광하)애 細氈(세전) 펴고 黼座(보좌)애 안즈샤 이 뜨들 닛디 마른쇼셔

‖ 승냥이와 이리가 화가 되매 따로 인 한 간 집도 없어 움을 묻어 사신 것입니다 / 넓고 큰 집에 가는 담자리를 펴고 보불 자리에 앉으시어 이 뜻을 잊지 마소서

승냥이, 이리는 야인을 가리킴이다

제112장

> 王事(왕사)롤 爲(위)커시니 行陣(행진)을 조츠샤 不解甲(불해갑)이 현 나리신둘 알리
>
> 莽龍衣(망룡의) 袞龍袍(곤룡포)애 寶玉帶(보옥대) 씌샤 이 뜨들 닛디 마른쇼셔

‖ 임금의 일을 위하시매 행진을 따르시어 갑옷 벗지 못함이 몇 날이신 줄 알리? / 망룡의와 곤룡포를 입으시고 보옥대를 띠시어 이 뜻을 잊지 마소서.

갑옷 벗지 못함이란 이태조가 왜구와 북쪽 오랭캐를 치러 다니던 때를 말함이다.

제113장

拯民(증민)을 爲(위)ᄒ야시니 攻戰(공전)에 ᄃᆞᆫ니샤 不進饍(부진선)이 현 ᄢᅵ신ᄃᆞᆯ 알리
ᄃᆞᆮ+ᄂᆞ니+샤+(아)

南北珍羞(남북진수)와 流霞玉食(유하옥식) 바ᄃᆞ샤 이 ᄠᅳ들 닛디 마ᄅᆞ쇼셔

‖ 백성 구원하기를 위하시매, 싸움에 다니시어 진지를 드시지 못함이 몇 끼니신 줄 알리? / 남북의 맛난 음식과 유하주와 좋은 음식 앞에 두시어 이 뜻을 잊지 마소서.

이태조가 백성을 구하기 위해서 싸우러 다닐 때를 말함이다.

제114장

大業(대업)을 ᄂᆞ리오리라 筋骨(근골)ᄋᆞᆯ 몬져 ᄀᆞᆺ고샤 玉體創瘢(옥체창반)이 ᄒᆞᆫ두 곧 아니
ᄂᆞ리+오(화자표시)+리+라   ᄀᆞᆺ(힘겨워하다)+오((사동) → ᄀᆞᆺ고(괴롭게하다)+샤+(아)

시니
兵衛儼然(병위엄연)커든 垂拱臨朝(수공임조)ᄒᆞ샤 이 ᄠᅳ들 닛디 마ᄅᆞ쇼셔

‖ (하늘이 태조에게) 대업을 내리리라 그 몸을 먼저 괴롭게 하시어 옥체의 흉터가 한두 곳이 아니시니. / 군사 호위가 씩씩하거든, 무사히 천하를 다스리시고 조정에 임하시어, 이 뜻을 잊지 마소서.

이태조는 전쟁에서 여러 번 몸에 상처를 입은 일이 있다. '먼저 괴롭게 한다'는 것은 맹자의 다음 말에서 온 것이다. '하늘이 장차 큰 소임을 이 사람에게 맡기려 하매, 반드시 먼저 그 마음과 뜻을 괴롭게 하고, 그 몸에 고통을 준다.'

제115장

날 거슳 도ᄌᆞᆨ굴 好生之德(호생지덕)이실ᄊᆡ 부러 저히샤 살아 자ᄇᆞ시니
거슬+ㄹㆆ   부사—일부러, 젛+이(사동)+샤+(아)

頤指如意(이지여의)ᄒᆞ샤 罰人刑人(벌인형인)ᄒᆞ싫제 이 ᄠᅳ들 닛디 마ᄅᆞ쇼셔

‖ (태조는) 나를 거역하는 도둑을 생명을 사랑하는 덕을 가지셨으매 일부러 위협하시어 살려 잡으시니 / 턱과 손가락만으로 모든 일이 뜻대로 되시어 사람을 형벌 주실 때 이 뜻을 잊지 마소서.

태조가 원나라 장수 조무를 사로잡은 이야기는 54장.

제116장

道上(도상)애 僵尸(강시)를 보샤 寢食(침식)을 <u>그쳐시니</u> 旻天之心(민천지심)애 긔 아니
긏+이(사동)+어+시(주체높임)+니

<u>쁜디시리</u>
쁜디(근념하다)+시+리(반말)

民瘼(민막)올 모르시면 하늘히 브리시느니 이 쁘들 닛디 므르쇼셔

‖ (태조는) 길 가에 엎드러진 시체를 보시어 침식을 그쳤으니, 백성을 사랑하고 보호하는 어진 마음에 그
아니 근념하시리. / 백성의 어려움을 모르시면 하늘이 버리시나니, 이 뜻을 잊지 마소서

태조가 백성의 시체를 보고 침식을 잊은 일은 50장.

제117장

敵王所愾(적왕소개)ᄒ샤 功蓋一世(공개일세)ᄒ시나 勞謙之德(노겸지덕)이 功(공)올 모르시니
佞臣(영신)이 善諛(선유)ᄒ야 驕心(교심)이 나거시든 이 쁘들 닛디 마르쇼셔

‖ 임금의 노여움을 당하여, 공이 일세를 덮으시나, (태조는) 공을 세우고도 겸양하시는 덕을 가지셨으매 자
기의 공을 모르시니. / 아첨 잘하는 신하가 아첨을 잘하여 교만한 마음이 나시거든 이 뜻을 잊지 마소서.

태조는 큰 공을 세우고도 조금도 교만을 부리지 않았다. 50장.

제118장

多助之至(다조지지)실씨 野人(야인)도 一誠(일성)이어니 國人(국인) 쁘들 <u>어느</u> 다 술븡리
어찌(부사)

님금 德(덕) <u>일ᄒ시면</u> 親戚(친척)도 <u>叛(반)</u>ᄒᄂ니 이 쁘들 닛디 마르쇼셔
잃+ᄋ+시+면(조건)　　　반ᄒ(배반하)+ᄂ+니

‖ (태조는 덕이 높아) 남의 도움을 많이 받는 중에도 으뜸이시매, 야인도 한결 같은 성심이니 우리나라 사
람의 뜻은 어찌 다 여쭈리? / 임금의 덕을 잃으시면 친척도 배반하나니, 이 뜻을 잊지 마소서.

태조의 덕화를 입어 야인도 많이 따랐다. 63장.

제119장

兄弟變(형제변)이 <u>이시나</u> 因心則友(인심즉우)ㅣ실씨 허므를 모ㄹ더시니
　　　　　　　이시+나

易隙之精(이극지정)을 브터 姦人(간인)이 離間(이간)커든 이 뜨들 닛디 마ㄹ쇼셔

‖ 형제의 변이 있으나 본 마음이 우애로우매 (태조, 태종은 형제의) 허물을 모르시더니. / 틈이 생기기 쉬운 정을 이용하여 간사한 무리들이 이간하거든 이 뜻을 잊지 마소서.

태조와 태종의 형제의 변에 대해서는 76장, 103장.

제120장

百姓(백성)이 하늘히어늘 時政(시정)이 不恤(불휼)홀씨 力排群議(역배군의)ㅎ샤 私田(사전)을 고티시니

征歛(정렴)이 無藝(무예)ㅎ면 邦本(방본)이 곧 <u>여리ᄂ니</u> 이 뜨들 닛디 마ㄹ쇼셔
　　　　　　　　　　　　　　　여리(약하다, 약해지다)+ᄂ+니

‖ 백성이 하늘인데 때의 정사가 (백성을) 돌보지 않으매, (태조는) 힘써 모든 논의를 물리치시어, 사유의 논밭 제도를 고치시니. / 백성으로부터 세금을 거둬들임이 대중 없으면, 나라 근본이 곧 위태로워지나니, 이 뜻을 잊지 마소서.

태조가 호족이 약탈한 토지를 거두어서 균전제를 실시한 데 대해서는 73장.

제121장

<u>내그에</u> <u>모딜언마론</u> 제 님금 爲(위)타 ㅎ실씨 罪(죄)를 니저 다시 브려시니
나ㅣ(관형격)+그에(의존명사), 모딜+건마론

ㅎ믈며 衰臘(곤직) <u>돕ᄉ보려</u> 面折廷爭(면절정쟁)커든 이 뜨들 닛디 마ㄹ쇼셔
　　　　　　　돕+ᄉ+오려(의도)

‖ 나에게 모질(악하)건마는 제 임금을 위한 것이라 하시매 (태종은) 죄를 잊어 다시 (그들을) 부리시니. / 하물며 임금의 일을 도우려고 (신하들이) 얼굴을 맞대고 꾸짖고 조정에서 다투거든 이 뜻을 잊지 마소서.

태종이 방석에게 충성을 다하던 사람들에게 벼슬을 준 사실, 106장.

제122장

性與天合(성여천합)ᄒᆞ샤디 思不如學(사불여학)이라 ᄒᆞ샤 儒生(유생)ᄋᆞᆯ <u>親近(친근)</u>ᄒᆞ시니이다
친근ᄒᆞ+시+니+이+다

小人(소인)이 固寵(고총)ᄒᆞ리라 不可令閑(불가영한)이라커든 이 ᄠᅳ들 닛디 마ᄅᆞ쇼셔

‖ (태조는) 그 덕성이 (힘쓰지 않아도) 자연히 중도에 맞으시되, 생각함은 배움만 같지 못하다 하시어 선비를 가까이하신 것입니다. / 소인이 임금의 총애를 독점하여 정권을 보전하리라하여 임금을 한가로이 해서는 안 된다 하거든, 이 뜻을 잊지 마소서.

태조가 선비를 사랑한 일에 대해서는 80장.

제123장

讒口(참구)ㅣ <u>만ᄒᆞ야</u> 罪(죄) ᄒᆞ마 <u>일리러니</u> 功臣(공신)ᄋᆞᆯ <u>살아</u> 救(구)ᄒᆞ시니
만ᄒᆞ+아   일+리(추측)+더+니   사ᄅᆞ+ᄋ → 살ㅇ+아(살려)

功巧(공교)ᄒᆞᆫ <u>하리</u> 甚(심)ᄒᆞ야 貝錦(패금)을 일우려커든 이 ᄠᅳ들 닛디 마ᄅᆞ쇼셔
하리(참소)+ø(주격)

‖ 참소하는 입이 많아서 죄가 이미 이루어지려더니 (태종은) 공신을 살려 구하시니. / 공교한 참소가 심해서 자개 무늬의 배단을 이루려 하거든, 이 뜻을 잊지 마소서.

태종이 조준을 구한 이야기는 104장.

제124장

洙泗正學(수사정학)이 聖性(성성)에 불ᄀᆞ실ᄊᆡ 異端(이단)ᄋᆞᆯ 排斥(배척)ᄒᆞ시니

裔戎邪說(예융사설)이 <u>罪福(죄복)</u>ᄋᆞᆯ <u>저히ᄉᆞᆸ거든</u> 이 ᄠᅳ들 닛디 마ᄅᆞ쇼셔
죄복+ᄋᆞᆯ(의미상 부사격(으로)), 젛+이((사동)+ᄉᆞᆸ+거든

‖ 수사정학(유교, 공자의 바른 학문)이 (태종의) 성성에 밝으시매 (이와) 다른 교리를 배척하시니. / 서역지방의 옳지 않은 말(불교)이 죄와 복으로 위협하거든 이 뜻을 잊지 마소서.

태종은 불교에 대한 정책을 혁신했으니, 이에 대해서는 107장.

제125장

千世(천세) 우희 미리 定(정)ᄒ샨 漢水北(한수북)에 累仁開國(누인개국)ᄒ샤 卜年(복년)이
정ᄒ+샤+오(대상표시)+ㄴ(관형사형 어미)   복년(하늘이 정한 운수)+이(주격)

ᄀᆞᆸ업스시니
聖神(성신)이 니ᅀᅳ샤도 敬天勤民(경천근민)ᄒ샤ᅀᅡ 더욱 구드시리이다
닛+ᄋᆞ(매)+샤+아도(양보), 경천근민ᄒ+샤+(아)+ᅀᅡ(강세보조사)

님금하 아ᄅᆞ쇼셔 洛水(낙수)예 山行(산행) 가이셔 하나빌 미드니잇가
님금+하(존칭 호격)   낙수+예(처소부사격3))

‖ 천대 옛날에 미리 정하신 한강 북에, 어진 일을 쌓고 나라를 여시어, 하늘이 정한 왕조의 운수가 한이 없으시니 / 성신이 이으셔도 하늘을 공경하고 백성을 위하여 힘쓰셔야 나라가 더욱 굳으실 것입니다. / 임금님이시여 아소서, (하나라 태강왕처럼) 낙수에 사냥 가서 조상의 공덕만을 믿습니까? (믿을 것이겠습니까?)

하(夏)나라 태강왕이 사냥에 절도가 없어 낙수 남쪽까지 가서 백날이 되어도 돌아올 줄 몰랐다. 궁후 예가 강북에서 태강을 막아 돌아오지 못하게 하여 이를 폐위했다.

---

3) 'ㅣ'모음이 아닌데 '예'가 쓰임, 한자음 '쉬'로 인식. 동국정운식 한자음은 '쓩'

1997년 6번

❶ 훈민정음 초성 17자의 체계를 도표로 그리고 그 제자 원리에 대해 쓰라.

‖ 문제 해설 ‖

이 문제는 임용고시가 시작된 당시의 가장 원형적인 문제라고 할 수 있다. 이 문제와 비슷한 내용이 2014학년도 논술형 문제에서 국어교육학 문제와 결합되어 출제되기도 하였다.

> <독서와 문법> 과목을 담당하고 있는 김 교사는 해례본 훈민정음을 설명하는 글을 활용하여 글의 짜임을 파악하고 내용을 이해하는 수업을 진행하였다. …… <보기1>에서 학생이 그린 구조도에 문제가 있는 곳을 찾아 지적하고, 제시된 학습 자료에서 신문자 '훈민정음'의 제자 원리를 요약하여 쓸 것
>
> ─2014년 3교시 논술형

2014 학년도 문제에서는 단지 내용을 요약하는 것이었으므로 구체적인 지식이 없어도 쓸 수 있었겠지만 핵심 내용을 잘 알고 있었다면 그만큼 더 잘 쓸 수 있었을 것이다.

이 문제는 제자 원리와 함께, 초성 17자의 음가를 이해하고 있는가를 물어 본 것이다.

‖ 예상 답안 ‖

훈민정음 초성 17자의 체계는 다음과 같다.

조음위치 \ 조음방법	전청(全淸)	차청(次淸)	불청불탁(不淸不濁)
아음(牙音)	ㄱ	ㅋ	ㆁ
설음(舌音)	ㄷ	ㅌ	ㄴ
순음(脣音)	ㅂ	ㅍ	ㅁ
치음(齒音)	ㅈ, ㅅ	ㅊ	
후음(喉音)	ㆆ	ㅎ	ㅇ
반설음(半舌音)			ㄹ
반치음(半齒音)			△

훈민정음 초성의 제자 원리는 상형과 가획이다. 상형이라 함은 발음 기관의 모습을 본뜬 것을 말하고, 가획이라 함은 기본 글자에 획을 더하여 그 소리가 거세짐을 나타낸 것을 말한다. 아음(牙音)은 혀뿌리가 목구멍을 막는 모양을 본뜨고(象舌根閉喉之形), 설음(舌音)은 혀끝이

잇몸에 닿은 모양을(象舌附上齶之形), 순음(脣音)은 입 모양을(象口形), 치음(齒音)은 이 모양을(象齒形), 후음(喉音)은 목구멍 모양을(象喉形) 본떴다.

'ㄱ'은 가획하여 'ㅋ'이 되고, 'ㄴ'은 'ㄷ', 'ㅌ'이, 'ㅁ'은 'ㅂ', 'ㅍ'이, 'ㅅ'은 'ㅈ', 'ㅊ', 'ㅇ'은 'ㆆ', 'ㅎ'이 된다. 'ㆁ', 'ㄹ', 'ㅿ'은 가획의 원리를 따르지 않은 이체자이다.

◑ (1)에서 자료를 찾아 중세국어 표기법의 원리를 밝히고, 현대국어와 다른 음운을 찾아 그 변천을 설명하시오.

> (1) 나·랏:말ᄊᆞ·미 中國·에 달·아, 文字·와·로 서르 ᄉᆞᄆᆞᆺ·디 아·니홀·ᄊᆡ, ·이런 젼·ᄎᆞ·로 어·린百姓·이 니르·고·져(훈민정음언해)

‖ **문제 해설** ‖

이 문제는 두 가지의 질문을 가지고 있다. 하나는 표기법이고, 다른 하나는 음운의 변천이다. 음운의 변천에는 음운의 소멸이나 생성도 있지만, 형태는 그대로 있으면서 그 음가가 변한 것도 있다. 후자의 내용을 잘 알고 있지 않으면 정확한 답을 제시하기 어려운 문제라고 할 수 있다.

‖ **예상 답안** ‖

중세 국어 표기법의 원리는 음소적 표기, 또는 표음적 표기라고 할 수 있다. 음소적 표기는 소리 나는 대로 표기하는 것이다. 소리 나는 대로 쓰게 되면 철자법은 연철 표기를 따르게 된다. 현대 국어는 뜻을 밝혀 적는 형태 음소적 표기, 또는 표의적 표기라고 할 수 있다. 따라서 철자법은 분철 표기를 따르게 된다.

자료에서 표음적 표기의 예는 '말ᄊᆞ미'를 들 수 있다. 뜻을 밝혀 적는다면 '말씀이'가 되어야 한다. '달아'의 경우는 표의적 표기처럼 보이지만 'ㅇ'이 현대처럼 음가 없는 것이 아니라 유성 후두 마찰음 'ɦ'이었기 때문에 'ㄹ'이 뒤로 연철되지 않은 것이다. 따라서 표음적 표기의 예외로 보기 어렵다.

현대국어와 다른 음운은 '달아'의 'ㅇ', '젼ᄎ'의 'ㅈ'과 'ㅊ' '중국에'의 'ㅔ' 등이다.

먼저 'ㅇ'은 유성 후두 마찰음(ɦ)에서 음가 없는 소리(ø)로 변했다.

'ㅈ'은 치조 파찰 평음(ʦ)에서 경구개 파찰 평음(ʧ)으로 변했다.

‘ㅊ’ 역시 치조 파찰음 격음(tsʰ)에서 경구개 파찰 격음(ʧʰ)으로 변했다.

‘ㅔ’는 이중모음 əj에서 단모음 e로 변했다.

〈보기〉는 "중세 국어의 음운 변천을 안다."라는 학습목표를 성취하기 위한 자료이다. ‘ㅸ’은 세종 이후에 〔w〕로 변했는데, 후행하는 모음에 따라 다르게 실현되었다. 밑줄 친 부분의 ‘ㅸ’이 모음을 만나 변하는 과정에서 어떤 결합 규칙이 적용되었고, 그 변화된 모습은 어떠했는지 〈예시〉를 참조하여 밝히시오.

〈보기〉

① 스フ봀 軍馬롤 이길쎠 ㅎᄫᅀᅡ 믈리조치샤 〈용비어천가 35장〉

② 이런 더러본 일 ㅎ거뇨 ᄒᆞ대 〈월인석보 1, 44〉

③ ᄆᆞᅀᅮ믈 더욱 셜ᄫᅵ 너기샤 눖므를 비오ᄃᆞᆺ 흘리시고 〈월인석보 8, 94〉

〈예시〉

	결합 규칙	결합 후 변화된 모습	현대어
ᄆᆞᅀᆞᆷ	ᅀ+ᄋᆞ>탈락(∅)	ᄆᆞᅀᆞᆷ>ᄆᆞᄋᆞᆷ	마음
ᄀᆞᄅ치어	이+어>여	ᄀᆞᄅ치어>ᄀᆞᄅ쳐	가르쳐

	결합 규칙	결합 후 변화된 모습	현대어
① 스フ봀	[w]+		시골
② 더러본	[w]+		더러운
③ 셜ᄫᅵ	[w]+		쉽게

‖ 문제 해설 ‖

‘ㅸ’의 변천을 물어보는 문제이다. ‘ᅀ’은 흔적을 남기지 않고 소멸했지만 ‘ㅸ’은 ‘w’로 변하였다. 그러나 항상 그런 것은 아니어서 뒤에 ‘ㅣ’모음이 올 경우에는 탈락하기도 하였다. 이러한 세부적인 사항을 숙지하고 있는가 묻고 있다.

‖ 예상 답안 ‖

결합 규칙	결합 후 변화된 모습
[w]+ ᄋᆞ > 축약(오)	스フ봀 > 스フ올
[w]+ 으 > 축약(우)	더러본 > 더러운
[w]+ 이 > 탈락(ø)	셜ᄫᅵ > 셜이>셜리

❶ 다음은 중세 국어 문헌에 나타나는 초성 'ㅂ'계 합용 병서에 대하여 탐구하려고 수집한 자료이다. 주어진 '단서'로 (가)와 (나)를 탐구하고, 그 내용을 근거로 'ㅂ'계 합용 병서가 어떤 소리를 표기한 글자였는지 쓰시오. 〔3점〕

> (가) ① 곧 이제 ᄀᆞ슬히 반되 ᄒᆞ마 어즈러우니 됴히
>   그려기와 다ᄆᆞᆺ <u>ᄒᆞᄢ</u> 오리로다 卽今螢已亂
>   好與鴈同來(두시언해 초간본 8 : 40)
> ② 손과 <u>ᄒᆞᄭᅴ</u> 밥 먹거늘 與客同飯ᄒᆞ대(번역소학 10 : 6)
> (나) 멥쌀, 좁쌀, 볍씨, 부릅뜨다, 휩쓸다

자료	단서	탐구 내용
(가)	'ᄒᆞᄢ>ᄒᆞᄭᅴ'에 나타난 'ㄴ>ㅁ'	
(나)	단어 형성상의 특이점	

⇩

탐구 결과
초성 'ㅂ'계 합용 병서는 (　　　　　　　)을/를 표기한 글자였다.

‖ 문제 해설 ‖

'ㅂ'계 합용병서의 음가와 그 변천에 대한 질문이다. 현대국어의 합성어 형성에서 'ㅂ 첨가'는 공시론적으로는 설명되지 않는다. 이는 통시론적으로밖에 설명할 수 없는데, 애초에 'ㅂ'계 합용병서였던 낱말들의 흔적이 합성어에 남아있는 것이기 때문이다.

‖ 예상 답안 ‖

자료	단서	탐구 내용
(가)	'ᄒᆞᄢ>ᄒᆞᄭᅴ'에 나타난 'ㄴ>ㅁ'	'ᄒᆞᄢ'의 'ㄴ'이 'ㅁ'으로 변한 것은 'ㅄ'의 'ㅂ'에 영향을 받은 것으로 이는 조음위치의 동화이다.
(나)	단어 형성상의 특이점	'쌀, 씨, 뜨-, 쓸-' 이 합성어를 이룰 때 이 단어들 앞에 'ㅂ'이 덧난 것은 원래 이 단어들이 'ㅂ'이 포함된 'ㅂ'계 합용병서 'ᄡᆞᆯ, ᄢᅵ, ᄠᅳ다, ᄡᅳᆯ다'였기 때문이다.

탐구 결과
초성 'ㅂ'계 합용 병서는 (　이중 자음(어두자음군)　)을/를 표기한 글자였다.

❶ 다음은 중세 국어의 'ㅐ'와 'ㅔ'가 이중 모음이었던 사실에 대하여 탐구 학습한 내용이다. 탐구 과정에 따라 분석 내용 (2)와 (3)에 준하여 (1)에 들어갈 내용을 서술하시오. 〔3점〕

학생의 질문	중세 국어에서 'ㅐ'와 'ㅔ'는 왜 이중 모음인가요?

교사의 지도방안	중세 국어에서 'ㅐ'와 'ㅔ'로 끝나는 단어들에 조사나 어미가 결합할 때 어떠한 형태 교체를 보이는지 주목하게 한다.
교사의 수집자료	(1) 내해 드리 업도다, 梁온 드리라 　　불휘 기픈 남곤, 根은 불휘라 　　妖怪ㄹ뷔인 새 오거나, 影은 그르메라 (2) ᄉᆡ예, ᄣᅢ해 디여 　　사ᄉᆞ미 ᄲᅵ예, 여희여 　　막대예 샹커나, ᄣᅢ해 업데여 (3) 프를 ᄢᅯ오 안쩌니 　　좁올 무티면 좁이 ᄲᅵ오 　　몸 아래 블 내오, 히미 세오

분석내용	(1) ___________________________________ 　　___________________________________ (2) 부사격 조사 {에} 및 어미 {-어}와의 결합에서 체언 또는 용언 어간이 단모음 '이'(ᄉᆡ, 디-) 또는 반모음'ㅣ'(ᄲᅵ, 여희-)로 끝나는 경우, 조사와 어미의 형태는 반모음 'ㅣ'가 더해진 '예'와 '-여'로 나타난다. '막대'와 '업데-'도 이와 같은 양상을 보인다. (3) 어미{-고}와의 결합에서 용언 어간이 'ㄹ'(ᄢᅯ-) 또는 반모음 'ㅣ'(ᄲᅵ-)로 끝나는 경우, 어미의 형태는 'ㄱ'이 탈락된(또는 약화된)'-오'로 나타난다. '내-'와 '세-'도 이와 같은 양상을 보인다.

결론	중세 국어의 조사 및 어미 관련 형태 교체에서 공통적으로 'ㅐ'와 'ㅔ'가 반모음 'ㅣ'를 가진 이중 모음들과 함께 행동한다는 사실을 통해 당시 'ㅐ'와 'ㅔ'는 반모음 'ㅣ'를 가진 하향 이중 모음이었음을 알 수 있다.

‖ 문제 해설 ‖

서답형으로 바뀐 뒤 맨 처음 실시된 시험에서 서술형 문제의 한 유형을 보여주는 문제이다. 채점의 편의성과 정확성을 기하기 위해 서술의 방향을 미리 정해 주고 거기에 따라 답안을 작성하게 했다. 중세국어의 'ㅐ, ㅔ'는 현대와 달리 다 이중모음이었다. 이러한 사실은 국어사를 공부했다면 누구나 다 알 수 있는 사실이지만 이를 자료를 통해 입증하는 것은 쉬운 일이 아니다. 또 올바른 답을 써냈다 해도 문제가 요구하는 형식대로 쓰지 않으면 감점 요인이 된다.

‖ 예상 답안 ‖

　주격 조사 ‘이’와 서술격 조사 ‘이다’의 ‘이’는 선행 명사가 단모음 ‘이’(드리), 또는 반모음 ‘ㅣ’(불휘)로 끝나는 경우 생략되어 나타난다. ‘새’와 ‘그르메’도 이와 같은 양상을 보인다.

2004년 4-1번

🔘 "국어의 역사를 안다."라는 학습 목표를 성취하기 위해 모은 다음 자료를 보고 물음에 답하시오.

(가)
① 내 ᄒ마 命終호라 <월인석보 9, 36>
② 내 아래브터 부텻긔 이런 마ᄅᆞᆯ 몯 듣ᄌᆞᄫᅥ며 <석보상절 13, 44>
③ 내 롱담ᄒ다라 <석보상절 6, 24>
④ 내 겨지비라 가져가디 어려ᄫᅳᆯ씨 <월인석보 1, 13>
⑤ 衆生이 福이 다ᄋ거다 <석보상절 23, 28>
⑥ 내 이ᄅᆞᆯ 爲ᄒᆞ야 어엿비 너겨 새로 스믈여듧 字ᄅᆞᆯ 밍ᄀᆞ노니 <훈민정음 언해>
⑦ 불휘 기픈 남ᄀᆞᆫ ᄇᆞᄅᆞ매 아니 뮐씨 곶 됴코 여름 하ᄂᆞ니 <용비어천가 2장>
⑧ 崔九의 집 알ᄑᆡ 몃 디윌 드러뇨 <두시언해 16, 52>
⑨ 내 이제 훤히 즐겁과라 <법화경언해 2, 137>

4-1 중세 국어의 선어말어미 '-오-'에 대하여 지도하고자 한다. (가)에서 '-오-'가 포함된 4가지 예문을 찾아, 그 번호와 그렇게 볼 수 있는 근거를 쓰시오.

— 〈조건〉 —

'-오-'가 포함되어 있는 어절이나 음절을 찾아 형태소를 분석하는 방식으로 근거를 제시할 것
(예 ᄒ니 : ᄒ+니, 홈 : ᄒ+옴)

예문 번호	근거	예문 번호	근거

‖ **문제 해설** ‖

　선어말 어미 '-오-'에 대한 문제이다. '-오-'는 다른 문법 형태소와 결합하여 다양한 모습으로 나타나는데 '-오-'가 나타나는 환경과 이와 결합한 형태소의 이형태를 알고 있는가 묻는 문제이다.

‖ **예상 답안** ‖

예문 번호	근거	예문 번호	근거
①	命終ᄒ + 오 + 라	⑥	밍ᄀ + ᄂᆞ + 오 + 니
③	롱담ᄒ + 더 + 오 + 라	⑨	즐겁 + 거 + 오 + 라

❶ 다음은 "중세 국어 어휘의 쓰임을 안다."라는 학습 목표를 성취하기 위한 자료이다. '어느'를 셋으로 분류하고 그 근거를 쓰시오.

> ① 어느 뉘 請ᄒ니 (용비어천가 18)
> ② 어느롤 닐온 正法眼고 (금강경삼가해 2 : 68)
> ③ 어늬사 못 됴ᄒ니잇가 (석보상절 6 : 35)
> ④ 國人 ᄠᅳ들 어느 다 술ᄫᅵ리 (용비어천가 118)
> ⑤ 國王ᄋᆞᆫ 오쇼셔 龍王ᄋᆞᆫ 겨쇼셔 이 두 말ᄋᆞᆯ 어늘 從ᄒ시려뇨 (월인석보 7 : 26)
> ⑥ 菩薩이 어느 나라해 ᄂᆞ리시게 ᄒ려뇨 (월인석보 2 : 10)
> ⑦ 현 날인둘 迷惑 어느 플리 (월인천강지곡 74)

자료 번호	분류의 근거

‖ 문제 해설 ‖

중세국어 어휘의 의미와 쓰임을 묻는 문제이다. 형태론에서 대표적인 문제라고 할 수 있다. 중세국어의 어휘 중에는 현대와 그 의미가 다른 것이 많지만 그 어휘들이 다 문제로 나오지는 않는다. 단지 의미뿐 아니라 그 기능이 현대와 다른 것들이 출제의 대상이 된다. 이 문제에서 제시된 '어느'는 좋은 예가 된다.

‖ 예상 답안 ‖

자료 번호	분류의 근거
①, ⑥	이 예문에 쓰인 '어느'는 관형사로 분류할 수 있다. ①은 대명사 '누'를 수식하고 있다. ⑥은 명사 '나라ㅎ'를 수식하고 있다.
②, ③, ⑤	이 예문에 쓰인 '어느'는 대명사로 분류할 수 있다. ②는 목적격조사 '롤'이 붙어 목적어로 사용되고 있다. ③은 보조사 'ᅀᅡ'가 붙어 주어로 사용되고 있다. ⑤는 목적격조사 'ㄹ'이 붙어 목적어로 사용되고 있다.
④, ⑦	이 예문에 쓰인 '어느'는 부사로 분류할 수 있다. ④는 용언 '술ᄫᅵ리'를 수식하고 있다. ⑦은 용언 '플리'를 수식하고 있다.

〈보기〉는 중세 국어의 격조사를 이해하기 위해 수집한 자료이다. ①~⑥에 사용된 격조사를 세 종류로 분류하여 〈표〉를 완성하시오.

〈보기〉
---

① 부톄 날 爲ᄒ야 法을 니르시리라ᄉ이다 〈법화경언해 2, 231〉

② 아ᄎᆞᆷ 뷔여든 ᄯᅩ 나조히 닉고 〈월인석보 1, 45〉

③ 世尊ㅅ 神力으로 ᄃᆞ외의 ᄒᆞ샨 사ᄅᆞ미라 〈석보상절 6, 7〉

④ 사ᄅᆞ미 ᄠᅳ들 거스디 아니ᄒᆞ노니 〈월인석보 1, 12〉

⑤ 이 지븨 자려 ᄒᆞ시니 〈용비어천가 102장〉

⑥ 불휘 기픈 남ᄀᆞᆫ ᄇᆞᄅᆞ매 아니 뮐씨 〈용비어천가 2장〉

격조사의 종류	자료 번호	분류 근거
주격		
관형격		
처소의 부사격		

‖ 문제 해설 ‖

현대 국어에서 격조사는 극히 적은 예외를 제외하면, 그 형태에 따라서 격의 종류가 결정된다. 그러나 중세 국어에서는 같은 형태가 여러 격에 쓰이는 경우가 많았다. 그때 격은 그 의미에 의해 결정된다. 문장의 의미에 따라 올바르게 격을 판단할 수 있는가 묻는 문제이다.

‖ 예상 답안 ‖

격조사의 종류	자료 번호	분류 근거
주격	①, ⑥	①은 ‘부텨+ㅣ’로 분석되는데, 현대국어로 바꾸면 ‘부처가’가 된다. ⑥은 ‘불휘+(이)’가 되는데, 반모음 ‘ㅣ’ 뒤에서 주격조사 ‘이’가 생략된 것이다. 현대국어로 바꾸면 ‘뿌리가’가 된다.
관형격	③, ④	③에서 ‘세존ㅅ’의 ‘ㅅ’은 존칭 체언에 붙는 관형격 조사인데, 현대국어로 바꾸면 ‘세존의’가 된다. ④에서 ‘의’는 평칭의 체언에 붙는 관형격 조사인데, 현대국어의 ‘의’로 바꿀 수 있다.
처소의 부사격	②, ⑤	‘의/의’는 평칭의 관형격조사로 쓰이지만 시간이나 공간을 나타내는 명사 뒤에서는 처소의 부사격조사로 쓰이기도 한다. ②는 ‘나조ㅎ(저녁)’라는 시간어 뒤에서 ⑤는 ‘집’이라는 공간어 뒤에서 처소의 부사격 조사로 쓰였는데, 현대국어의 처소 부사격조사 ‘에’로 바꿀 수 있다.

● (가)~(라)의 밑줄 친 부분은 중세 국어에서 일정한 조건에 따라 다른 형태로 쓰였다. 각각의 교체 조건 혹은 분포 조건을 (예)와 같이 설명하시오.

> (가) ① 어린 百빅姓셩이 니르고져 홇 배 이셔도 무춤내 제 뜨들 시러 펴디 몯홇 노미 하니
>   라 (훈민정음 언해)
>   ② 淨쪙飯뻔王왕이 깃그샤 부텻 소눌 손소 자보샤 조걋 가스매 다히시고
>   (월인석보 10 : 9)
> (나) ① 시미 기픈 므른 フ무래 아니 그츨씨 (용비어천가 2장)
>   ② 二百戶를 어느 뉘 請호니 (용비어천가 18장)
>   ③ 블근 새 그를 므러 寢室 이페 안즈니 (용비어천가 7장)
> (다) ① 金으로 짜해 쏘로물 쁨 업게 호면 (석보상절 6 : 24)
>   ② 굴허에 무를 디내샤 도즈기 다 도라가니 (용비어천가 48장)
>   ③ 野人ㅅ 서리예 가샤 野人이 골외어늘 (용비어천가 4장)
> (라) ① 뎌 중아 닐웨 호마 다돋거다 (석보상절 24 : 15)
>   ② 길헤 艱간難난호 사룸 보아둔 다 布봉施싱호더라 (석보상절 6 : 15)

대 상	교체 조건 혹은 분포 조건
(예)관형격 조사	관형격 조사 '익'와 '의'는 선행 체언 모음과의 모음조화에 따라 선택되었는데, '익'는 양성 모음 뒤에, '의'는 음성 모음 뒤에 쓰였다.
(가) 재귀 대명사	
(나) 주격 조사	
(다) 부사격 조사	
(라) 선어말 어미	

‖ **문제 해설** ‖

조사에 대한 전반적 이해에, 대명사와 어미를 함께 묻는 문제이다. 하나의 형태소가 환경에 따라 여러 형태로 실현되는 것들은 앞으로도 출제 가능성이 높은 문제들이다.

‖ **예상 답안** ‖

대 상	교체 조건 혹은 분포 조건
(예) 관형격 조사	관형격 조사 '익'와 '의'는 선행 체언 모음과의 모음조화에 따라 선택되었는데, '익'는 양성 모음 뒤에, '의'는 음성 모음 뒤에 쓰였다.
(가) 재귀 대명사	재귀 대명사 '제'와 '즈갸'는 공대 여부에 따라 선택되었는데, '제'는 평칭에, '즈갸'는 존칭에 쓰였다.
(나) 주격 조사	주격조사 '이', 'ㅣ', 'ø'는 선행 체언의 음절 유형에 따라 선택되었는데 받침 있는 체언 뒤에는 '이', 모음으로 끝난 체언 뒤에는 'ㅣ', 'ㅣ'모음이나 반모음 'ㅣ'로 끝난 체언 뒤에는 'ø'로 실현되었다.
(다) 부사격 조사	부사격조사 '애', '에', '예'는 선행 체언의 모음 종류에 따라 선택되었는데, 양성모음일 때는 '애', 음성모음일 때는 '에', '이' 모음이나 반모음 'ㅣ' 뒤에서는 '예'가 쓰였다.
(라) 선어말 어미	선어말 어미 '-거-'와 '-어/아-'는 동사의 종류에 따라 선택되었는데 타동사에는 '-어/아-'가, 비타동사에는 '-거-'가 쓰였다.

1999년 5번

우리말의 높임법에 대하여 선어말 어미를 중심으로 설명하고자 한다. 〈보기〉의 자료를 바탕으로 다음 〈조건〉에 유의하여 500자 내외로 기술하시오.

> (가) [태조개] 섬 안해 자싫 제 한비 사ᄋ리로디 뷔어ᅀᅡ 즈ᄆ니이다. 〈용비어천가 67장〉
> (나) 善女人이…無量壽佛ᄭᅴ 나 正法 <u>듣ᄌᆸ고져</u> 發願호디 〈월인석보 권9〉
> (다) 千世 우희 미리 定ᄒ샨 漢水 北에, 累仁開國ᄒ샤 ᅡ年이 <u>ᄀᆞ업스시니</u>, 〈용비어천가 125장〉

〈조건〉

1. 〈보기〉를 자료로 높임법과 관련된 중세 국어의 선어말 어미를 유형화하고, 그 문법 기능을 설명할 것
2. (나)의 밑줄 친 부분에 나타난 높임법이 현대 국어에서는 어떻게 수행되는지 구체적으로 설명할 것

‖ **문제 해설** ‖

임용고시 초창기의 문제로 높임법에 대한 전체적 이해를 묻는 문제이다. 그러나 그 범위를 선어말 어미로 한정하고 있다. 또한 통시론적으로 객체높임법이 어떻게 변해왔는지에 대한 이해도 함께 묻고 있다.

‖ **예상 답안** ‖

선어말 어미에 의해 실현되는 중세국어 높임법은 크게 세 가지, 주체높임법과 상대높임법, 그리고 객체높임법으로 나뉜다. 상대높임법은 청자를 높이는 것으로 '-이-'와 '-ᇰ|'에 의해 실현된다. 자료 (가)는 '-이-'가 사용되었다. 객체높임법은 목적어나 부사어를 높이는 것으로 '-습/줍/ᅀᆸ-'에 의해 실현된다. 자료 (나)에서 '正法'이 무량수불의 소유물이기 때문에 이를 높이기 위해 '-줍-'이 쓰인 것이다. 주체높임법은 주체를 높이는 것으로 '-시-', '-샤-'에 의해 실현된다. (다)에서 'ᅡ年'을 높이기 위해 '-시-'가 사용되었다.

'-줍-'에 의한 객체높임은 현대 국어에서는 더 이상 사용되지 않는다. 대신 '모시다, 드리다'와 같은 어휘와 부사격 조사 '께'에 의해서 실현된다.

아버지는 할아버지께 선물을 드리셨다. /아버지는 할아버지를 모시고 서울에 가셨다.

위에서 보듯이 목적어나 부사어로 실현된 할아버지를 높이기 위해 '드리다, 모시다'가 사용되었다.

● (2)~(4)에서 중세국어 의문문의 특징을 설명하고 그 변천을 밝히시오.

> (2) ㄱ. 이눈 賞가 罰아 (몽산법어 53)
>   ㄴ. 이 엇던 光明고 (월인석보 10-7)
> (3) ㄱ. 사로미 이러커늘사 아들올 여희리잇가 (월곡, 기 143)
>   ㄴ. 몃 間ㄷ지븨 사르시리잇고 (용가 110장)
> (4) 네 엇데 안다 (월석 23-74)

‖ 문제 해설 ‖

중세국어 의문문의 특징을 묻는 문제이다. 예문의 배열에서 서술의 방향을 알 수 있다.

(2)번 예문을 이용해서 체언 뒤에 의문보조사가 붙어서 이루어지는 의문문이 있었음을, (3)번 예문은 설명의문문과 판정의문문의 차이를, (4)번 예문을 이용해서는 2인칭 의문문에 대해서 서술하면 된다.

‖ 예상 답안 ‖

자료에서 알 수 있는 중세국어의 의문문의 특징은 세 가지이다.

첫째, 중세국어의 의문문은 현대국어와 달리 체언 뒤에 바로 의문보조사 '가'와 '고'가 붙어 이루어지기도 하였다. 이들은 'ㄹ'과 모음 뒤에서는 '아, 오'로 실현되었다. (2)번 예문에서 이를 알 수 있다.

둘째, 중세국어의 의문문은 설명의문과 판정의문이 구별되었다. '-가' 계열은 판정의문을 '-고' 계열은 설명의문을 나타내었다. 설명의문문에는 '몇, 어느, 므슥'과 같은 의문사가 사용되었다.

셋째, 2인칭 의문문이 있었다. 어미 '-ㄴ다'는 주어가 2인칭일 때만 쓰였다. 1,3인칭에는 'ㄴ가, ㄴ고'가 쓰여서 대비되었다. 2인칭 의문문에는 판정의문과 설명의문의 구별이 없었다.

이러한 세 가지 특징은 현대국어로 오면서 보조사에 의한 의문문의 형성이나 설명의문과 판정의문의 구별, 인칭에 따른 구별 등이 모두 사라졌다.

◉ 다음 자료를 읽고 ⑤~⑩에 쓰인 경어법을 유형별로 설명하시오.

> ⑤ 三賊이 좇줍거늘 (용비어천가 36, 1447년)
> ⑥ 梵音이 깁고 微妙ㅎ샤 (석보상절 13, 1447년)
> ⑦ 고줄 받ㅈ븅시니 (월인천강지곡 6, 1449년)
> ⑧ 어마님 사라겨싫 저긔 (월인석보 23, 1459년)
> ⑨ 됴ㅎ시며 됴ㅎ실쎠 大雄世尊이여 (법화경언해 5, 1463년)
> ⑩ 내 보아져 ㅎㄴ다 술ᄫㅑ쎠 (석보상절 6, 1447년)

‖ **문제 해설** ‖

높임법을 예문을 통해 설명하는 문제이다. 높임법에 따라 예문을 분류하고 각 예문에 쓰인 높임법을 설명한다. 앞의 문제에서는 선어말어미에 따라 분류했지만 이 문제는 선어말어미뿐만 아니라 종결어미와 어휘도 포함되므로 그 범위는 더 넓다고 할 수 있다.

‖ **예상 답안** ‖

주체높임은 ⑥, ⑦, ⑧, ⑨번 예문이고, ⑦, ⑩번 예문은 상대높임의 예문, 객체높임은 ⑤, ⑦번 예문이다. ⑦번 예문은 주체높임과 상대높임, 객체높임이 다 쓰였다.

주체높임에 해당하는 예문은 ⑥, ⑦, ⑧, ⑨번 예문이다.

⑥번 예문에서 '微妙ㅎ샤'는 '微妙 + ㅎ + 샤'로 분석되는데 '-샤-'는 연결어미 '-아/-어'나 선어말어미 '-오/우-'가 이어질 때 사용되는 주체높임의 선어말 어미이다.

⑦번 예문에서 '받ㅈ븅시니'는 '받 + 줍 + ㅇ + 시 + 니'로 분석되는데, '-시-'는 주체높임의 선어말어미이다.

⑧번 예문에서 '사라겨싫'의 '겨싫'은 '겨시다'가 그 기본형인데. '겨시다'는 '이시다/잇다'의 높임말로 주체를 높여준다.

⑨번 예문에서 '됴ㅎ시며 됴ㅎ실쎠'에 사용된 '-시-'는 주체 '大雄世尊'을 높여주는 주체높임의 선어말어미이다.

상대높임에 해당하는 예문은 ⑦, ⑩번 예문이다.

⑦번 예문에서 '받ㅈ봉시니'는 뒤에 '-이다'가 생략된 반말이다.

⑩번 예문에서 '술밧써'는 '숧 + 어써'로 분석되는데, '-어써'는 'ㅎ아쎠체'의 상대높임 종결어미이다.

객체높임에 해당하는 예문은 ⑤, ⑦번 예문이다.

⑤번 예문에서 '좇줍거늘'은 '좇 + 줍 + 거늘'로 분석되는데 '줍'은 객체높임의 선어말어미이다.

⑦번 예문에서 '받ㅈ봉시니'는 '받 + 줍 + ♀ + 시 + 니'로 분석되는데 '-줍-'은 객체높임의 선어말어미이다.

◉ 다음 이야기에 관여하는 사람들이 다른 사람들에 대해 '높임의 의도'를 가지고 있는지 판단하고, 그 근거가 되는 어절을 각각 하나만 찾아 쓰시오.

─── 〈자료 해설〉 ───

아래는 아들 '나후라(羅睺羅)'를 출가시켜 데려오라는 '부텨(세존)'의 명을 받고 가비라국에 온 '목련(目連)'과, '부텨'의 아내이자 '나후라'의 어머니인 '야수(耶輪)' 사이에 일어난 일을 서술한 이야기의 일부이다.

耶輪 ┃ 부텻 使者 왯다 드르시고 靑衣룰 브려 긔별 아라 오라 ᄒ시니 …… 耶輪 ┃ 그 긔별 드르시고 ……(耶輪 ┃) 門돌홀 다 구디 줌겨 뒷더시니 目連이 耶輪ㅅ 宮의 가 보니 門올 다 ᄌᄆ고 유무 드룷 사ᄅᆷ도 업거늘 즉자히 神通力으로 樓 우희 ᄂ라 올아 耶輪ㅅ 알ᄑᆡ 가 셔니 耶輪 ┃ 보시고 …… (耶輪 ┃) 니러 절ᄒ시고 안ᄌ쇼셔 ᄒ시고 世尊ㅅ 安否 묻ᄌᆸ고 니ᄅ샤ᄃ 므스므라 오시니잇고<석보상절 6 : 2~3>

	〈높임의 의도〉	〈근거 어절〉
예 서술자가 야수에게	있음	드르시고
야수가 청의에게		
야수가 목련에게		
서술자가 부텨에게		
서술자가 목련에게		

‖ 문제 해설 ‖

높임법에 대한 이해와 중세문헌의 독해 능력을 묻는 문제이다.

‖ 예상 답안 ‖

㉮ 서술자가 야수에게	있음	드르시고
야수가 청의에게	없음	오라
야수가 목련에게	있음	안즈쇼셔
서술자가 부텨에게	있음	부텻
서술자가 목련에게	없음	보니

- 야수가 청의에게 : 청의는 야수의 시중을 드는 사람이기 때문에 높일 이유가 없다. 그래서 ᄒᆞ라체를 썼다.
- 야수가 목련에게 : 남편인 석가모니의 사자이기 때문에 ᄒᆞ쇼셔체를 사용하고 있다.
- 서술자가 부텨에게 : 서술자에게 부텨는 높임의 대상이므로 높임의 관형격조사 'ㅅ'을 사용하고 있다.
- 서술자가 목련에게 : 서술자에게 목련은 높임의 대상이 아니다. 그래서 주체 높임의 선어말어미 '–시–'를 사용하지 않고 있다.

❶ 다음은 중세 국어 의문문에 대해 설명한 자료이다. ㉠, ㉡에 들어갈 말을 순서대로 쓰시오. 〔2점〕

> - 중세 국어의 의문문은 의문문의 종류가 형태상으로 구별된다는 점에서 현대 국어의 의문문과 차이가 있다. 그러나 이러한 형태상의 차이가 드러나지 않는 예도 확인된다.
> (1) ㄱ. 어루 이긔여 기리ᅀᆞᆸ려
>   ㄴ. 精舍ㅣ 업거니 어드리 가료
> (2) ㄱ. 여슷 하ᄂᆞ리 어늬ᅀᅡ 못 됴ᄒᆞ니잇가
>   ㄴ. 사로미 이러커늘ᅀᅡ 아들ᄋᆞᆯ 여희리잇가
> ―(1)에서 의문사의 유무에 따라 의문형 어미의 차이가 확인되는 것과 달리, (2)에서는 그러한 차이가 확인되지 않는다.
> ―(2)의 두 문장 중 하나에서 의문사 (㉠)이/가 확인되는데, 의문사 유무에 따른 형태상 차이가 있었다면, 의문사가 있는 문장의 의문형 어미는 (㉡)(으)로 나타났어야 한다.

의문문의 두 가지 유형, 판정의문문과 설명의문문의 차이점을 묻는 문제이다. 난이도가 높지 않고 앞에서 공부했던 지식으로 가볍게 풀 수 있는 문제이다.

㉠ 어느   ㉡ 잇고

의문사가 있으면 설명의문의 종결어미 '-녀, -려, -잇고' 등이 쓰여야 하나 '-잇고'는 '-잇가'로 표기되는 예가 보인다. 또 'ᄒᆞ야쎠체'에서는 판정의문과 설명의문의 형태적 구별이 확인되지 않는다.

主人이 므슴 차바놀 손소 둗녀 밍ᄀᆞ노닛가 (석상 6 : 16)
그듸 아바니미 잇ᄂᆞ닛가 (석상 6 : 14)

1998년 6번

중세, 근대, 현대 국어의 모음에 대해 조건에 맞게 설명하라. (500자 내외)

> ① 모음체계의 변화를 설명할 것
>
> ② 이중 모음도 포함시켜 설명할 것

‖ 문제 해설 ‖

모음 체계의 변화와 이중모음의 변화를 묻는 문제이다. 모음 체계의 변화는 단모음의 체계가 시대에 따라 변하는 것을 묻는 것이고, 이중모음의 변화는 이중모음이 시대에 따라 단모음으로 변하게 된 과정을 묻는 것이다.

‖ 예상 답안 ‖

중세국어는 7모음 체계였다. 전설 모음 ‘ㅣ’, 중설모음 ‘ㅡ’, ‘ㅓ’, ‘ㅏ’, 후설모음 ‘ㅜ’, ‘ㅗ’, ‘ㆍ’였다. 고모음은 ‘ㅣ’, ‘ㅡ’, ‘ㅜ’, 중모음은 ‘ㅓ’, ‘ㅗ’, 저모음은 ‘ㅏ’, ‘ㆍ’였다.

근대국어는 8모음 체계였다. 전설모음에 ‘ㅔ’, ‘ㅐ’가 합류하여 ‘ㅣ’와 함께 3개가 되었다. ‘ㅔ’, ‘ㅐ’는 중세에는 이중모음이었다. 중설모음은 그대로였고, 후설모음에서는 ‘ㆍ’가 사라졌다. 그래서 전설모음은 ‘ㅣ’, ‘ㅔ’, ‘ㅐ’, 중설모음은 ‘ㅡ’, ‘ㅓ’, ‘ㅏ’, 후설모음 ‘ㅜ’, ‘ㅗ’였다.

현대국어는 근대국어의 8모음 체계에 전설 원순모음 ‘ㅟ’, ‘ㅚ’가 합류한 10모음 체계이다.

중세국어에서 이중모음이었던 것들이 근대와 현대에서 단모음으로 변한 것들이 있다. 상향 이중모음이었던 ‘ㅘ, ㅝ’와 ‘ㅛ, ㅑ, ㅠ, ㅕ’ 등은 변함이 없지만 하향 이중모음은 ‘ㅢ’를 제외하고는 모두 변화를 입었다.

이중모음 ‘ㆎ, ㅔ, ㅐ,’는 근대국어 시기에 단모음이 되었고(‘ㆎ’는 ‘ㅐ’로 합류), ‘ㅚ’, ‘ㅟ’는 현대국어 시기에 단모음이 되었다. 삼중모음이었던 ‘ㅒ, ㅖ, ㅙ, ㅞ’는 이중모음이 되었다.

❶ 문법규칙의 변천과 관련하여, 〈보기〉의 자료에 나타난 중세 국어의 문법적 특성의 예를 5가지만 찾으시오. 그리고 그 예에서 알 수 있는 문법적 특성을 밝히고 그 이후의 변천을 쓰시오.

〈보기〉

(1) ㄱ. 이 쓰리 너희 죵가 (월석 8 : 94)

　　ㄴ. 얻논 藥이 므스 것고 (월석 21 : 215)

(2) 太子를 請ᄒᆞᅀᆞᄫᅡ 이받ᄌᆞᄫᅩ려 ᄒᆞ노닛가. 大臣올 청ᄒᆞ야 이바도려 ᄒᆞ노닛가 (석상 6 : 16)

(3) ㄱ. 슬픐 업시 (두언 25 : 53)

　　ㄴ. 두루 아니홀 아니ᄒᆞ시나 (금강삼가 5 : 10)

　　ㄷ. 그딋 혼 조초ᄒᆞ야 (석상 : 6 : 8)

	〈예〉	〈문법적 특성〉	〈변천〉
①			
②			
③			
④			
⑤			

‖ 문제 해설 ‖

　현대국어와 다른 중세국어의 문법적 특성을 찾는 문제이다. 의문문과 선어말어미 '-오-', 객체높임 선어말어미 '-습-', 명사형어미로 쓰인 '-ㄴ, -ㄹ' 등 다양한 예시가 주어졌다. 5가지만 찾으라고 했으니 실제로는 그 이상이 주어졌다는 것이다.

‖ 예상 답안 ‖

① (1) ㄱ, ㄴ의 '죵가', '것고'	명사 뒤에 의문 보조사 '가, 고'가 쓰였다.	현대국어에서는 서술격조사에 의문형 어미 '-냐'가 붙는 것으로 바뀌었다.
② (1) ㄴ의 '얻논'	관형사형 어미에 대상 표시의 선어말 어미 '-오-'가 결합하였다.	현대국어에서는 더 이상 쓰이지 않게 되었다.
③ (2)의 '청ᄒᆞᅀᆞᄫᅡ', '이받ᄌᆞᄫᅩ려'	객체높임의 선어말어미 '-습-'이 쓰였다.	현대국어에 오면서 쓰이지 않게 되고, 공손을 나타내는 '-(으)옵'으로 변했다. 현대국어의 '-(스)ㅂ니다'도 이로부터의 발달이다.
④ (3)ㄱ, ㄴ, ㄷ의 '슬픐', '아니홀', '혼'	관형사형 어미 '-ㄹ, -ㄴ'이 명사형 어미로도 기능하였다.	현대국어에서는 관형사형 어미로만 기능한다.
⑤ 관형격 조사 'ㅅ'	관형격 조사 'ㅅ'이 존칭 체언의 뒤나 무정물 체언 뒤에 쓰였다.	현대국어에서는 더 이상 쓰이지 않고 '의' 하나만 쓰이게 되었다.

❶ 다음 자료를 읽고 물음에 답하시오.

> (가) 聲有緩急之殊 故平上去其終聲不類入聲之促急. 不淸不濁之字 其聲不厲 故用 於終則宜於平上
> 去 全淸次淸全濁之字 其聲爲厲 故用於終則宜於入. 所以ㅇㄴㅁㅇㄹ△六字爲平上 去聲之終
> 而餘皆爲入聲之終也. 然ㄱㆁㄷㄴㅂㅁㅅㄹ八字可足用也. 如빗곶爲梨花 영의갗爲狐皮 而ㅅ
> 字可以通用 故只用ㅅ字. (訓民正音 解例本, 1446년)
>
> (나) 몯(莫) : 太子를 몯 어드실씩 (용비어천가, 1447년)
> 못(池) : 못爲池 (훈민정음 해례본, 1446년)
> 뜯(意) : 이 뜨들 닛디 마르쇼셔 (용비어천가, 1447년)
>
> (다) 굳고(固) – 굿거든(固) (언해두창집요, 1608년)
> 맛(味) – 맏(味) (동국신속삼강행실도, 1617년)
>
> (라) 한문 못ᄒᆞᆫ는 인민은 나모 말만 듯고 무슴 명녕인줄 알고 이 편이 친히 그 글을 못 보니
> 그 사름은 무단이 병신이 됨이라. 한문 못한다고 그 사름이 무식훈 사름이 아니라 (중략)
> 우리 신문은 빈부귀쳔을 다름업시 이 신문을 보고 외국 물졍과 너지 사졍을 알게 하랴는
> 뜻시니 (독립신문 창간사, 1896년)
>
> (마) 굳은 땅에 물이 괸다. 웃는 낯에 침 못 뱉는다.

❷ (가)의 밑줄 친 부분에서 언급한 음절말 'ㄷ, ㅅ' 표기가 역사적으로 어떻게 변해 왔는지, (가)~
(마)의 밑줄 친 예만을 사용하여 설명하시오.

‖ 문제 해설 ‖

　중세국어의 8종성이 근대를 거치면서 현대의 7종성으로 줄어들기까지의 역사적 변천을
묻는 문제이다. 예문을 제시하고 그것만을 사용하라고 했기 때문에 기술의 범위를 한정시킬
수 있다. 서답형 문제의 특징 중 하나는 서술의 방향을 제시한다는 점인데, 이 문제는 기출
문제임에도 불구하고 방향 제시가 잘 되어 있다.

‖ 예상 답안 ‖

　훈민정음 창제 당시에 받침에 쓰인 글자는 8개로 'ㄷ'과 'ㅅ'은 구별되어 쓰였다. (가)에서
보듯이 '곶, 영, 갗' 등은 모두 '곳, 엿, 갓'과 같이 'ㅅ'으로 쓸 수 있다고 하여 'ㅅ'이 받침에

서 발음되었음을 보여준다. (나)에서는 '몰(莫)'과 '못(池)'이 구별되어 쓰이고, '뜯'의 'ㄷ'이 발음되었음을 보여준다. 이러한 예들은 중세국어 당시에 'ㅅ'과 'ㄷ'이 받침에서 구별되어 쓰이는 8종성 체제였음을 증명해준다.

그러나 근대국어 초기에는 'ㅅ'과 'ㄷ'이 혼동되어 '굳-'과 '굿-'이 혼용되고, '맛'과 '맏'이 혼용되었음을 (다)에서 알 수 있다. 그러던 것이 근대국어말에 와서는 완전히 'ㅅ'으로 통일되어서 '못', '듯-'처럼 '듣-'으로 표기되어야 할 단어에도 'ㅅ'이 쓰였다. 그래서 근대국어 시기에는 'ㄷ'이 빠진 7종성 체제였다. 발음은 'ㄷ'으로 통일되었는데, 표기는 'ㅅ'으로 통일되었다.

현대국어에서는 발음은 7개로 나지만 표기법은 원칙적으로 모든 자음을 다 쓸 수가 있어서 다시 음절말에 'ㅅ'이 쓰이게 되었다. 그래서 그 의미에 따라서 '굳-'과 '웃-', '못'처럼 'ㄷ'과 'ㅅ'이 구별되어 쓰이게 되었다.

❶ 다음 자료를 읽고 물음에 답하시오. (라)에서 어휘의 함축적 의미와 문장 성분의 호응이 현대 국어와 다른 것을 찾아 각각 하나씩 쓰시오.

> (라) 한문 못ᄒᆞᆫ 인민은 나모 말만 듯고 무슴 명녕인줄 알고 이 편이 친히 그 글을 못 보니 그 사름은 무단이 병신이 됨이라. 한문 못ᄒᆞᆫ다고 그 사름이 무식ᄒᆞᆫ 사름이 아니라 (중략) 우리 신문은 빈부귀쳔을 다름업시 이 신문을 보고 외국 물졍과 닉지 사졍을 알게 ᄒᆞ라는 뜻시니
> (독립신문 창간사, 1896년)

> ① 어휘의 함축적 의미가 다른 것
> ② 문장 성분의 호응이 다른 것

‖ 문제 해설 ‖

문제와 답은 간단하지만 여러 분야가 겹쳐져 있는 문제이다. 현대국어의 자료가 아니라 근대국어의 자료를 이용했기 때문에 어렵게 느껴진다. 어휘의 함축적 의미는 현대국어에서도 규정하기가 어려운데, 근대국어 문장을 제시했기 때문에 ①번 문제는 논란의 여지가 생길 수 있다.

‖ **예상 답안** ‖

　① 어휘의 함축적 의미가 다른 것 : 인민

　② 문장 성분의 호응이 다른 것 : 빈부 귀천을 다름없이

　‘인민’은 여기에서 ‘국민’의 뜻으로 쓰였다. 지금은 북한에서 사용하는 용어가 되어 ‘사회주의 국가에서 국민을 가리키는 말’ 정도의 함축적 의미가 생겼다.

　그런데, ‘병신’이나 ‘너지(內地)’도 지금 글말에서는 사용하지 않으므로 그 의미가 같다고 보기 어렵다. 여기에서 말하는 ‘병신’은 ‘어리석은 사람’ 정도의 함축적 의미를 가지는데, 현대국어에서 ‘병신’은 속어로 ‘장애인’이나 ‘덜떨어진’ 사람을 가리키는 말로 쓰인다. ‘너지’도 여기에서는 ‘국내’의 의미를 가지는데 현대국어에서는 ‘변두리가 아닌 중심 지역’이나 ‘해안에서 들어간 지역’의 의미로 쓰인다. 그 함축적 의미가 같지 않다.

　‘빈부귀천을 다름없이’는 현대국어에서는 ‘빈부귀천에 관계없이(상관없이)’와 같이 쓰인다.

◉ “국어의 역사를 안다.”라는 학습 목표를 성취하기 위해 모은 다음 자료를 보고 물음에 답하시오.

> (나)
>
> ① ㅈ는 니쏘리니 卽즉字쯩 처엄 펴아 나는 소리 ㄱ티니 글바쓰면 慈쯩ㆆ字쯩 처엄 펴아 나는 소리 ㄱ티니라 ㅊ는 니쏘리니 侵침ㅂ字쯩 처엄 펴아 나는 소리 ㄱ티니라 <훈민정음언해>(15세기)
>
> ② 우리 나라에서는 ‘댜, 뎌’를 ‘쟈, 져’와 똑같이 발음하고, ‘탸, 텨’를 ‘챠, 쳐’와 똑같이 발음한다. 이는 단지 턱을 움직임에 있어서 이것은 어렵고 저것은 쉽기 때문일 뿐이다. (…중략…) 또 정 선생님께 듣기를, 그분의 고조부 형제 중 한 분의 이름은 ‘知和’이고 또 한 분의 이름은 ‘至和’였는데, 당시에는 이 둘을 혼동되게 부른 일이 없었다고 한다. 그러므로 ‘디’와 ‘지’의 혼란은 그리 오래되지 않은 일임을 알 수 있다. (如東俗댜뎌呼同쟈져 탸텨呼同챠쳐 不過以按頤之此難彼易也 (…중략…) 又聞鄭丈言 其高祖昆弟 一名知和一名至和 當時未嘗疑呼 可見디지之混 未是久遠也) <유희, 언문지>(19세기 초)

4-2　(나)의 두 자료를 함께 고려하여 알 수 있는 국어사적 사실을 구체적으로 설명하시오.

음가가 변한 음운에 대한 이해와 구개음화에 대한 국어사적 이해를 묻는 문제이다. 중세 국어 음운에 대한 문제는 이렇듯 형식을 바꿔가면서 계속 출제된다.

‖예상 답안‖

①의 서술에서 'ㅈ'이 현대와 같은 경구개음이 아니라 치조에서 발음되었다는 것을 알 수 있다.

②에서는 'ㄷ'의 'ㅈ'으로의 구개음화가 유희가 살던 19세기 초에 일반화되었는데, 정선생님의 고조부가 살던 시대에는 이러한 현상이 일어나지 않았다고 증언하고 있다. 이로 미루어 구개음화는 17세기 말에서 18세기의 교체기, 또는 18세기 동안에 일어났음을 알 수 있는데, 이러한 구개음화가 일어나기 위해서는 'ㅈ'의 구개음화가 이미 이루어져 있어야 한다. 그러므로 치조음 'ㅈ'이 구개음 'ㅈ'이 된 것은 'ㄷ>ㅈ' 구개음화가 일어나기 전인 18세기 이전이라고 할 수 있다.

다음은 ①~⑦에서 알 수 있는 국어사적 지식을 정리한 표이다. 빈 칸에 알맞은 내용을 쓰시오.

> ① 시미 기픈 므른 ᄀᆞᄆᆞ래 아니 그츨ᄊᆡ (용비어천가 2, 1447년)
> ② 젹은 아히를 굴ᅌᅵ치되 (소학언해 5, 1587년)
> ③ 더본 몰애 모매 븓는 苦왜라 (석보상절 13, 1447년)
> ④ 모래와 홁 섯근 거슬 (가례언해 7, 1632년)
> ⑤ 三賊이 좇ᄌᆞᆸ거늘 (용비어천가 36, 1447년)
> ⑥ 梵音이 깁고 微妙ᄒᆞ샤 (석보상절 13, 1447년)
> ⑦ 고졸 받ᄌᆞᆸ시니 (월인천강지곡 6, 1449년)

구분	국어사적 지식	구체적인 내용
①, ②	표기법의 변화	
③, ④	음가(音價)의 변화	
③, ⑤, ⑥, ⑦	팔종성법(八終聲法)	

국어사의 다양한 분야를 한꺼번에 묻는 문제이다. 또 자료를 읽을 수 있는 능력이 있는지 함께 묻고 있다. 해당 분야의 지식을 갖고 있더라도 제시된 자료에서 연관성을 찾아낼 수 없으면 풀 수 없는 문제가 많다. 그러므로 중세국어는 항상 자료와 함께 공부해야 한다.

‖ 예상 답안 ‖

구분	국어사적 지식	구체적인 내용
①, ②	표기법의 변화	①에 쓰인 표기법은 연철이다. '십이, 깊은, 믈은, ᄀᆞ몰애'를 '시미, 기픈, 므른, ᄀᆞᄆᆞ래'로 표기하였다. ②에 쓰인 표기법은 분철이다. '적은, 굴아치되'에서 알 수 있다. 곧, 연철에서 분철로 이행했다고 할 수 있다.
③, ④	음가(音價)의 변화	유성후두 마찰음(ɦ)이었던 'ㅇ'의 음가가 소실(ø)되었다. ③에서 '모래'라고 하지 않고 '몰애'라고 한 것은 'ㅇ'이 음가를 가지고 있었기 때문이다. 즉, '유성 후두 마찰음(ɦ)'이었던 'ㅇ'이 자리를 지키고 있었기 때문에 선행 음절의 받침 'ㄹ'이 뒤로 올 수 없었던 것이다. 그러나 ④에서는 'ㅇ'의 음가가 소실되어 단지 초성 자리임을 표시하는 역할만 하기 때문에 'ㄹ'이 연철되었다.
③, ⑤, ⑥, ⑦	팔종성법(八終聲法)	중세국어에서는 원칙적으로 8자(ㄱ,ㆁ,ㄷ,ㄴ,ㅂ,ㅁ,ㅅ,ㄹ)만 받침 글자로 허용하였다. ③의 '븥는'은 '븥는'의 'ㅌ'이 'ㄷ'으로, ⑥의 '깁고'는 '깊고'의 'ㅍ'이 'ㅂ'으로 표기된 것으로 팔종성법을 잘 지키고 있다. 그런데 중세어의 자료 가운데 이 원칙을 따르지 않는 표기법을 보여주는 문헌이 있는데 그것은 용비어천가와 월인천강지곡이다. ⑤의 '좇줍거늘'은 '좃줍거늘'로 표기되어야 하는데, 원래의 형태를 밝혀 적었다. ⑦의 '고줄'은 'ㅈ'이 받침으로 쓰이진 않았지만 그 원래의 받침이 연철되고 있다. 두 문헌의 표기법은 현대맞춤법의 원리와 큰 차이가 없으나, 부분적인 적용에 그쳤다.

❶ 다음 자료를 보고 물음에 답하시오.

(가) 젖어미[저더미], 닭대[닥따], 깎아[까까], 옆얼굴[여벌굴], 높여[노펴]
　　 낱알[나 : 달], 쫓지[쫀찌], 키읔[키윽], 밭에[바테]

(나) 英 곳부리 영 (훈몽자회 하 : 2)

낫바몰 瑤琴 딱ᄒᆞ야 뒷다라 日夜偶瑤琴 (두시언해 초간본15 : 3)

짜히 높놋가비 업시 ᄒᆞ가지로 다ᄒᆞ시며 (월인석보 2 : 40)

九重에 드르샤 太平을 누리싏 제 이 ᄠᅳ들 닛디 마르쇼셔 (용비어천가110장)

네 아기 낟노라 ᄒᆞ야 나롤 害행호려 ᄒᆞᄂᆞ니 (월인석보10 : 25)

(다) bookmaker[bukmeikeə]북메이커, out[aut]아웃

film[film]필름, ring[riŋ]링, hint[hint]힌트, gap[gæp]갭

○ (가)~(다)를 참고하여 현대 국어, 중세 국어, 외래어 표기법에서 받침소리의 발음과 표기의 관계를 〈조건〉에 따라 설명하시오.

─── 〈조건〉 ───

• 받침소리로 발음된 자음들, 받침을 표기한 글자들을 쓸 것
• 받침 표기의 원리나 근거에 대한 설명을 포함할 것

• 현대국어 :

• 중세국어 :

• 외래어 표기법 :

‖ 문제 해설 ‖

앞의 문제와 비슷한 문제인데 여기에서는 외래어 표기법까지 연결시켰다. 중세국어나 현대국어의 받침 표기의 원칙은 익히 알려져 있는 것이지만 외래어 표기법은 실용적인 차원에서 비롯된 것이기 때문에 어렵게 느껴질 수 있다.

• 현대국어

표기된 글자 – 현대국어의 받침 표기의 원리는 원칙적으로 모든 초성을 다 받침으로 쓸 수 있다는 형태음소론적 원리를 택하고 있다. 실제 받침으로 쓰이는 글자는 기본 자음 14개와 된소리 ㄲ, ㅆ 이중자음 11개, 도합 27개이다.

ㄱ, ㄴ, ㄷ, ㄹ, ㅁ, ㅂ, ㅅ, ㅇ, ㅈ, ㅊ, ㅋ, ㅌ, ㅍ, ㅎ, ㄲ, ㅆ, ㄳ, ㄵ, ㄶ, ㄺ, ㄻ, ㄼ, ㄽ, ㄾ, ㄿ, ㅀ, ㅄ

발음된 자음 – 발음은 7개만 된다.

ㄱ, ㄴ, ㄷ, ㄹ, ㅁ, ㅂ, ㅇ

• 중세국어

중세국어는 소리나는 대로 표기하는 음소론적 원리를 택하고 있다. 중세국어에서 발음되는 소리는 8개였기 때문에 표기도 8개로 통일하였다. (나)의 '낮→낫, 높→놉, 곶→곳, 닞→닛, 낳→낟'의 예에서 보듯이 'ㅈ'은 'ㅅ'으로, 'ㅍ'은 'ㅂ'으로, 'ㅎ'은 'ㄷ'으로 소리나는 대로 표기하였다.

표기된 글자와 발음된 자음 – 8개, ㄱ, ㄴ, ㄷ, ㄹ, ㅁ, ㅂ, ㅅ, ㅇ

• 외래어 표기법

외래어 표기법은 '북→북, 아운→아웃, 갮→갭'에서 보듯이 소리나는 대로 표기하는 음소론적 원리를 택하고 있지만, 'ㄷ' 받침의 경우는 'ㄷ' 대신에 'ㅅ'을 택하고 있다. 그 이유는 음절말에서는 'ㄷ'으로 소리나지만 뒤에 모음이 이어질 때는 'ㅅ'으로 소리나기 때문이다.

표기된 자음 – 7개   ㄱ, ㄴ, ㄹ, ㅁ, ㅂ, ㅅ, ㅇ
발음된 자음 – 7개   ㄱ, ㄴ, ㄷ, ㄹ, ㅁ, ㅂ, ㅇ

❶ 다음 각 예문에서 밑줄 친 부분의 현대 국어 대응형을 쓰고 이 부분에 포함되어 있는 조사와 그 것이 표시하는 의미를 ㉮와 같이 쓰시오. 〔3점〕

> (가) 諸子ㅣ <u>아비의</u> 便安히 안존 달 알오 <법화경언해 2 : 138>
> (나) 變은 <u>常例예셔</u> 다룰 씨오 <월인석보 1 : 15>
> (다) 나실 나래 <u>하눌로셔</u> 셜흔두 가짓 祥瑞 ᄂ리며 <석보상절 6 : 17>
> (라) 므스 거스로 <u>道롤</u> 사마료 <월인석보 9 : 22>
> (마) 뭀 <u>盜賊에</u> 도라갈 길히 업스니 <두시언해 8 : 13>

㉮ (가)	아비의	아버지가
	의 : 관형절 서술어의 주체	
(나)	常例예셔	
(다)	하눌로셔	
(라)	道롤	
(마)	盜賊에	

‖ **문제 해설** ‖

　조사의 기능과 의미, 변천을 묻는 문제이다. 현대국어와 비슷한 것도 있고 다른 것도 있다. 그 의미가 비교적 분명한 것도 있고 그렇지 않은 것도 있다. 대체로 부사격 조사는 어휘적 의미가 강해서 그 의미를 찾기 쉽다. 그래서 부사격조사를 '어휘격 조사'라고 부르기도 한다. 그러나 주격, 목적격, 관형격, 보격과 같은 조사는 그 의미를 찾기가 쉽지 않다. 그래서 이를 '구조격 조사'라 부르기도 한다.

‖ 예상 답안 ‖

예 (가)	아비의	아버지가
	의 : 관형절 서술어의 주체	
(나)	常例예셔	常例와
	예셔 : 비교, 기준을 나타냄.	
(다)	하놀로셔	하늘로부터
	로셔 : 출발점을 나타냄.	
(라)	道롤	道로
	지위나 자격을 나타냄	
(마)	盜賊에	盜賊 때문에
	원인이나 이유를 나타냄	

◉ 다음 〈보기〉는 '-음'에 의해 만들어지는 파생 명사와 명사형을 탐구하기 위해 수집한 자료이다. 아래의 쿨음에 답하시오.

─── 〈보기〉 ───

파생 명사	묶+음→묶음　　민+음→믿음　　얼+음→얼음 울+음→울음　　웃+음→웃음　　졸+음→졸음 죽+음→죽음　　살+음→삶　　알+음→앎
명사형	먹+음→(…을) 먹음　　잡+음→(…을) 잡음 달+음→(…을) 닮　　만들+음→(…을) 만듦 흔들+음→(…을)흔듦　　걷+음→(…하게) 걸음

12 다음은 위의 〈보기〉를 보고 제기한 학생의 의문과, 이를 해결하기 위한 교사의 해결 방안 및 수집 자료이다. 이를 통해 알 수 있는 사실과 타당한 결론을 빈칸에 쓰시오.

학생의 의문	'살다'와 '알다'의 파생 명사는 왜 나머지와 달리 명사형의 모습인가요?
교사의 해결방안	• 공시적으로 설명하기 어려운 현상은 통시적 관점으로 설명되는 경우가 많으므로 통시적 현상을 살펴본다. • '삶, 앎'이 예전 시기에 발견되는지 찾고 그 용법을 현대 국어와 비교한다.

교사의 수집자료	◇ 예전 국어 자료 • 너무 셜워ᄒ야 굴오디 다믓 그 홀로 <u>살ᄆ로ᄂ</u> 출하리 디하의 가 조츨 거시라 <동국신속삼강행실도(1617) 열녀도2 : 52> • 범을 그리매 가족은 그려도 ᄧᅧ 그리기 어렵고 사ᄅᆷ을 <u>알매</u> ᄂᆺ춘 아라도 ᄆᆞᆷ은 아디 못ᄒ다 ᄒᄂ니라 <박통사언해 (1677) 하 : 40~41>
	◇ 현대 국어 자료 • 진정한 <u>앎</u>이 있어야만 올바른 <u>삶</u>을 살 수 있다.

	근대 국어	현대 국어
'삶, 앎'의 품사		명사
품사 판정의 근거	• 삶 : • 앎 :	• 삶 : • 앎 :

결론	현대 국어의 '삶, 앎'은, 현대 국어 시기에 '-음'이 붙어서 파생된 명사가 아니라, 근대 국어 시기의 ( )이다.

‖ **문제 해설** ‖

파생어 형성의 문제를 통시적 관점에서 바라본 문제이다. 현대 문법에 대한 이해와 국어사적 지식이 함께 요구되는 문제이다. 기본적인 개념에 대한 이해와 유연한 사고가 필요하다.

‖ **예상 답안** ‖

	근대 국어	현대 국어
'삶, 앎'의 품사	동사	명사
품사 판정의 근거	• 삶 : '-가 홀로 살다' 문장의 서술어가 된다. • 앎 : '-가 사람을 안다' 문장의 서술어가 된다.	• 삶 : 관형어 '올바른'의 수식을 받고 목적격 조사 '를'이 붙었다. • 앎 : 관형어 '진정한'의 수식을 받고 주격조사 '이'가 붙었다.

결론	현대 국어의 '삶, 앎'은, 현대 국어 시기에 '-음'이 붙어서 파생된 명사가 아니라, 근대 국어 시기의 (명사형이 파생명사로 굳어진 것)이다.

❶ 다음은 '-롭-' 파생 형용사에 대한 학습 자료이다. 이 자료를 통해 알 수 있는 '-롭-' 파생어의 특징을 〈보기〉의 지시에 따라 서술하시오.〔5점〕

> (1) ㄱ. 보배롭다, 슬기롭다, 해롭다, 자유롭다, 명예롭다
>   ㄴ. 새롭다
> (2) ㄱ. 受苦롭다, 외롭다, 義롭다, 효도롭다
>   ㄴ. 시름돕다, 疑心돕다, 利益돕다, 쥬변돕다
> (3) ㄱ. 이 나래 새롤 맛보고(此日嘗新)
>   ㄴ. 녜롤 올마 새예 갈써 일후미 새와 놀ᄀᆞ니와 어즈러운 想이니

〈보기〉

1. (1)에서 '-롭-'과 결합할 수 있는 어근의 특징을 (2)의 '-롭-'과 '-돕-'의 분포상의 차이를 고려하여 설명할 것
2. 현대 국어의 관점에서 (1ㄴ) '새롭다'의 어근이 갖는 특이점을 (1ㄱ)과 비교하여 지적하고, 중세 국어의 관점에서 '새롭다'의 단어 형성을 (3ㄱ)과 (3ㄴ)을 참고하여 설명할 것

‖ 문제 해설 ‖

접미사 '-롭-'의 특성을 현대국어와 비교하여 서술하게 한 문제이다. 중세국어에서 '새'가 관형사의 기능뿐 아니라 명사로서의 기능을 가졌다는 것을 알았다면 어렵지 않게 서술할 수 있는 문제이다.

‖ 예상 답안 ‖

예문 (1)과 (2)를 통해서 '-롭-'은 모음으로 끝나는 명사 뒤에 붙어서 형용사를 파생시키는 접미사임을 알 수 있다. 자음으로 끝나는 명사 뒤에는 '-돕-'이 연결되었다. 그런데, 현대국어에서는 '새'가 관형사이므로 '-롭-'이 붙는 것이 적절치 않아 보인다. 그러나 중세국어에서는 (3)에서 보듯이 명사로 쓰였다. '새'에 '롤, 예, 와'와 같은 조사가 연결된 데서 이를 알 수 있다. 그래서 '새'에 '-롭-'이 붙어 형용사를 파생시킬 수 있었던 것이다.

❶ 다음은 중세 국어의 관형격 조사와 관련된 자료이다. 이 자료와 관련된 통시적 변화 내용을 〈보기〉의 지시에 따라 서술하시오.〔5점〕

> (1) ㄱ. 太子ㅣ 臣下익그에 가 닐오디
>   모딘 즁싱이게 갓가비 가게 ᄒ며
>   모돈 大衆의게 너비 고ᄒ노니
>   ㄴ. 王ㅅ그엔 가리라
>   安樂國이 어마닚긔 술ᄫᅩ디
>   善宿ㅣ 부텻긔 술ᄫᅩ디
>
> (2) ㄱ. 사ᄅᆞ미 목숨, 아ᄃᆞ리 神力, 大衆의 疑心, 凡夫의 心力
>   ㄴ. 부텻 道理, 부텻 눈, 世尊ㅅ 德, 如來ㅅ 法

― 〈보기〉 ―

1. (1ㄱ)의 '익그에, 이게, 의게'와 (1ㄴ)의 'ㅅ그에, ㅅ긔'가 현대 국어에 와서 어떤 문법 형태로 바뀌었는지 쓰고, 그것들의 쓰임이 서로 어떻게 다른지 서술할 것
2. 그러한 쓰임의 차이가 나타난 원인을 (2)를 참고하여 서술할 것

‖ **문제 해설** ‖

부사격조사 '에게, 께'의 통시적 변화 과정과 둘의 차이가 생기게 된 원인을 찾는 문제이다. 관형격조사 '익/의', 'ㅅ'이 의존명사 '그에', '게'와 결합하여 부사격조사처럼 쓰이던 것이 현대국어에 와서는 완전히 부사격조사로 굳어졌다. 그런데, 이 둘이 평칭과 존칭으로 달라진 것은 애초에 관형격조사가 가진 특성 때문이다. 이에 대해서 기술하라는 것이다. 여기에서 더 나아가서 '그에, 게'의 특성을 서술할 필요는 없다.

‖ **예상 답안** ‖

'익그에, 이게, 의게'는 현대국어에서 지향점의 부사격조사 '에게'로 바뀌었고, 'ㅅ긔에, ㅅ긔'는 존칭의 부사격조사 '께'로 바뀌었다. 이렇게 평칭과 존칭으로 그 쓰임이 다른 이유는 '그에, 긔'와 결합하는 '익/의'와 'ㅅ'의 차이에서 찾을 수 있다. 자료 (2)에서 보듯이 '익/의'는 평칭의 유정 체언에 쓰이는 관형격조사였고, 'ㅅ'은 존칭의 유정 체언, 평칭의 무정체언에 쓰이는 관형격조사였기 때문이다.

❶ 다음은 '향찰'에 대한 설명의 일부이다. 괄호 안의 ㉠, ㉡에 해당하는 한자(漢字)를 각각 쓰시오. 〔2점〕

> 　향찰(鄕札)은 우리말을 실제에 가깝게 온전히 적기 위해 고안된 차자표기(借字表記) 방식이다. 주로 향가를 적는 데 사용되었으며 다른 차자표기와 같이 한자의 음이나 훈을 빌려 표기하였다. 표기의 주요 방식은 명사나 용언의 어간과 같은 어휘 형태소 부분은 주로 훈독(訓讀) 표기로, 어미나 조사, 접사와 같은 문법 형태소 부분은 주로 음독(音讀) 표기로 하였다. 그러나 이 방식에는 예외도 있다.
> 　「처용가」의 첫 부분은 "東京明期月良[東京 붉기 두라라]/夜入伊遊行如可[밤 드리 노니다가]" 처럼 해독한다고 할 때, 밑줄 친 구절에서 문법 형태소 부분을 표기한 글자 가운데 음독 표기에 해당하는 한자(漢字)는 (㉠), (㉡)이다.

‖ **문제 해설** ‖

　향가를 해독하는 문제이다. 향가는 향찰의 불완전성 때문에 연구자에 따라 그 해석이 분분하다. 그래서 출제가 되더라도 논란이 있는 부분은 제외되기 마련이다. 이 문제에서도 논란의 여지가 있는 앞 부분은 제외하고 뒷부분만 출제되었다.

　향가 중에서 처용가가 선택된 것은 이 노래가 가장 잘 알려져 있고, 논란의 여지가 가장 적은 적기 때문일 것이다. 이 작품은 고등학교 교과서에 실려 있어서 국어 교과서를 읽은 수험생이라면 누구나 다 답할 수 있는 문제이다.

‖ **예상 답안** ‖

　㉠ 伊　　㉡ 可

　'夜入伊遊行如可'에서 논란이 될 수 있는 것은 '如'이다. 그밖에, '夜入'은 '밤드리'로, '遊行' '노(놀)니(가다)' 해석되니까 훈독임이 쉽게 드러난다. 또 '伊'는 부사형 어미 '이'로, '가'는 어미 '-다가'의 '가'로 해석되니 음독임이 쉽게 드러난다. 그런데 '如'는 '여'로 읽지 않았으니 음독이 아닌 줄은 알겠지만, 훈독이라고 하기에는 이 한자어가 가지고 있는 뜻, '같다, 답다'로 해석되지 않으니 훈독이라고 하기도 어렵다. 그래서 이 부분에서 많이 고민했다면 이 문제는 어려운 문제가 된다. 그러나 이렇게 어렵게 접근하는 것을 막기 위해 <설명>에서 '예외가 있다'는 언급을 하고 있다. 결론적으로 이야기하면 '如'는 음독과 훈독의 중간이라고 할 수 있는데, '답다'의 뜻에서 '다'만 떼어온 것이다. '답다'라는 뜻을 취했지만, 그 뜻을 다 취한 것이 아니고 뜻 중의 음만 취한 것이다. 그러므로 '훈음독'이라 할 수 있다. 이와 같은 경계에 있는 것이 앞 구절에 있는 '東京'이다. 이것은 음으로 읽지만 그 뜻이 그대로 살아있다. 그러므로 '음훈독'이라 할 수 있다. 그러므로 확실한 음독자는 '伊, 可'가 된다.

부록

제2부

제2장 중세국어의 단어와 품사

2. 중세국어의 품사 분류 … 34

(1) 샘이 깊은 물은 가물에 아니 그치므로

(2) 내가 이를 위하여 불쌍히 여겨

(3) 제자 하나를 주시거든

(4) 다시 비를 새로 뿌려

(5) 삶과 삶 아닌 것을 가리나니

(6) 사람의 목숨이 무상한 것이라서

(7) 나는 제자 대목건련이다

(8) 덕차가는 독은 낸다 하는 말이고

(9) 수미는 가장 높다 하는 뜻이다

(10) 서로 친하며 서로 가까이 하는 것은 물 가운데 갈매기로다

(11) 병든 사람이 있거든 부인이 머리를 만지시면 병이 다 좋아지더라

(12) 모든 글자는 모름지기 어울려야 소리가 이루어지나니

(13) 잘못 알면 외도이고

(14) 아, 남자야 어떤 일을 위하여 이 길에 들었느냐

(15) 사리불이 아뢰되 예 옳습니다

제3장 체언과 조사

1. 체언 … 38

(1) 여자에게 붙은 더러운 이슬(월경)이

(2) 여래께 머리 깎아

(3) 그 나라의 가장자리는 낮같이 붉으니라

(4) 말하고자 할 바가 있어도

(5) 말한 바를 따라서

(6) 중히 여기는 바이고

(7) 흙이 물과 불을 따라 나는 것이 자식이 부모의 기운을 받음 같으니

(8) 염각지는 일체 법의 본성이 다 빈 것을 보는 것이고

(9) 첫소리를 어울려 쓸 것이면 나란히 쓰라

(10) 2군 국수만 기뻐하였습니다

(11) 소승의 사람이 제 몸 닦는 것만 하고 남을 제도하지 못하므로

(12) 몸 위는 옷을 구하고 배를 부르게 할 뿐이로다.

(13) 끝까지 다하는 것이 구경이라

(14) 진(먼지, 속세, 번뇌) 여의는 것을 선이고

(15) 명종은 목숨을 마치는 것이라

(16) 선현이 기특한 까닭은 그 성교를 기다리지 아니하여

(17) 여기에는 경의 뛰어난 까닭을 드러내시니

(18) 상을 여의어 발심하기를 권하시는 까닭이니라

(19) 그때에 오신 지 오히려 오래지 아니하시거든

(20) 하늘 풍류가 그칠 사이 없으니

(21) 날마다 쓰기에 편안하게 하고자 할 따름이니라

(22) 한 천하일 뿐이다.

(23) 앞의 초목만 이르시고

(24) 몇 겁(무한한 시간)이 지난 지 모를 것이니

(25) 이 상공의 군사인지 아니

(26) 십년이 될 때까지 줄이는 것을 감(減)이라 하고

(27) 그 나라의 끝은 낮같이 밝으니라

(28) 더운 것으로 찬 것에 섞어

(29) 가르치신 대로 봉행하오리니

(30) 태자의 뜻대로 하겠습니다

(31) 어제 본 듯 하여

(32) 어디에서 온 줄 모르시더니

(33) 백천 번 버려도

(34) 빨리 짓는 글은 천 수(首)요

(35) 내가 이를 위하여 불쌍히이 여겨 새로 스물 여덟 자를 만드니

(36) 대왕이시여 어찌 나를 모르십니까

(37) 오늘날 세존이 우리에게 제법희론의 뜻(법을 논하는 것을 뜻으로 비유함)을 생각하여 덜게 하
시므로

(38) 우리는 다 부처의 아들과 같으니

(39) 능이 말하기를 능(나)은 글자를 알지 못하니

(40) 누런 새(화자)는 약간 날기를 임의로 한다

(41) 장자가 네 아버지다

(42) 너희가 태만하게 한 일이 있으니 빨리 나가라

(43) 당신의 아버님이 있습니까

(44) 수달이 정사를 지으려 하니 우리 모두 재주를 겨루어 그 사람이 이기면 짓게 하고 못 이기면
     못 짓게 하고 싶습니다.

(45) 이백호를 어느 누가 청하니

(46) 아무나 와서 내 머리며 … 달라 하여도

(47) 광치가 기뻐하여 제가 가져가 바르오니

(48) 오백 태자가 점점 자라니 … 이웃 나라가 배반하니 저희가 치고

(49) 정반왕이 기뻐하여 부처의 손을 손수 잡으시어 당신 가슴에 닿게 하시고

(50) 내가 이를 위하여 불쌍히 여겨

(51) 그것은 가장 쉬우니라

(52) 여(與)는 '이'와 '저'라고 하는 입겿(허사, 조사)에 쓰는 글자이다.

(53) 어느 것이 굳어 병사를 격파하지 못하겠습니까

(54) 몸을 백천번 버린다고 한들 무엇이 어려우리요

(55) 속세의 티끌을 무엇으로 생각하시리(하찮게 여긴다)

(56) 내가 무엇이 부족하리오

(57) 종과 말이 얼마인 줄 알리오

(58) 얼마만큼의 복을 얻겠습니까?

(59) 그 말이 어떠한가 / cf. 어찌 나후라를 아끼는가

(60) 이 경을 지닐 사람이 여기 있어도 다 능히 가리며

(61) 거기 소가 많아

(63) 가면 머물러 있는 저기와 여기 소식이 없도다

(64) 어디가 멀어 위세가 미치지 않겠습니까

(65) 아무데도 막은 데 없어

(66) 제자 하나를 주시거든

(67) 육사는 외도의 스승 여섯이다

(66) 운모는 돌의 비늘이니

(67) 돌과 흙을 보지 못할 것이다

(68) 내가 태자를 섬기되
     나의 말을 다 들을 것이냐

(69) 누가 막을 것입니까

　　　 누구의 딸을 가리어야

(70) 그 말한 것이 무엇이냐

(71) 무엇을 구하리오

(72) 무엇과 같으냐

2. 조사 … 48

(1) 샘이 깊은 물은

(2) 부처께서 목련이에게 말씀하시되

(3) 청련화가 나며

(4) 몸의 마디가 굳고 빽빽하시며

(5) 내[(川)]애 다리가 없도다

(6) 시방여래(十方如來)가 생사에서 멀리(초월하여) 나시어

(7) 집장석의 딸이 금상과 같으시어

(8) 그 오백 사람이 제자가 되고 싶습니다 하여

(9) 이튿날 나라에서 도적의 자취를 밟아 가서

(10) 발제가 아나율이에게 말하되

(11) 이 동산은 나무가 좋으므로

(12) 우리 주인 둘이 내 값을 모르시리니

(13) 이름난 좋은 옷이 값이 천만이 싸며(천만의 값어치가 있으며)

(14) 대애도께서 선한 뜻이 많으시며

(15) 내가 집에 있을 때 수고가 많더라

(16) 우리들이 집에 있을 때 수고가 많더이다

(17) 형님을 모르므로 발자취를 밟아서

(18) 먼저 부처의 형상을 만들어

(19) 나를 아내 삼으시니

(20) 정사를 지나 가니

(21) 개미를 불쌍히 여기고

(22) 지혜를 열어 보이시어

(23) 태자가 총명하여 글을 잘 하거니와

(24) 왼손, 오른손으로 천지를 가리키어 홀로 내가 존귀하다 하시니

(25) 부처께서 나를 불쌍히 여기시어

(26) 홀로 웃음을 웃어

(27) 십년을 강물에 다니는 나그네

(28) 후에 바람이 물 위에 불어

(29) 사람의 뜻을 거스르지 아니하니

(30) 공작의 목과 같으시며

(31) 나라의 말이 중국과 달라

(32) 화인은 세존의 신력으로 되게 하신 사람이라

(33) 속세에서 부처의 도리를 배울 사람이

(34) 내 몸이 장자의 분노를 만나리라

(35) 상여(사마상여)의 뜻

(36) 무릇 중생이 갖가지 걱정의 보챔(괴롭게 함)이 되어

(37) 하루 이십리를 가시나니 전륜왕의 가심과 같으시니라

(38) 내가 어머니를 위하여 발한 광대서원을 들으소서

(39) 진실을 닦는 것은 욕망을 여의는 것을 모범으로 삼기를 위한 것이니

(40) 부처께서 사람과 다르신

(41) 사기(史記)를 만든 것은 최치(崔治)에게 이끌린 것이니

(42) 세존이 상두산에 가시어

(43) 몸의 피를 모아 그릇에 담아

(44) 어지러운 시대에 떠돌다가 내가 여기에 왔노라

(45) 새별이 낮에 돋으니

(46) 물 위에 차 덮여 있느니라

(47) 일체의 법과 일체의 종상을 능히 당신이 아시고

(48) 구하는 일이 원하는 것에 어그러질 보(報, 인과응보)를 말하고

(49) 나라의 말이 중국과 달라

(50) 많은 도적 때문에 돌아갈 길이 없으니

(51) 일곱 발이 되는 연못에 고른 감유리니

(52) 태주에서 소식이 비로소 전하여 온다

(53) 축생은 사람의 집에서 기르는 짐승이다

(54) 가히 사랑하는 왕손이 길 모퉁이에서 우는구나

(55) 변은 상례와 다른 것이고

(56) 그 죄가 또 저것보다 넘칠 것이다

(57) 땅이 열여덟 상(相, 모습)으로 움직여

(58) 꿈 안에서 오른쪽 옆구리로 들어오시니

(59) 함생(중생)을 자비로 변화시킴이고

(60) 칼로 다라목 베듯 하니

(61) 맑은 물로 연못을 만드느라

(62) 제 나라로 갈 때에

(63) 장엄한 것이 해, 달보다 나아

(64) 그 산이 구름 같아서 바람보다 빨리 고선산에 가니라

(65) 다른 고을이 옛 고을보다 좋다

(66) 광명이 해달보다 더하니

(67) 고윤의 죄가 최윤보다 더하니

(68) 대왕이시여 내 이제 부처께 도로 가서 공양하고 싶습니다

(69) 달이시여 높이높이 돋으시어

(70) 득대세여 네 뜻에는 어떠하뇨

(71) 어질구나 관세음이여

(72) 미륵아 알아라

(73) 아일다야 내 … 말할 때에

(74) 아주머니는 대애도를 말한 것이니

(75) 나는 어버이 여회고

(76) 뒤에는 모진 도적

(77) 용에게는 있으리라 왕께는 가리라

(78) 제 쌀은 감추고 남의 것을 서로 약탈하므로

(79) 좋은 꽃은 팔지 말고 다 왕께 가져오라

(80) 오직 부처야 능히 다 아시느니라

(81) 비유로야 비로소 아니라

(82) 시름으로 살고 있거늘

(83) 법만 없으면

(84) 너만 믿지 아니하거든

(85) 왕만 너를 사랑하지 아니하실 것이면

(86) 세 번 걸어가서 멀리 돌이켜 바라고

(87) 더하며 덜어

(88) 한 문을 닫으니 한 문이 열리곤 하므로

(89) 이 두 사람이 진실로 네 주인인가

(90) 그 뜻이 한가지인가 아닌가

(91) 말씀하시되 이 어떤 광명인고

(92) 부처가 누구인고

(93) 어찌 이름이 반야인고

(94) 시방불도 아시느니라

(95) 제법을 말하시는 경법도 들으며

(96) 유심으로도 통하지 못하며

(97) 나만 존귀하다

(98) 한 낱의 터럭만을

(99) 서울에서 당당히 보면

(100) 멀리서 보니 산이 비치고

(101) 고(孤)는 어려서 부모가 없는 사람이고

(102) 무번천(無煩天)부처 여기까지를 불환천(不還天)이라 하느니

(103) 부유하며 귀한 것은 반드시 부지런하며 고생하는 것으로부터 얻나니

(104) 한 가을까지 살아 있나니

(105) 나무와 꽃과 과실은

(106) 용과 귀신을 위하여 설법하셨더라

(107) 비구나 비구니나 우바새나 우바이나 본 사람마다 다 절하고

(108) 귀신이거나 축생이거나

(109) 만일 추호나 붙으면

(110) 내 머리통이며 눈자위며 골수며 아내며 자식을 달라 하여도

(111) 사문이 되어 낮이며 밤이며 수행하여

(112) 내 이제 낮이며 밤이며 시름하노니

<u>제4장 용언과 활용</u>

1. 용언의 분류 ⋯ 57

(1) 시방제국을 보게 하시니

(2) 내 손자 따라 가게 하라

(3) 가난한 사람을 보거든

(4) 석 달 살게 하시고 나아 가시거늘

(5) 돌로 치거든 쫓기어 달아나 멀리 가서 서

(6) 잘못된 약을 먹여 안 죽을 때 곧 횡사하며

(7) 큰 비를 안 그치게 하여

(8) 고운 꽃을 꺾고

(9) 두 칼에 꺾어지니

제3부

제1장 문장의 짜임새

1. 안은문 … 66

(1) 부처께서 수기(授記, 부처의 설법)하심이 글 씀과 같고

(2) 내가 성불하여 나라의 유정이 정각을 이루는 것을 정하지 못하면

(3) 부처께서 백억 세계에 화신하여 교화하심이 달이 천개의 강에 비췸과 같으니라

(4) 여자가 출가하는 것을 즐기지 말아라

(5) 수달이 … 보시하기를 즐겨

(6) 그림 그리는 것에 (빠져) 늙음이 장차 오는 것을 알지 못하나니

(7) 맞이하는 것에 마음이 놀라니

(8) 내 여자라서 가져가기 어려우므로

(9) 마을이 멀면 걸식하기 어렵고

(10) 날이 저물어서 나가기를 싫어하여

(11) 옥녀보는 … 키가 작지도 크지도 아니하고

(12) 이 동산은 나무가 좋으므로

(13) 대애도께서 선한 뜻이 많으시며

(14) 내가 집에 있을 때에 수고가 많더라

(15) 이름난 좋은 옷이 값이 천만이 싸며(천만의 값어치가 있으며)

(16) 뿌리가 깊은 나무는 바람에 아니 흔들리므로

(17) 우전왕이 만든 금상을 코끼리에 싣고 가더니

(18) 그 집에서 음식 만드는 소리가 소란스럽거늘

(19) 말하고자 할 바가 있어도

(20) 광치는 넓게 광명이 비췬다고 하는 뜻이고

(21) 중생을 제도하노라 하는 마음이 있으면

(22) 지나간 무량겁(無量劫)에 수행이 익숙하므로 (해탈을) 못 이룰까 하는 의심이 없으시나

(23) 넓혀 돕는 것이 다함이 없어

(24) 마음에 서늘히 여기지 않음을 아니하노라

(25) 두루 아니할 것을 아니하시나

(26) 그대의 한 것을 따라 하여

(27) 자왕시(自枉詩, 시를 받은 것)한 것으로 이미 십여년이고

(28) 돈 없이 제리에 살고

(29) 처음 들 적부터 백천겁(百千劫에 이르도록 하루 낮, 하루 밤에 만 번 죽고 만 번 살아

(30) 옷이 젖게 울어

(31) 이웃집 불은 밤이 깊도록 밝았도다

(32) 법이 … 넓게 퍼져 감이 수레바퀴 구르듯 하므로

(33) 이 비구가… 말하되 내 … 너희들을 업신여기지 아니하니 너희들이 당당히 부처가 되리라 하더니

(34) 선수가 또 묻되 네가 어느 곳에서 났느냐

(35) 네가 먼저 나에게 대답하되 광명 주먹을 보노라 하더니

(36) 저가 말하되 신은 이 술 가운데 선인이로다 하니라

(37) 여래께서 늘 우리를 아들이라 말씀하셨습니다

(38) 용들이 (목련에게) 말하되 부처께서 화상을 시키시어 우리를 경계하라 하셨거늘 어찌하여 무서운 모습을 만드십니까

(39) 일체의 하는 일 있는 법(일을 해야 한다는 법)이 편안하지 못한 것을 여래께서 보이시노라 하시며

(40) 광치는 넓게 광명이 비췬다고 하는 뜻이고

(41) 중생을 제도하노라 하는 마음이 있으면

2. 이어진 문 … 70

(1) 나그네 시름은 귀뚜라미 소리에 이어있고 정자는 낡아서 갈대가 띠를 두르고 있구나

(2) 야수가 그 기별 들으시고 나후라 더불어 높은 누각 위에 오르시고 문들을 다 굳게 잠가 두셨더니

(3) 동(動)으로 몸 삼으며 동(動)으로 경(境) 삼느니라

(4) 말하며 웃음 웃으면서 죽임을 행하니

(5) 구름의 해가 불 같으나 더운 하늘이 서늘하도다

(6) 인귀(人鬼)도 많으나 수 없으므로 오늘 못 아룁니다

(7) 오나 가나 다 새집이 겸하여 있으니

(8) 좋은 몸이 되거나 궂은 몸이 되거나

(9) 강에 배가 없으므로 얼게 하시고 녹이시니

(10) 뿌리가 깊은 나무는 바람에 아니 움직이므로

(11) 어떤 행업(行業)을 지으셨길래 이 상(相)을 얻으셨습니까

(12) 우리는 죄 지은 몸이라서 하늘에 못 가니

(13) 나와 글을 의논하는 것을 혹시 부끄러워 아니 한다면 다시 사립문 두드림을 허락할까

(14) 이것으로 헤아려 본다면 무슨 자비 있으신가

(15) 정사를 짓는다면 이름을 … 고독원이라 하라

(16) 진실로 내가 낳은 실달타라면 이 젖이 그 입으로 갈 것이다

(17) 넝쿨에 열매가 여니 베거든 꿀 같은 진이 흐르더라

(18) 백 가지 요괴가 보이거나 하거든 이 사람이 … 걱정이 아니 되며

(19) 오늘날 세존이 신기한 변화상을 보이시니 어떤 인연으로 이런 상서가 있으시뇨

(20) 네가 이미 만났으니 전생의 죄업을 거의 벗으리라

(21) 홀연히 보니 제 몸이 한 바다 가에 다다르니 그 물이 솟아 끓어오르고

(22) 좋은 꽃을 우리 사이에 놓고 보되 좋지 아니한가

(23) 친한 벗이 … 매인 구슬을 보인대 가난한 사람이 구슬 보고 마음에 가장 기뻐하여

(24) 이제 나이 예순 둘에 이르러도 또 다름이 없습니다

(25) 비록 사람의 무리에 살고 있지만 짐승만도 못합니다

(26) 중생은 … 그지없이 수고하지만 부처는 생사가 없으시므로

(27) 물이 깊고 배가 없지만 하늘이 명하시므로

(28) 옛 성인들의 표적을 봄이 마땅하거늘 반드시 두찬(杜撰, 엉터리로 만들어낸 책)을 말 것이니
    알았느냐

(29) 만일 이로부터 닦지 아니하면 머리 깎아 출가한들 도에 무슨 이익이겠느냐

(30) 차라리 내 머리 위에 오를지언정 수행자를 어지럽히지 말며

(31) 오직 지란(芝蘭)으로 하여 좋게 할지언정(자연과 더불어 사는 것) 어찌 구태여 집을 이웃하여
    살아라 하겠느냐

(32) 여기에 들어온 사람은 죽지 나가지 못하느니라

(33) 야수다라를 달래어 은애를 그쳐 나후라를 놓아 보내어 상재 되게 하라

(34) 환락은 기뻐 즐기는 것이다

(35) 부인이 오른 손으로 가지를 잡으시어 꽃 꺾으려 하신대

(36) 나라에 빌어먹으러 오시니

(37) 사람마다 쉽게 알아 삼보에 나아가 귀의하고자 바라노라

(38) 모든 중생이 다 해탈을 얻고자 원합니다

(39) 저희가 원하는 바는 임금의 관인을 보아 자비로써 부양하고자 하거늘

(40) 선남 선녀가 저 부처의 세계에 나고자 발원하여야 하리라

(41) 미래세에 남자 여자가 오래 병들어 있어 살고자 하며 죽고자 하되

(42) 두 해가 돋다가 세 해가 돋으면

(43) 세존이 … 홀로 팔 굽혔다가 펼 사이에 도리천에 가시어

(44) 열 두 대겁(大劫)이 차야 연화가 피거든

(45) 설법하시자마자 다 능히 노래로 부르느니라

(46) 난리 난 때에 또 모이자마자 흩어지나니

(47) 나자마자 본래 있나니 누가 홀로 없으리오

(48) 이 하늘들이 높을수록 목숨이 오래니

(49) 사귀는 뜻은 늙을수록 또 친하도다

(50) 변은 항상 고집하지 아니하여 맞게 고치는 것이다

(51) 한 겁이 넘도록 일러도 다 못 이르려니와

제2장 문장 종결법

1. 평서문 … 75

(1) 법화경을 듣고자 한다

(2) 일곱 해가 너무 길다

(3) 내가 태어난 후로 화를 낸 적이 없구나

(4) 불토와 같더라

(5) 네 아비가 이미 죽었느니라

(6) 무릇 상이 이와 같으니라

(7) 하겠다고 한 일을 안 하면

(8) 내 가는 데 남이 갈까 두렵다

(9) 이 연화가 오백 잎이고 잎 아래마다 하늘 어린아이가 있습니다

(10) 부처와 중을 청하려 합니다

(11) 오백 은돈으로 다섯 줄기를 사고 싶다

(12) 오백 전생의 원수가 … 정사를 지나 가니

(13) 오늘날 내내 우스우리

2. 감탄문 … 77

(1) 내 아들이 어질구나

(2) 마야부인께서 여래를 낳으셨구나

(3) 육조의 큰 온전한 뜻을 보지 못하는구나

(4) 목련이 말하되 몰라 보겠구나

(5) 부처가 등 아프구나 하시어

(6) 봄 흥에 알지 못하겠구나 무른 몇 수의 글을 지었는고

3. 의문문 … 77

(1) 아까운 뜻이 있느냐

(2) 이 대시주의 얻은 공덕이 크냐 적으냐

(3) 이미 죽을 나이니 자손을 의논하겠느냐

(4) 아무 사람이나 이 양의의 허망한 죄를 능히 말하겠느냐 못 말하겠느냐

(5) 구라제가 이제 어디 있느냐

(6) 이 지혜 없는 비구가 어디에서 오느냐

(7) 아버님의 병이 깊으시니 어떻게 하겠느냐

(8) 어찌 겨를이 없겠느냐

(9) 이 딸이 너희 종이냐?

(10) 그 뜻이 한가지냐 아니냐?

(11) 얻는 약이 무엇이냐

(12) 누가 이 청운 사이의 기구(器具)냐

(13) 이것이 내 녹모부인의 낳은 꽃이 아니냐

(14) 이 대시주의 얻은 공덕이 크냐 작으냐

(15) 아까운 뜻이 있느냐

(16) 아무 사람이나 이 양의의 허망한 죄를 능히 말하겠느냐 못 말하겠느냐

(17) 이미 죽을 나이니 자손을 의논하겠느냐

(18) 구라제가 이제 어디 있느냐

(19) 아버님의 병이 깊으시니 어떻게 하겠느냐

(20) 어찌 겨를이 없겠느냐

(21) 네가 어찌 알았느냐

(22) 어떤 행업을 지어 이 악도에 떨어졌느냐

(23) 네가 행하느냐 아니 하느냐

(24) 네가 어떤 생각으로 나를 면케 할 것이냐

(25) 주인이 무슨 음식을 손수 다녀 만드십니까?

(26) 그대의 아버님이 있습니까

(27) 사는 것이 이렇거늘 아들을 여의겠습니까

(28) 내 이제 어찌하여야 지옥 있는 땅에 가겠습니까

(29) 세존이 가쁨(숨가쁘게 함, 힘들게 함)을 내시게 하지 않습니까

(30) 어미 … 어느 길에서 나와 있습니까

(31) 무엇 때문에 오십니까

(32) 어디 가십니까

(33) 여섯 하늘이 어느 것이 가장 좋습니까

(34) 칠대의 왕(七代之王)을 누가 막겠습니까

(35) 어느 부처께 공경이 덜하겠습니까

(36) 그대들 뜻이 사리를 모셔다가 공양하려는 것이 아닌가

(37) 이제 어찌 원수를 잊으시는가

(38) 하늘 같은 마음에 그 아니 권념하시리

(39) 성인 신력을 어찌 다 아뢰리

4. 명령문 … 81

(1) 한 마음으로 저 부처를 심히(잘) 보아라

(2) 너희 태만하게 한 일이 있나니 빨리 나가라

(3) 사리불아 알아라

(4) (꽃을) 부처께 바쳐 생애마다 내 소원을 잃지 않기를 바란다

(5) 가시왕 … 사자를 부려 보내라 하거늘

(6) 내 … 출가하여 나타난 세상에 모든 지혜를 얻기를 바란다

(7) 원하기는 들판에 물을 불어 금장에 더하고 싶다

(8) 내가 보고자 한다고 말해주시오

(9) 어찌 부처라 합니까 그 뜻을 말해주시오

(10) 이 뜻을 잊지 마십시오

(11) 왕이 네 아들을 내치십시오

5. 청유문 … 82

(1) 네가 발원을 하되 세세에 처가 되고자 하거늘

(2) 또 말하되 여섯 해를 하자

(3) 세존이 … 말씀하시되 부왕이 병들어 계시니 우리 미처 가 뵈어 마음을 훤히 여기시게 하자 하
시고

(4) 어버이 갖추어 계신 때의 이름을 정하십시다

(5) 정토에 함께 가 나십시다

<u>제3장 높임 표현</u>

1. 주체높임법(존경법) … 83

(1) 야인 사이에 가시어 야인이 괴롭히거늘 덕원으로 옮기신 것도 하늘 뜻이시니

(2) 아승지 전세겁(까마득하게 오래 전에)에 임금의 보위를 버리시어 정사에 앉으셨더니

(3) 위는 다 제불이 멀리서 찬탄하시는 말이라

(4) 왕이 그 이를 찾으시어 녹모부인의 낳으신 줄 아시고

(5) 부처의 정수리 뼈가 높으시어 쫀 머리 같으시므로

(6) 좋으시구나 보살이 어떤 인연으로 여기 오셨습니까

(7) 이제 내 이미 아라한도를 얻어 오래 병이 들 인연을 여의였으니 어찌 오늘 문득 마음 아픈 일
이 일어났느냐

(8) 고원의 버들이 이에 이어 떨어졌으니 어찌 능히 시름 가운데 도로 다 나느냐

(9) 여의기보다는 아즐가 길쌈 베 버리고 … 사랑하신다면 울면서 좇아가겠습니다

(10) 천 년을 외롭게 살아간들 … 믿음이야 끊어지겠습니까

2. 상대높임법(존비법, 공손법) … 84

(1) 네가 아내 그리워 갔더냐

(2) 너희 대중이 잘 보아 후에 뉘우침이 없게 하라

(3) 복전은 … 복 밭이라고 하느니라

(4) 뜻에 맞지 않은 일이 다 소원 같이 되더라

(5) 그것이 아닙니다

(6) 부처와 중을 청하려 합니다

(7) 그대의 아버님이 있습니까

(8) 어찌 부처라 합니까

(9) 그 뜻을 말해 주시오

(10) 이 연못 가에 큰 산호 나무 아래 묻었습니다

(11) 어떤 인연으로 … 알기 어려운 법을 부지런히 찬탄하십니까

(12) 왕이 부처를 청하십시오

(13) 해동 육룡이 나시어 일마다 천복이시니 고성이 부절을 맞춘 듯 똑같으시니

(14) 샘이 깊은 물은 가물에 아니 그치므로 … 바다에 가나니

(15) 하나를 받으면 네 마음이 고르지 못하리

(16) 속세의 티끌을 무엇으로 여기시리

3. 객체높임법(겸양법, 겸손법) … 85

(1) 내 딸 승만이 총명하니 부텨를 뵈오면 당당히 득도를 빨리 하리니

(2) 채녀가 하늘 비단으로 태자를 꾸려 안아 부인께 모셔오니 스물 여덟 대신이 네 모퉁이에서 모
시더라

(3) 내 예전부터 부처께 이런 말을 못 들으며

(4) 그때 세존께 사대부중이 둘러싸며

(5) 대구담이 슬퍼 꾸려 관에 넣고

(6) 위화도에서 회군하신 것으로 여망이 다 모이나

(7) 무량수불 뵌 사람은 시방무량제불을 뵌 것이니

(8) 도사들이 … 부처의 사리와 경과 불상을 길 서녘에 놓고

(9) … 선녀가 … 무량수불께 나아와 정법을 듣고자 발원하되

(10) 제석은 개(蓋, 우산) 받고 범왕은 백불(白拂, 흰소 꼬리털로 만든 장식물) 잡아 두 녘에 서며

4. 기타 높임법 … 86

(1) 부처의 공덕을 듣고

(2) 세존께 절하옵다 한 말도 있으며

(3) 대왕이시여 내 이제 부처께 도로 가 공양하겠습니다

(4) 여래 모셔 가시는 성인들이라

(15) 큰 어려움이 하나가 아니더니

(16) 그 수를 못 헤아리겠더라

(17) 내 집에 있을 때 수고가 많더라

(18) 우리는 진실한 불자인 줄을 몰랐습니다

(19) 내 … 사위국 사람이더니 부모가 나를 북방 사람에게 결혼시키시니

(20) 우리도 사라수대왕의 부인들이더니

3. 미래 시제와 추측법 … 91

(1) 내 소원을 아니 따르면 꽃을 못 얻으리라

(2) 이 사람들이 당당히 공경하여 … 좋은 일이 많을 것입니다

(3) 내 이제 분명히 너에게 말하리라

(4) 이미 숨이 끊어질 사람에게 선악을 묻지 말고

(5) 점점 무명을 헐 힘이 있으리라

(6) 제불의 실법을 들을 이가 있으면

(7) 득대세여…당당히 부처가 되겠더라

(8) 광유성인이 오백 제자 데리고 계셔서…교화하시더니 그 수가 못 헤아리겠더라

4. 부차적 서법 … 91

(1) 산중에 가서 도리 닦아라

(2) 서럽구나 중생이 바른 길을 잃었다

(3) 거기에 정사가 없으니 어찌 가리오

(4) 내 본래 구할 마음이 없더니 오늘 이 보장(寶藏, 깨달음)이 자연히 이르렀다

(5) 오늘에야 사이를 얻었구나

(6) 꽃 지는 시절에 또 너를 만나보았구나

(7) 내 친히 절하옵고 향 피우니 부처께 믿지 아니하겠느냐

(8) 이미 비가 오겠다

(9) 그대들이 멀리서 가쁘게(힘들게) 오지만 여래의 사리는 못 드리겠다

(10) 진실로 그윽이 변화하셨다 말하리로다

(11) 살겠노라(살았으면 좋았을 것을) 살겠노라 청산에 살겠노라

(12) 누구와 더불어 물어야 하며 누가 능히 대답하겠느냐

(13) 홀로 평상이 비었도다

(14) 천룡 8부가 칭찬하여 옛날에 없던 일이로다 하더니

(15) 한 대장교가 이를 새긴 것이니 아래의 이 무(無)자도 새긴 것인가

(16) 나복을 말할 것 같으면 내 뱃속에서 난 아기입니다

(17) 세존이 속세에 나시어 심히 기특하시도다

(18) 이 남자가 정성이 지극하므로 보배를 아니 아끼는구나

(19) 우리들이 요새 대사 계신 땅을 모르더니 도리천에 계셨구나

(20) 부처께서 날 위하여 대승법을 말하실 것입니다

(21) 강엄 포조(사람 이름)의 글의 문체가 유전(流轉)하므로 서로 돌아본다면 아들 없음을 면하면
좋겠구나

(22) 마음을 펴 홀연히 대에 오르는구나

(23) 무슨 방편으로 삼매경에 들었느냐

(24) 너희들이 알아라

(25) 사람이 살면 죽음이 있으므로 모름지기 늙느니라

(26) 사리불아 너희 부처의 말을 곧이 들어라 허황되지 아니하니라

(27) 부처께서 방편력으로 삼승교(세 가지 가르침)를 보임은 중생이 … 끌어서 나게 한 것이니라

(28) 주실(周室, 주나라)이 다시 흥기(興起)하는 것이 마땅하니 공문(孔門, 공자)을 당당히 버리지 못
할 것이니라

(29) 내 이전 세상에서 이 경을 받아 지녀 읽으며 외우며 남에게 이르지 아니하였거든 … 삼보리를
빨리 얻지 못했을 것이다

(30) 옛 동산에 꽃이 절로 펴 있고 봄날에 새가 도로 날았느니라

제5장 화자 표시법과 대상 표시법

1. 화자 표시법 … 96

(1) 내가 이미 숨이 끊어졌다

(2) 내 이를 위하여 불쌍히 여겨 새로 스물 여덟 자를 만드나니

(3) 우리들이 독약을 잘못 먹으니 원하기는 치료하시어

(4) 내가 농담하더라

(5) 내 이제 분명히 너에게 말하리라

(6) 장자야 … 그 밖의 남은 음식에 이르기까지 불승께 바치지 않고 먼저 먹지 말리니

(7) 다시 반드시 앉되 단정히 할 것이라

(8) 내 이제 훤히 즐겁구나

(9) 우리도 이 게를 좇아 외우노라

(10) 너 잘 들어라 너를 위하여 말하리라

(11) 비구들아 여래가 또 이 같아서 이제 위하여 큰 도사가 되어 있어 … 도(度, 제도)함직 한 사람
     을 아노니

2. 대상 표시법 … 97

(1) 부처께서 도량에 앉으시어 얻은 묘법을 말하려 하시는가

(2) 내 이제 얻은 도리도 삼승을 말해야 할 것이다.

(3) 너희들이 생사를 벗어날 일을 힘써 구하여야 할 것이다

(4) 사리불이 수달이 만든 자리에 올라 앉거늘

(5) 수달이 지은 정사에 드시며

(6) 얻는 약이 무엇이냐

(7) 신력으로 만드신 것이

(8) 아는 이는 내 형의 자식이고

(9) 그림 그림 벽을

(10) 옷 빤 물을 먹고

(11) 부처 가시는 땅이

(12) 부처께서 오래 교화하시는 땅

(13) 본래 구하는 마음 없습니다

(14) 큰 법 즐기는 마음이 있다면

(15) 내가 여자인 까닭으로

(16) 도리가 한 가지인 것을 말하시니라

(17) 성왕은 성인이신 왕이시니

(18) 그때 교화한 중생은 / cf. 보살마다 교화한 … 중생이

(19) 제자의 낳은 어미는 / cf. 이 몸 낳은 어미

금삼 : 금강경삼가해(1482)

능엄 : 능엄경언해(1461)

두언 : 두시언해(1481)

몽산 : 몽산법어언해(1467)

번박 : 번역박통사(1510년대)

번소 : 번역소학(1518)

법화 : 법화경언해(1463)

석상 : 석보상절(1447)

여씨 : 여씨향약언해(1518)

용가 : 용비어천가(1447)

원각 : 원각경언해(1465)

월석 : 월인석보(1459)

월천 : 월인천강지곡(1447)

육조 : 육조법보단경언해(1496)

훈언 : 훈민정음언해(세종 말경)

임용고시의 정수를 꿰뚫는
단기완성 핵심 중세국어

초판 1쇄 인쇄 2016년 12월 20일
초판 1쇄 발행 2016년 12월 30일
편저자 이원근
펴낸이 이대현
펴낸곳 도서출판 역락 | **등록** 제303-2002-000014호(등록일 1999년 4월 19일)
주 소 서울시 서초구 동광로 46길 6-6(문창빌딩 2F)
전 화 02-3409-2058, 2060
팩 스 02-3409-2059
이메일 youkrack@hanmail.net
ISBN 979-11-5686-720-3 13710

정가 14,000원
* 잘못된 책은 구입처에서 교환해 드립니다.